UNNAD

indigenous

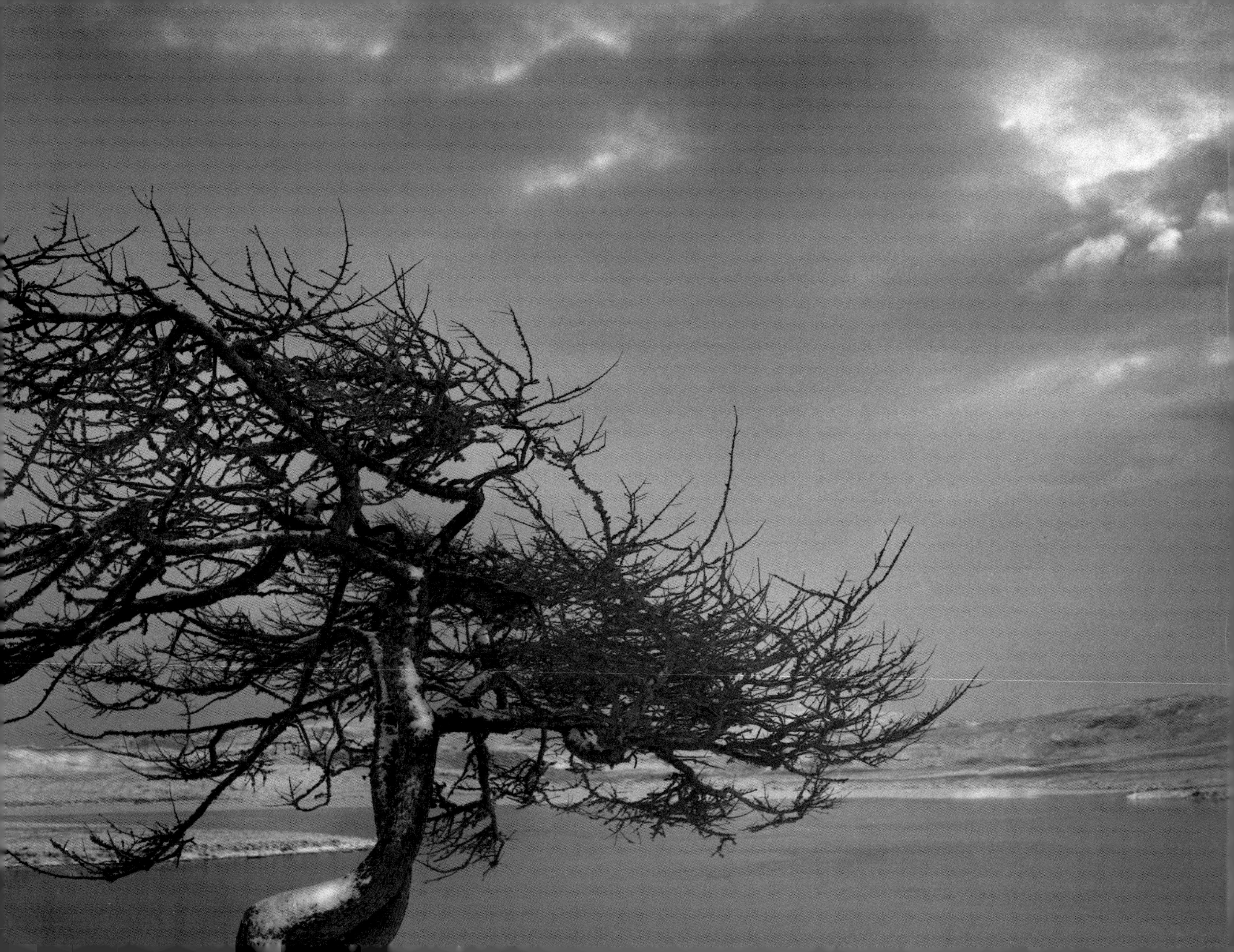

Calum Angus MacKay

UNNAD
indigenous

Photography and painting from the Hebrides

Facal-toisich le Muriel Gray, sgrìobhadair agus craoladair
Foreword by Muriel Gray, writer and broadcaster

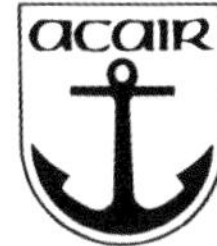

'Annad' is a Gaelic prepositional pronoun meaning 'in you'.
The title of this book - Unnad - is spelt in a way which best
represents the indigenous pronunciation of the word in the
Gaelic dialect of the author's home district in the Isle of Lewis.

Clàr-innse / Contents

Foreword

I first came across Calum Angus's work decades ago, in an unlikely setting. An expensive high-end restaurant in Glasgow had purchased several of his startling black and white photographs. Images of sea creatures, of carcasses, bones; works that had a brutal and unsettling beauty.

These were hardly the calming, decorative pieces one might expect to sip soup beneath. They instantly demanded your attention. They asked questions about form, structure and somewhat uncomfortably, what was on the plate in front of you.

I had to enquire, and on discovering they were the work of a Glasgow School of Art graduate, my own alma mater, I followed his career with enormous interest. It's a career that has taken Calum Angus's unstoppable creativity through many forms, including the moving image as a highly respected and successful television producer and director.

It's therefore a genuine thrill to be able to view a comprehensive and retrospective body of his work, and within the context he's placed it, that of memory and artfully managed emotion.

Visitors to the Outer Hebrides have for centuries tried to capture the essence of the place, through multiple media, including painting, music, photography, and literature. Understandable given this land is unique in its beauty and history. But the gaze of the outsider will always remain that. Outside looking in. Often that gaze can be patronising, even prurient, suggesting the subjects of both landscape and people are mere exhibits to be interpreted by the knowing. In such cases it's all too easy for those human subjects to resist, to place a protective barrier around themselves.

In contrast Calum Angus offers a generous inside perspective, he and generations of his family being of this place. This indigenous view is not one of haughty superiority or defensiveness. Instead, it's framed by an honest self-examination, a curiosity, a respect for the past that is refreshingly unsentimental and a facing up to the present that is realistic.

There is surprisingly little dissonance between the simple pictures of the artist's past with their fascinating explanations, and some of the more startling works that perhaps Calum Angus's ancestors may have found shocking. This is because of the artist's openness in sharing an uncensored internal view, a childhood through to adult gaze that doesn't bend to the clichéd expectation of the 'native'.

This is more than just a thought provoking and exquisite collection of outstanding work. It's a love letter to belonging, and it is beautiful from start to finish.

Muriel Gray

Ro-ràdh

Tha *'Unnad' – Indigenous* a' tarraing ri chèile beagan de dh'obair-ealain peantaidh, ach a' mhòr-chuid de na dealbhan air an togail le camara le film dubh is geal. Obair air an robh mi a' cnuasachadh o chionn iomadach bliadhna, gu dearbh suas ri deich thar fhichead bliadhna. Mar is trice 's e pròiseas air leth càilear a th' ann a bhith a' smaoineachadh air obair ùr, agus a' cur barrachd dhealbhan ann an tasglann pearsanta. 'S e sgeulachd eile a th' ann a bhith a' fosgladh an tasglann sin agus dhad stiùireadh fhèin gu ceann-uidhe a choileanadh.

Bhon àm san robh mi nam oileanach aig Sgoil Ealain Ghlaschu, tha mi air a bhith air leth fortanach cothrom fhaighinn tadhal air, chan e a-mhàin diofar phàirtean de dh'Alba, ach cuideachd iomadh ceàrnaidh den t-saoghal. Tha mi air coinneachadh ri daoine inntinneach a bhuineadh do dhiofar chultaran is treubhan. Nam dhealbhadair, agus nam dhreuchd phroifeasanta mar stiùiriche cruthachail aig companaidh telebhisean, bha mi a-riamh mothachail gun robh mi air mo chuairteachadh le beatha agus beartas sgeulachdan dhaoine eile. Gun teagamh, 's e suidheachadh fallain a bh' ann. Ach, bha mi a' coimhead latha a' tighinn far am faighinn cothrom eile mo bheachdan cruthachail fhèin a thaisbeanadh. Seo far a bheil mi air ruighinn.

Calum Angus MacKay

Steòrnabhagh

Samhradh 2024

Introduction

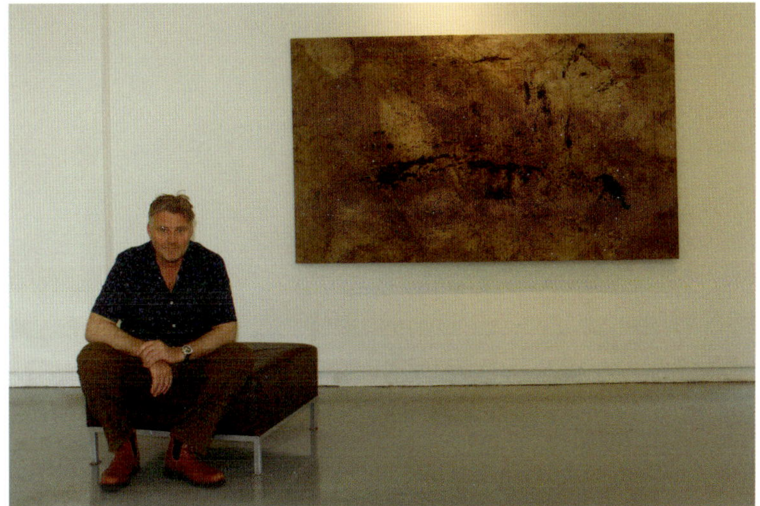

Black and white film images plus a small number of paintings combine to create this bilingual publication, *'Unnad' – Indigenous*. It is made up of work that has been created over many years, safe to say thirty. More often than not it is a joyous process thinking ideas through and storing yet more images in a personal archive. It is a very different story opening up the archive and guiding oneself to a conclusion.

From my student days in Glasgow School of Art, I have been very fortunate to experience many parts of Scotland and of the wider world, meeting many varied and interesting people who belong to different cultures and traditions. As a photographer, and in my professional capacity as a television creative director, I have always been aware of being immersed in people's lives, and in their wealth of stories. It was a very healthy place to be, but the time was approaching, when I would myself, once more, get the opportunity to present my own creative perspective to a wider audience. That is where I have reached.

Calum Angus MacKay

Stornoway

Summer 2024

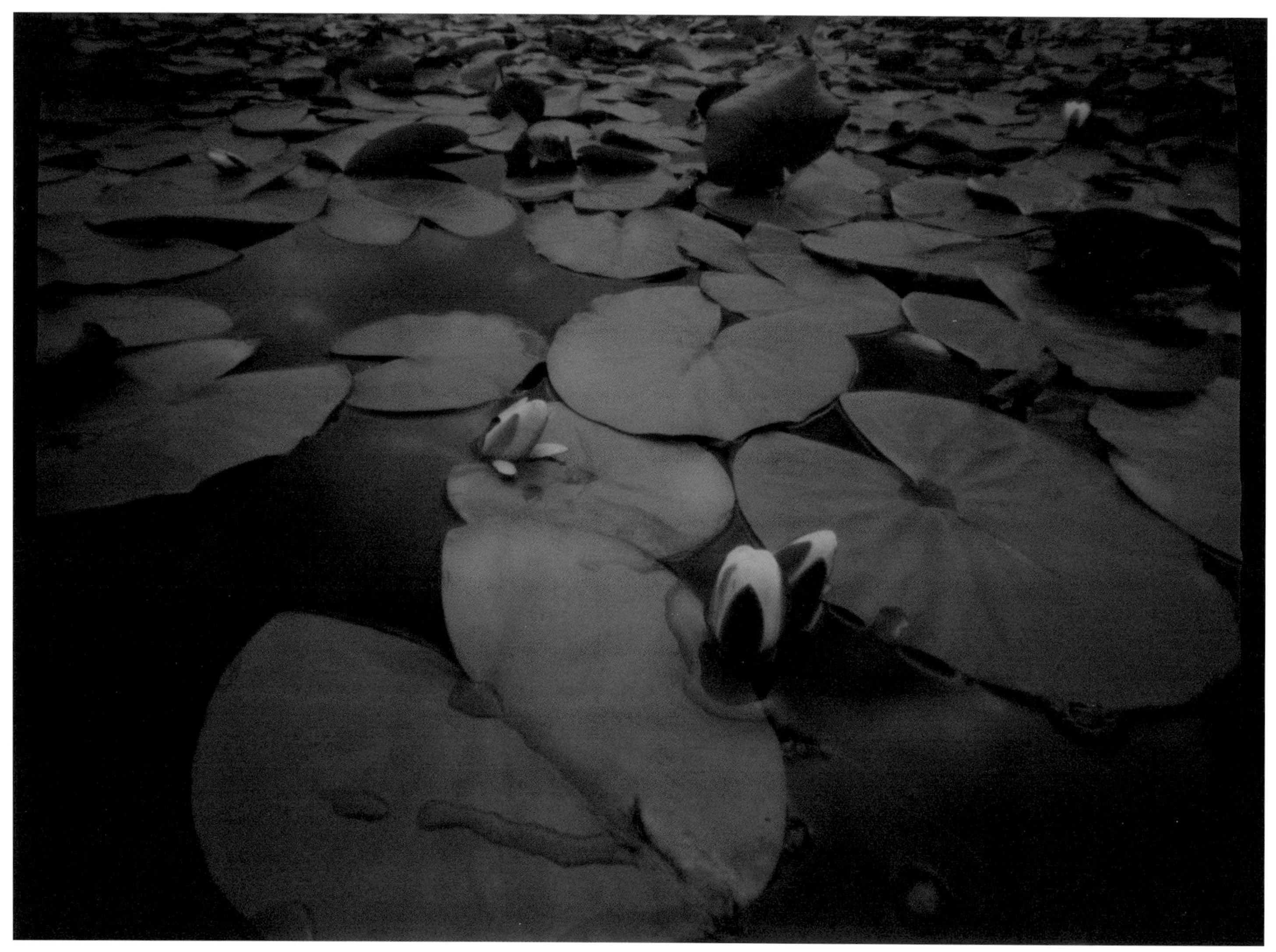

Lilidhean uisge
Water lilies

Loch 'An Chartaidh, 2013

Caibideil 1
Na freumhan

Chapter 1
Creative beginnings

Ann an iomadh dòigh tha mi a' creidsinn gur e mìorbhail agus deagh fhortan a th' ann gun do thog mi camara anns a' chiad àite. A' gabhail ceum a-steach gu Sgoil Ealain Ghlaschu aig bliadhna thar fhichead a dh'aois ann an 1986 cha robh mo shùil, no mo chridhe, ach air peantadh traidiseanta. A dh'innse na fìrinn, bha mi a' faireachdainn aig an àm gu robh a h-uile darna duine ag iarraidh am broinn an togalaich eireachdail, ainmeil aig Charles Rennie Macintosh, le miann bruis a thogail agus peant dathte a chur ri canabhas. Sin a rinn mise, agus cò a dh'iarradh na b' fheàrr? Bha mi gu bhith mi na mo Francisco Goya, Bacon, Bellany, Soutine no Courbet. Bha ùidh mhòr agam ann am peantadh. Bha ùidh shònraichte agam ann an *realism*, a bhith a' dèanamh sgrùdadh mionaideach air feòil is cnàmhan, mar a tha an corp a' gluasad, agus nuair a tha e aig fois. Bha mi aig an taigh anns an Sgoil Ealain. Bha an àrainneachd ùr, agus na h-oileanaich a bha cuide rium, a' toirt brosnachadh agus misneachd dhomh.

Ach bha rudeigin a dhìth. 'S dòcha gun robh sin an urra ri siostam teagaisg luideach a bha fhathast gu math seann fhasanta. 'S dòcha gur e an stoidhle peantaidh agam fhèin nach robh a' tighinn beò, 's a' dùsgadh gu fileanta mar bu chòir. 'S dòcha gun robh a' bhun-stèidh a dh'fheumas a bhith aig gach neach-ealain, *inspiration*, air a dhol mu sgaoil orm. Ge bith dè bu choireach, dh'fheumainn an t-slighe chruthachail agam atharrachadh, air neo bha

In many respects it is miraculous, and very fortunate, that I picked up a camera in the first place. Entering Glasgow School of Art in 1986, at the age of 21, my aspirations and my heart were entirely set on traditional painting. To be honest, I felt that the vast majority based inside the famous majestic building designed by Charles Rennie MacIntosh were there with the sole purpose of lifting a brush to canvas. That was my choice, and what could possibly be better? I was going to emulate Francisco Goya, Bacon, Bellany, Soutine or Courbet. I loved painting. I especially loved realism, finely studied details of flesh and bones. The way the body moves, and when it comes to rest. I felt at home in the School of Art. The new surroundings and my fellow students were a genuine inspiration.

But something was missing. Perhaps it was due to the lacklustre teaching style that was still very old fashioned. Perhaps my own painting style was not evolving or developing a visual language as anticipated. Perhaps the primary foundation of all artistic practice, inspiration, had gone astray. No matter what the cause, my creative journey required change, otherwise the following years would be filled with conflict and dissatisfaction. Painting had to be shelved; an absolutely fresh start was required, a blank canvas if you like, through another medium.

A couple of years before Glasgow had welcomed me, a new department, Fine Art Photography, had opened

na bliadhnaichean air thoiseach gu bhith làn còmhstri agus mì-riarachadh. Dh'fheumadh peantadh a dhol air an sgeilp, agus dha-rìribh tòiseachadh as ùr, fìor *blank canvas* mar gum biodh, tro mheadhan air choireigin eile.

Bliadhna no dhà mus do chuir Glaschu fàilte orm dh'fhosgail roinn ùr san Sgoil Ealain, Dealbhadaireachd nan Ealain Mìn. Bha gu leòr oileanaich, mi fhèin nam measg, nach robh buileach a' tuigsinn gu mionaideach dè a bh' ann, ach bha miann onarach agam fheuchainn. B' e buannachd a bh' ann a bhith a' tighinn gu dealbhadaireachd camara beagan nas sine; bha gu leòr spionnadh agam airson ionnsachadh. Bha clas beag ann le mu dheichnear, làn dhaoine caran coltach rium fhèin, a bha cuideachd a' lorg slighe ùr far am faigheadh iad freagairt agus feallsanachd. Dhomhsa, a' coimhead air ais chanainn gur ann an uair sin a thòisich mo chuid foghlam anns na h-ealain; roimhe sin, gu cruthachail, cha robh mi ach a' fleòdradh ann an ceò.

Dè rèist a bha cho eadar-dhealaichte mu dhòigh smaoineachaidh na roinne seo? Bha gun robh prionnsabal cruthachail ann a bha a' tarraing ri chèile saidheans agus ealain. Tha bliadhnaichean bhon uairsin agus thathast chan eil e furasta greimeachadh ri dè dìreach an nì is bunaitich a chaidh a theagasg. 'S e an dòigh is simplidh innse, gu bheil gach dealbh, gach ìomhaigh, gach smuain ealanta cha mhòr 'unnad' mu thràth; tha làrach do bheatha 'unnad' fhèin, ach feumaidh tu a dhol

within the School of Art. Many students, myself included, had very little understanding of what it actually was, but I did have an honest desire to give it a go. Being a relative latecomer to photography was an advantage; I had plenty enthusiasm for learning. I joined a small class of about ten like-minded individuals, also looking for a new direction that would answer some fundamental questions. Looking back, that is the very point at which my artistic education began – prior to this point, creatively, I was simply floating in the mist.

What was it that made this department's philosophy so different? A creative principal blending both science and art. Even many years later it is still difficult to grasp what exactly made their teaching so fundamentally different. The simplest way to describe it is that every picture, every image, every creative thought already exists within you, *unnad*. You actually store the imprint of your life; you just need to go in search of it. If your starting point is in a small village, in the middle of the Isle of Lewis, then that is where my searching begins: Achmore, on the croft on which I was raised.

But I do still enjoy the art of painting – more self-taught than instructed. There is an inherent sense of freedom which is not always easy to explain to others. My style is becoming more abstract, leaving simple marks on the canvas, scraping and reworking. It is no longer a chore, or a form of sentence intended to break your spirit,

ga shireadh. Agus mas ann am baile beag, am meadhan Eilean Leòdhais tha do thoiseach tòiseachaidh, sin far am feum thu a dhol dha shireadh. An Acha Mòr, agus a' chroit far na thogadh mi.

Ach tha fhathast ealain pheantaidh a' còrdadh rium gu mor – fèin-ionnsachadh an àite a bhith air mo theagaisg. Tha saorsainn na lùib nach eil an-còmhnaidh furasta a lìbhrigeadh do dhaoine eile. Tha mi air fàs nas *abstract* nam dhòigh-obrach, a' fàgail làraich shìmplidh air a' chanabhas, a' sgrìobadh 's ag ath-obrachadh. Chan e deuchainn no ceusadh a th' ann air do spiorad, ach gnìomh cruthachail a tha a' toirt dhomh tlachd tilleadh thuige uair is uair. Còmhdach a tha a' toirt iomadh mìos no fiu's bliadhna.

'S e fear-ealain a th' annamsa le ùidh, chan ann a-mhàin ann an dealbhan, ach anns na rudan a tha ar pàrantan is ginealach ar sinnsirean a' fàgail às an dèidh. Bidh mi tric a' gabhail iongantais ri cho ceangailte 's a tha mi a' fàs ri rudan a bhuineadh do neach eile; chan e seudan, uaireadair, no rudan àbhaisteach, ach 's dòcha litir, liosta notaichean, Bìoball, leabhraichean beaga pàtran aodaich, agus leithid innealan làimhe a bha an urra ri cumadh is neart a chur do gach nì a bha mun cuairt oirnn ag èirigh suas. B' e saor a bha nam athair, *ship's carpenter* leis an New Zealand Shipping Company, a thuilleadh air a bhith na chroitear. 'S iomadh inneal a bh' aige air nach do laigh mo làmh a-riamh. B' e an obair-togail mu

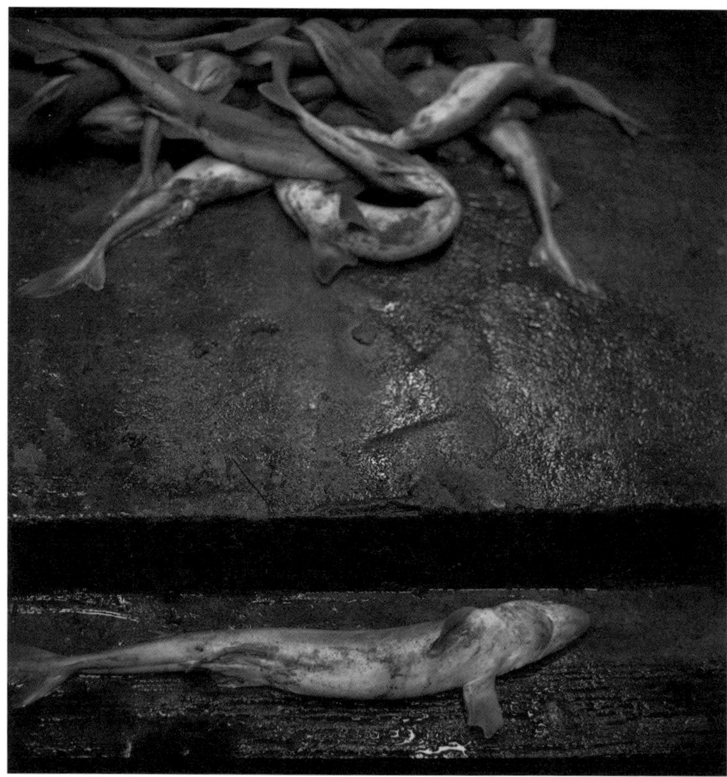

Fish
Èisg

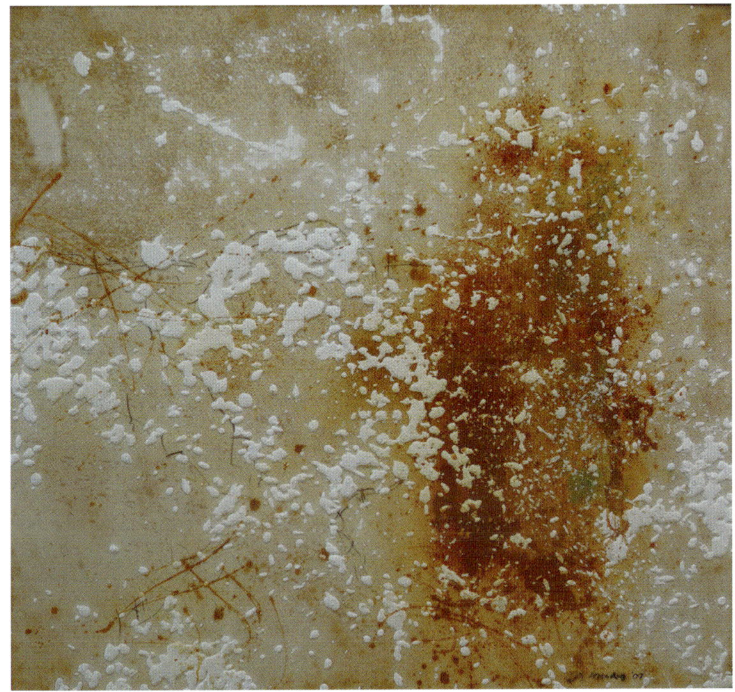

Cruinnich na dh'fhàgas sinn às ar dèidh
Gather the things we leave behind, 2007
Mixed white-wash pigment and charcoal on canvas

1200 x 1200

more a creative act that gives me great pleasure each time I return to it. Layering that takes many months, or even years.

I am an artist with a genuine interest, not just in pictures, but in objects that our parents, and their parents' generation, have left behind. It has amazed me over many years how attached I become to what once belonged to others. Not jewellery, a watch, or the usual things, but perhaps a letter, listed notes, a Bible, clothes pattern books, and hand tools, that were in some way responsible for putting shape and strength into all that surrounded us growing up. As well as being a crofter, my father was a ship's carpenter with the New Zealand Shipping Company. He had many tools that I never touched. His last building project was a garage and a new concrete barn. To this present day it forms part of my studio. A very precious legacy.

For many years a tin of old paint had lain in the corner of the garage. Over twenty years it had turned brown with rust, and it was about time it was thrown out. I opened it, and inside was whitewash, once used for coating the exterior of houses, though our small bungalow was never white. I formed a pigment with it, and from there three large canvases. The pigment was applied using my father's hand tools that had also been lying redundant in the garage. *Gather the things we leave behind* was based on my father's story.

dheireadh a rinn e garaids agus bàthach ùr concrait. Tha e an-diugh na phàirt den stiùidio agam. Dìleab a tha dha-rìribh prìseil.

Thug mi bliadhnaichean a' coimhead seann tiona peant ann an còrnair na garaids. Còrr is fichead bliadhna a' fàs ruadh le meirg agus làn thìde a thilgeil. Dh'fhosgail mi e… agus dè a bh' ann ach *whitewash*. B' àbhaist a bhith ga chleachdadh airson peantadh taobh-muigh thaighean, ged nach robh am *bungalow* beag againne a-riamh geal. Chruthaich mi *pigment* leis, agus mach à sin trì canabhasan mòra. 'S chaidh am *pigment* air a' chanabhas le innealan làimhe m' athair, a bha air a bhith ùine mhòr dìomhain sa gharaids. Tha *Cruinnich na dh'fhàgas sinn às ar dèidh* stèidhte air sgeulachd bàs m' athair.

Mar theaghlach, thàinig bàs m' athair oirnn mar spreadhadh *bomb*. An darna latha den t-Sultain, 1976. A' tighinn bho bhus na sgoile gu sealladh iargalt, oillteil. Bha m' athair air làithean a ghabhail bho obair-latha gu obrachadh air a' chroit. Chaidh an tractar ùr aige thairis air, agus às dèidh dha cus fuil a chall cha deach aca air a shàbhaladh. Bhàsaich e anns an ambaileans. Tubaist.

Do theaghlach croitear òg, tha e fìor a ràdh nach eil sibh, fiù's thar bliadhnaichean mòra, a' faighinn seachad air call brùideil dha leithid. Cha do sgrìobh mi a-riamh facal mu dheidhinn, agus tha tomhais de phian na chois chun an latha an-diugh.

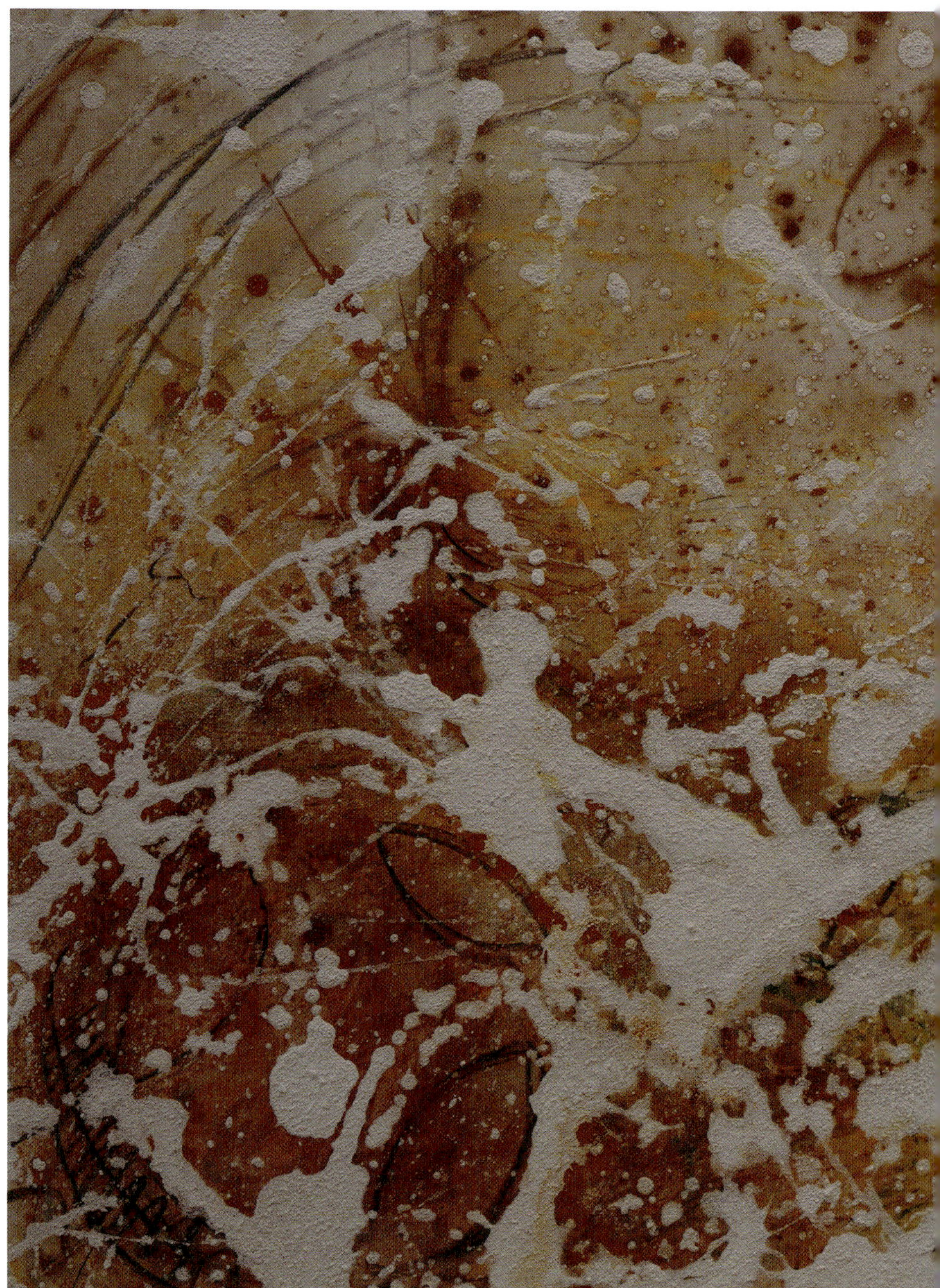

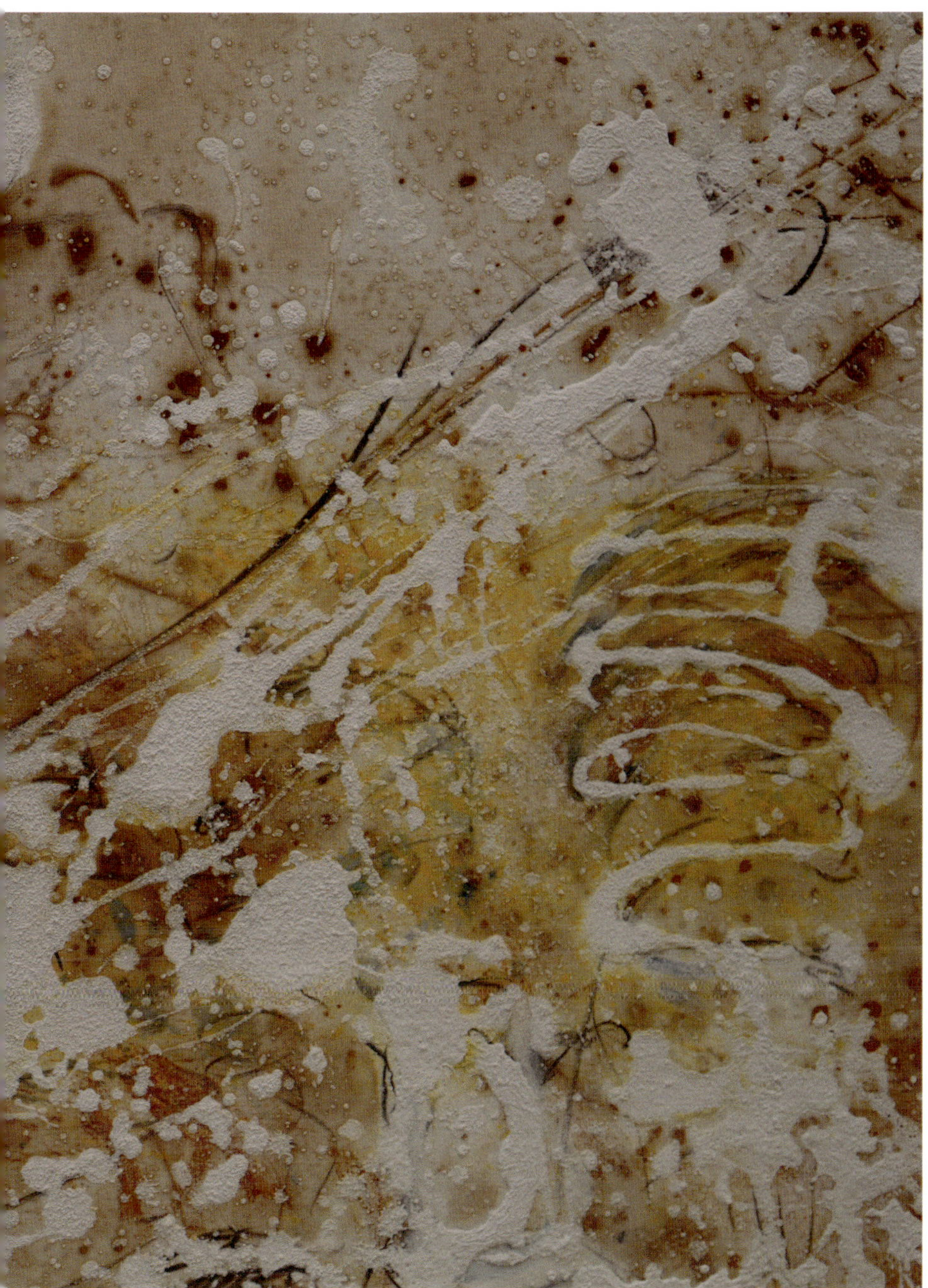

As a family, our father's death came as an exploding bomb. The second day of September, 1976. Coming off the school bus to a scene of utter hellish carnage. My father had taken a few days off his work, to do some usual croft chores. His new tractor went over him, and after losing too much blood they were unable to save him. He died in the ambulance. An accident.

As a young crofter's family, it is fair to say that even after many years you don't really get over such a brutal loss. I have never written a word about it, and there is still a degree of pain.

Our mother became the head of the household. A young widow of 44, with six children, the youngest, Mairi, not a year old. We had to work the land depending on the season and the needs of each animal. The crofting accident was a horrible ghost lying between the lazy beds. A landscape that, despite the passage of time, still hides a very sad story.

Within an island community there is something poignant about losing one's life on the land, possibly similar to a fisherman drowning at sea. The spirit of both place, and people, is shaken to the core. With the support of those around you, you find a way forward, the most common way being hard work. There was no healing to be had through therapy, or helplines. Children were growing up and animals needed fed. If more potatoes were to be planted, corn to be harvested, hay to be taken up

B' fheudar do ar màthair a dhol an ceann an teaghlaich, banntrach òg aig 44, an urra ri sianar chloinne, an tè is òige, Màiri, dìreach bho bhliadhna a dh'aois. Dh'fheumadh sinn an talamh obrachadh, a rèir gach ràithe, agus a rèir feumalachdan gach beathach. Bha an tubaist chroite na thaibhse ghrànda a' laighe eadar na feannagan. Cruth-tìre a tha fhathast a' falach sgeulachd bhrònach.

Ann an coimhearsnachd eileanach 's e rud tiamhaidh a th' ann a bhith a' call do bheatha air do thalamh-àitich fhèin, 's dòcha an aon rud ri iasgair air a bhàthadh aig muir. Tha spiorad an àite agus nan daoine air a chrathadh chun an smior. Le taic bhon fheadhainn a tha timcheall ort, tha thu a' lorg dòigh air adhart. B' e an dòigh is cumanta obair chruaidh; cha robh guth air leigheas tro *therapy*, no *helplines*. Mar bu dual bha clann a' fàs is beathaichean rim biathadh. Ma bha barrachd buntàta rin cur, coirce ri bhuain, feur ri thoirt suas an leathad chas air do dhruim… b' e sinne nis an einnsein, agus b' e ar màthair am *battery pack*. Dìreach obair chroit agus obair bheathaichean. Taing do shealbh gun robh iad againn.

Tha cuimhne agam air feadhainn ag ràdh gum bu chòir a' chroit, na caoraich, a' chrodh, na cearcan is eile a chur air falbh. Agus sinne nan cois! A dh'aindeoin a pian agus mì-chinnt cha do ghèill ar màthair ri na faclan sin. Bha làn fhios aice gu robh a' cheart uimhir de shlànachadh

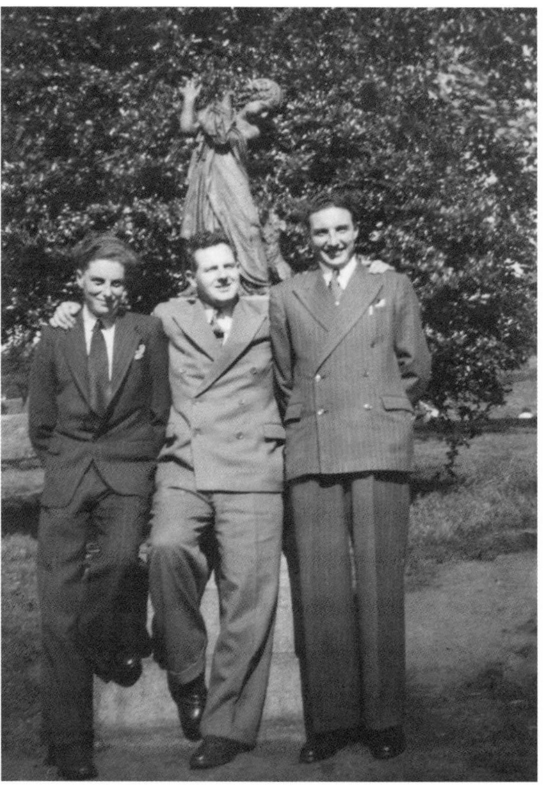

M' athair, Dòmhnall Iain MacAoidh
My father, Donald John MacKay (right hand side)

the steep hill on your back, we became the engine and our mother the battery-pack. Croft work and animals. Thank goodness we had them.

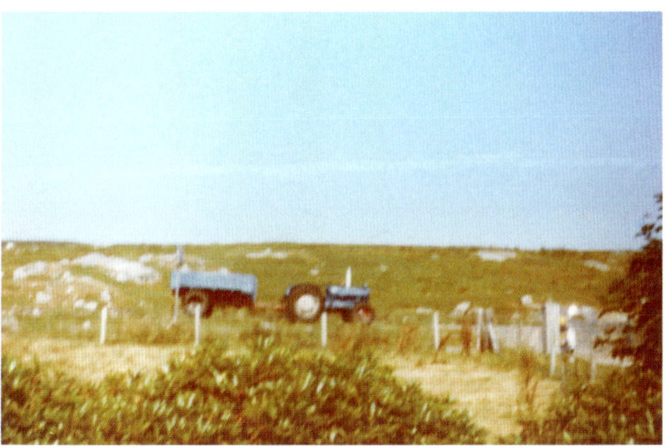

Sàtan rud
The devil thing, 1976

ri fhaighinn bho na rudan sin a chumail a' dol. Bha i le sianar chloinne agus bha creideamh aice, agus chùm sin taic rithe.

B' e teaghlach a bh' annainn nach fhaigheadh air falbh bho sgeulachd chùis-mhulaid, gu h-àraid ar màthair. Ann an sgeulachd a beatha fhèin, agus anns an fhear againne, b' e lot fosgailte a bh' ann. Roghnaich i iomadh rud a chumail air falach. A' tighinn beò le sàmhchair dhaingeann. Tha mo mhiann airson a bhith a' cruinneachadh, a' togail, agus ag ath-chleachdadh na nithean a bha prìseil dhithse aig cridhe na diofar mheuran den chiad phàirt de phròiseact *'Unnad'* - *Indigenous*. Ach, gu cinnteach, chan e cumha a th' ann.

I do recall some suggesting that the croft, sheep, cows, hens, etc should all go. And us with them! Despite her pain and uncertainty our mother did not entertain such suggestions. She knew there was just as much healing to be had from keeping those things going. She had six children and her faith, which she very much needed.

We were a family who became defined by tragedy, our mother especially. In her life story, and ours, it remained an open wound. She chose to have many things hidden away. Thriving through a stubborn silence. My instinct to gather, assemble and to reappropriate what was precious to her, is central to all the disparate threads of the first part of *'Unnad'* - *Indigenous*. But it is certainly not a lament.

Mar chloinn bha iomadh àm tlachdmhor aotrom againn, a leigeadh dhuinn na h-amannan duilich a chur gu aon taobh. Tha fealla-dhà, 's dòcha caran dorcha, a' ruith le saorsa tron obair agam.

Mar chuimhneachan air ar màthair, Oighrig, tha sinn an eisimeil tòrr a bharrachd air dealbhan is faclan.

As a group of siblings, we had plenty good times to balance out the bad. Humour, if at times a little dark, runs freely through what I create.

In memory of our mother, Effie, we owe far more than words and pictures.

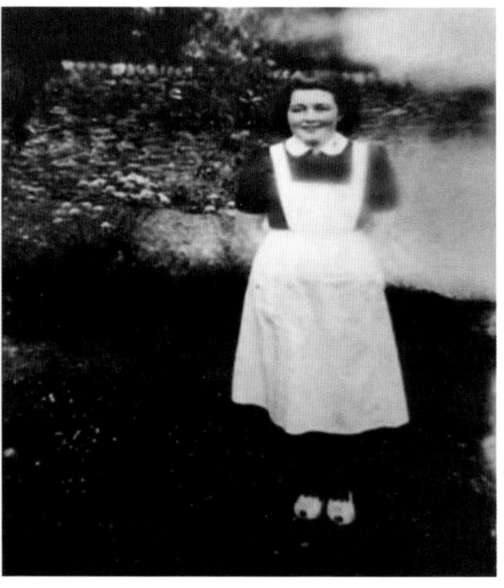

Mo mhàthair na boireannach òg, 1948/49
My mother as a young woman, 1948/49

Caibideil 2
A' cruinneachadh innleachdan teaghlaich

Chapter 2
Gathering family artefacts

Tha an còta seo mu cheud bliadhna a dh'aois – às Detroit, Michigan. Thàinig e tron teaghlach gu mo mhàthair, Oighrig, agus tha e an seo air a shealltainn le mo phiuthar, Magaidh.

Dìleab teaghlaich às na Stàitean Aonaichte, 's dòcha tiodhlac a chaidh a chur dhachaigh bho mo sheanair gu a phiuthar, a' seasamh mar shamhla air mar a fhuair in-imriche air adhart: gum b' urrainn aodach den t-seòrsa a bhith agad, agus 's dòcha fiù's ag innse mu mar a bha an dùthaich ùr nis na dhachaigh mhath. B' e fasan làidir a bh' ann.

O chionn ghoirid tha sinn air tòrr sgeulachdan imrich a chluinntinn, le iomadh teaghlach ag aithris air na chual' iad – mu ùine air uachdar cuan, tursan-dàna is cianalas.

Bha an còta iomadh bliadhna ann am preas-aodaich mo mhàthair. Corra uair tron gheamhradh chuireadh i oirre e dhan eaglais. Bha fìor chuideam ann. Bhiodh sinne a' magadh air agus a' sgalartaich mar mhadaidhean-allaidh air cùl an t-sòfa. Mu dheireadh thàinig e sìos an loidhne gu mo phiuthar, Magaidh. Bha fios agam gun robh am pìos aodaich annasach seo, a tha an-diugh gu ìre mhòr air a thoirmisg san rìoghachd seo, gu bhith na bhun-stèidh air an togainn eachdraidh ar teaghlaich. Tha sreathan eile de sgeulachdan dhaoine a' ruith air an uachdar: dealbhan beaga pòcaid agus pàipearan oifigeil, nach fhacas a-riamh roimhe.

The coat is roughly 100 years old – from Detroit, Michigan. It came down through the family to my mother Effie, now modelled by my sister, Maggie.

A family heirloom from the United States, possibly a gift sent home by my grandfather to his sister, a symbol of how an immigrant had elevated themselves: that one could have such clothing perhaps even demonstrated how well one had adapted to a new country. It was a definite fashion statement.

In recent years we have heard a wealth of immigration stories, on the back of many families' tales of journeys, adventures and longing.

For many years the coat was kept in my mother's wardrobe, getting an airing to church on the odd occasion during the winter. It was extremely heavy. We would mock it and have a little fun making silly wolf howls from behind the sofa. In more recent times it has been passed on to my sister, Maggie. I knew that this unusual object, nowadays almost outlawed, was going to form the base of our family's historic layers. Other layers of lived stories run through the surface; small, pocket-sized photographs, plus previously unseen official documentation.

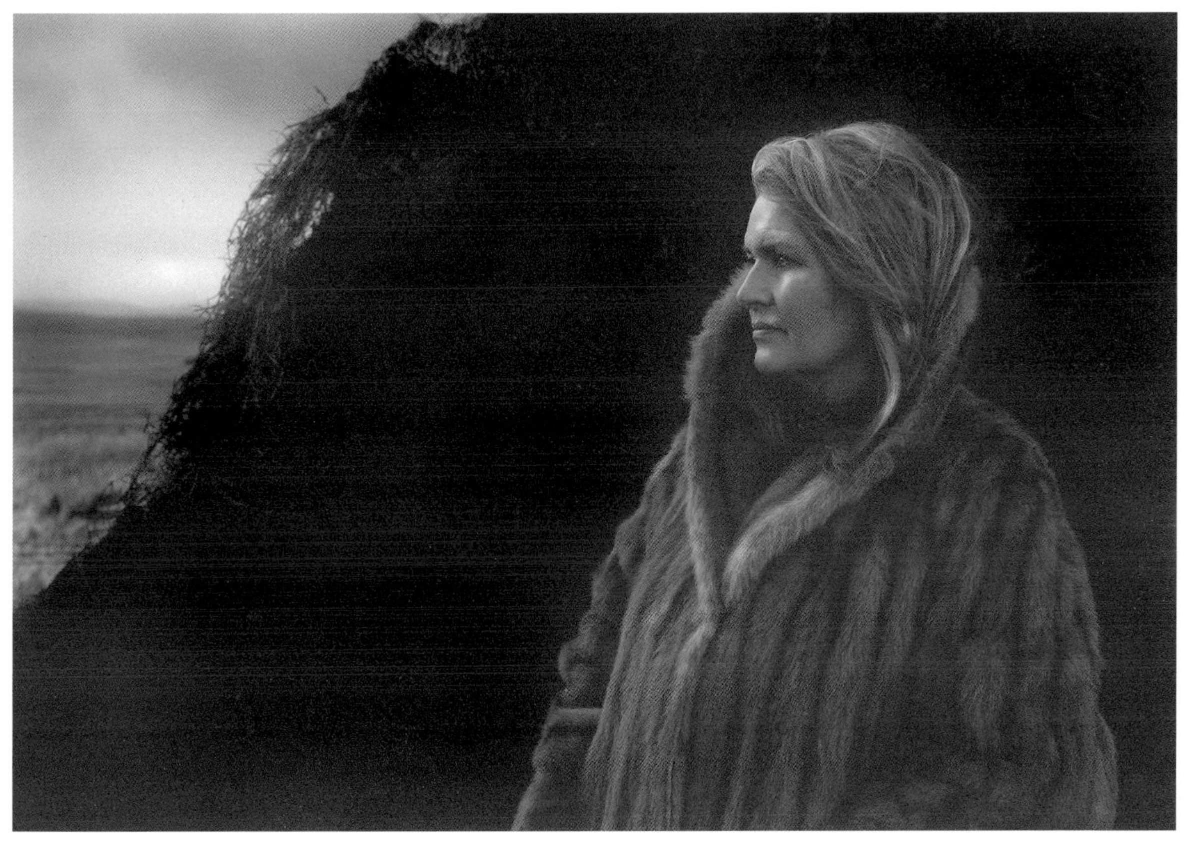

An còta bian minc Ameireaganach aig Cairistiona, 1924-2024
Cairistiona's American mink fur coat, 1924-2024

An Acha Mòr, Latha na Bliadhna Ùire / *Achmore, New Year's Day, 2024*

Tha e cha mhòr do-chreidsinneach gun robh cèisean ann am parsailean plastaig, am broinn an taighe, 's dòcha air an cuir air falach bhuainn, air neo dìreach nach robh an còrr a' ghuth orra – 'stuth' a bha mo mhàthair air a chruinneachadh, 's air a dhìochuimhneachadh.

Gu bho chionn beagan mhìosan cha robh mi air an dealbh seo fhaicinn a-riamh. An dùil an robh an còta bian a chleachd mi anns na dealbhan ùra dham phiuthar a' crochadh beagan throighean bho far a bheil Cairistiona na suidhe? Fhad 's a bha mi a' dèanamh beagan rannsachaidh air eachdraidh agus teaghlach, bha na diofar ìrean de dh'aodach, pàipear, agus na dealbhan àlainn, a' tighinn nas fhaisge air a bhith a' buntainn ri chèile aon uair eile.

It seems almost unbelievable that there were still envelopes and wrapped plastic packages in the house, possibly hidden from us, or that were perhaps just deemed no longer relevant – 'stuff' that just gathers.

Until recently I had never seen this picture. The mink fur coat in my most recent photographic sittings may have been hanging on a coat stand a few feet away from where Cairistiona is sitting. Whilst experimenting with ideas of history and family, the literal layers of fabric and paper, including beautiful photographs, became closer to belonging together once more.

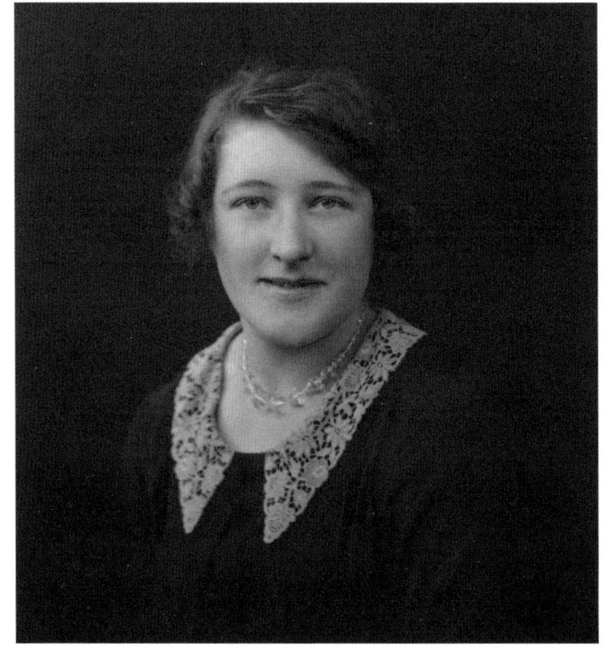

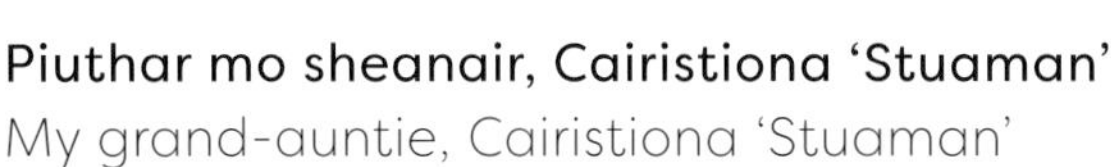

Piuthar mo sheanair, Cairistiona 'Stuaman'
My grand-auntie, Cairistiona 'Stuaman'

Tha an-còmhnaidh beagan mì-chinnt agus cothromachadh a' ruith tro m' obair. Beachdan traidiseanta ach a' dol an aghaidh rudan cianail àbhaisteach. Tha mi gam fhaicinn fhèin mar fhear-ealain cruth-tìr, ach a' cruinneachadh nithean còmhla ann an òrdugh eadar-dhealaichte. Tràth nam shlighe chruthachail dh'ionnsaich mi gur ann nuair a tha cùisean a' fàs mì-chofhurtail, no fiù's doirbh a thaobh faireachadh, sin an dearbh àm far am bheil rudan a' tòiseachadh ag obair ceart.

O chionn beagan mhìosan tha mi air a thighinn tarsainn air dealbhan agus pàipearan pearsanta a bhuineadh dha mo phàrantan, Oighrig agus Dòmhnall Iain. Nithean nach robh mi air fhaicinn a-riamh, agus thug sin obair inntinn dhomh – robh mi a' dol dhan cur gu feum ann an seòrsa de sgrìn teaghlaich, no leigeil leotha sìoladh

Within my work there is always a precarious balancing act. Traditional elements are set at odds with the sentimental stereotype. I do regard myself as a land artist, or a landscape artist, simply rearranging elements in a different order. Early on in my creative practice I discovered that when certain ideas feel uncomfortable, or even emotionally difficult, that becomes the very point at which things begin to work properly.

In recent times, finding personal documents and pictures belonging to my late parents Effie and Donald John, that I had never seen, became a point of conflict

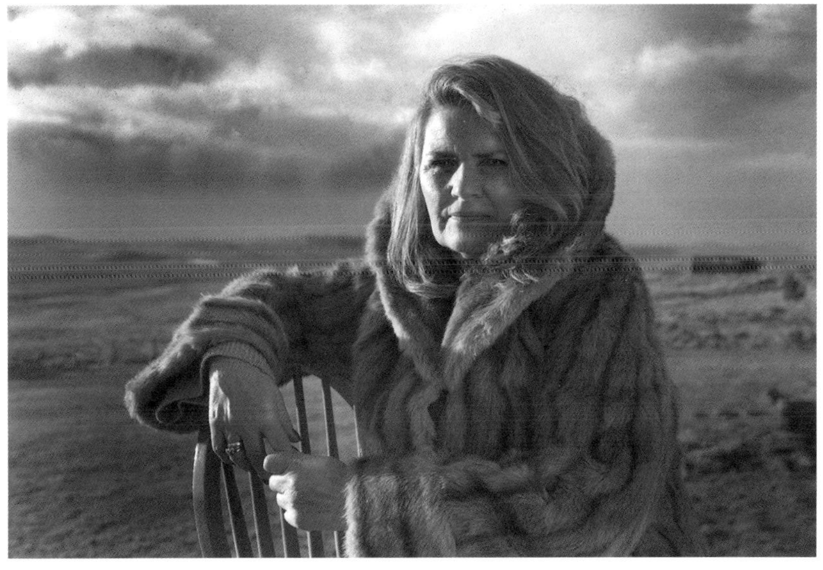

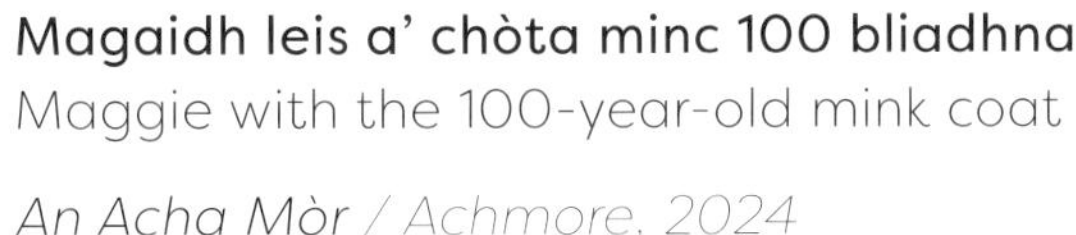

Magaidh leis a' chòta minc 100 bliadhna
Maggie with the 100-year-old mink coat

An Acha Mòr / Achmore, 2024

a-mach à sealladh? An robh còir sam bith agam fiu's smaoineachadh air am milleadh, 's an cur fa chomhair a' phobaill?

Mar eileanaich, fhuair iadsan an cofhurtachd bho irioslachd, creideamh agus càirdeas. Cha b' e daoine a bh' annta a dhèanadh èigheachd sam bith, ach daoine sàmhach nach robh a' tarraing aire thuca fhèin. Nan dòigh, a' gabhail ri ge bith dè bheireadh freastal fan comhair. A' coimhead air ais chan eil rian nach robh sin, aig amannan, air leth dhùbhlanach.

– do I use them to create a sort of family shrine, or do I simply let them slowly soak into the past?

As Hebrideans, they found their comfort in quiet humility, faith and friendship. Their generation were not flag-bearers for any cause, never vocal or wishing to draw attention to themselves. Rather there was a quiet acceptance of whatever fate dealt which, on reflection, must have been, at times, genuinely challenging.

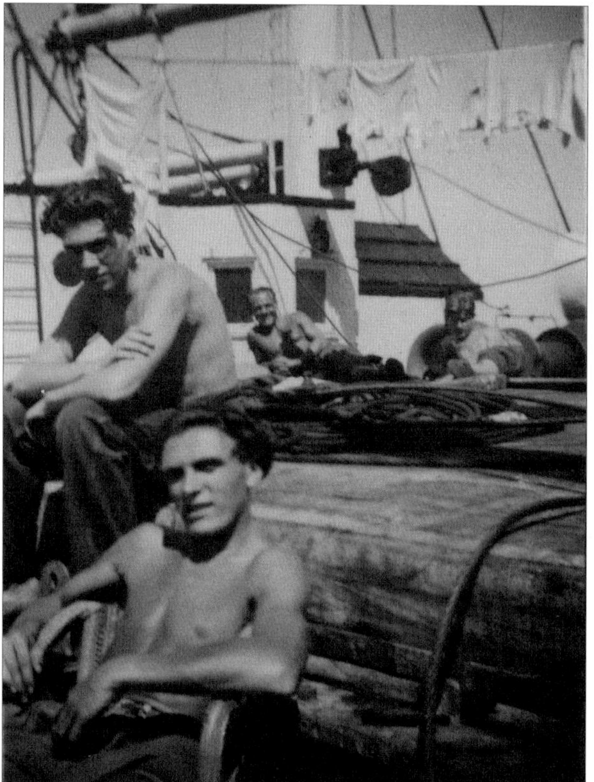

Seòladairean gun ainm, bho chruinneachadh m' athair
Unknown sailors, from my father's collection

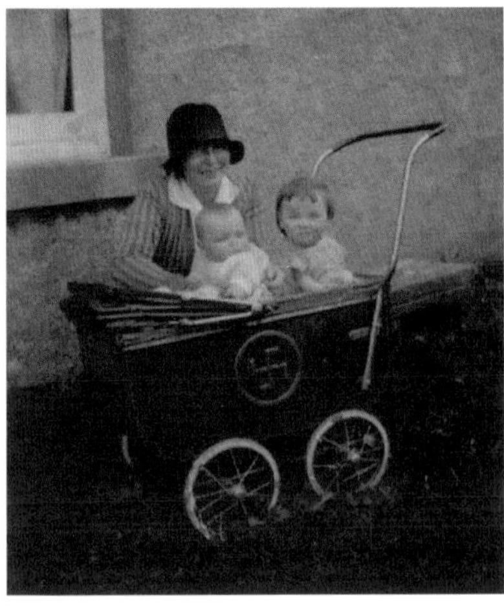

Prama 'Nazi'
'Nazi' pram

Siabost / Shawbost, 1931

Chaill sinn ar màthair, Oighrig, an-uiridh. Cha mhòr gach mìos bhon uairsin tha dealbhan a' togail ceann ag innse rud beag a bharrachd mu bheatha ar pàrantan, agus na pàrantan acasan, a' cur soillse air corra bheàrn eachdraidh.

Tha an dealbh cumhachdach den 'Nazi pram' a' sealltainn mo mhàthair, agus a piuthar Màiri, a rugadh ann an Detroit, còmhla ri mo sheanmhair 's iad dìreach air tilleadh às Ameireaga. Bha mo sheanair na *foreman* aig Ford, ann am Michigan. B' fheudar dhaibh tilleadh dhachaigh a Chiorabhaig ann an Càrlabhagh, ri linn staid airgid nan Stàitean. A thuilleadh air a sin, bha piuthar mo sheanair, Anna, air fàs uabhasach tinn agus

We lost our mother, Effie, last year. Each month since then, pictures have come to light which add a little more to our parents' life stories, and their parents' stories, filling in historic gaps.

The powerful image of the 'Nazi' pram shows my mother and her sister Mary, who was born in Detroit, along with my grandmother, having just returned from America. My grandfather was a foreman with Ford in Michigan. They had to return home to Kirivick, Carloway, due to the bank crash across the States, and more importantly, his sister Anna had become seriously ill and needed help. My grandmother was pregnant with my mother crossing the Atlantic. I do often think on how different

a' cur feum air cobhair. Bha mo sheanmhair trom le mo mhàthair a' tilleadh dhachaigh thar a' Chuan Siar. 'S tric a bhios mi a' meòrachadh air cho diofraichte sa dh'fhaodadh mo bheatha a bhith. O chionn grunn bhliadhnaichean, bha mi a' filmeadh ann an Detroit, agus sheas mi air an dearbh shràid mu choinneamh an dearbh làrach far an robh iad a' fuireach. An-diugh tha e na làrach lom. Chaidh mòran de na taighean fiodh as an sgìre sin de Detroit an cur nan teine aig àm nan aimhreit cinnidh anns na 60an.

Aig a' cheart àm ann an eachdraidh, tràth anns na 30an, bha mo sheanair air taobh m' athair air muin each a' trusadh na mìltean de chaoraich air *estancias* Ameireaga a Deas, air a' chrìoch eadar Patagonia agus Chile.

my life could have been. A number of years ago whilst on a filming trip to Detroit I walked the street and stood by the plot where they once lived. It is now a bare-land site. A large proportion of those wooden houses, in that area of Detroit, were set alight during the 1960s race riots.

At exactly the same point in history my father's father was on horseback gathering thousands of sheep on the South American Estancias, on the Patagonian Chilean border.

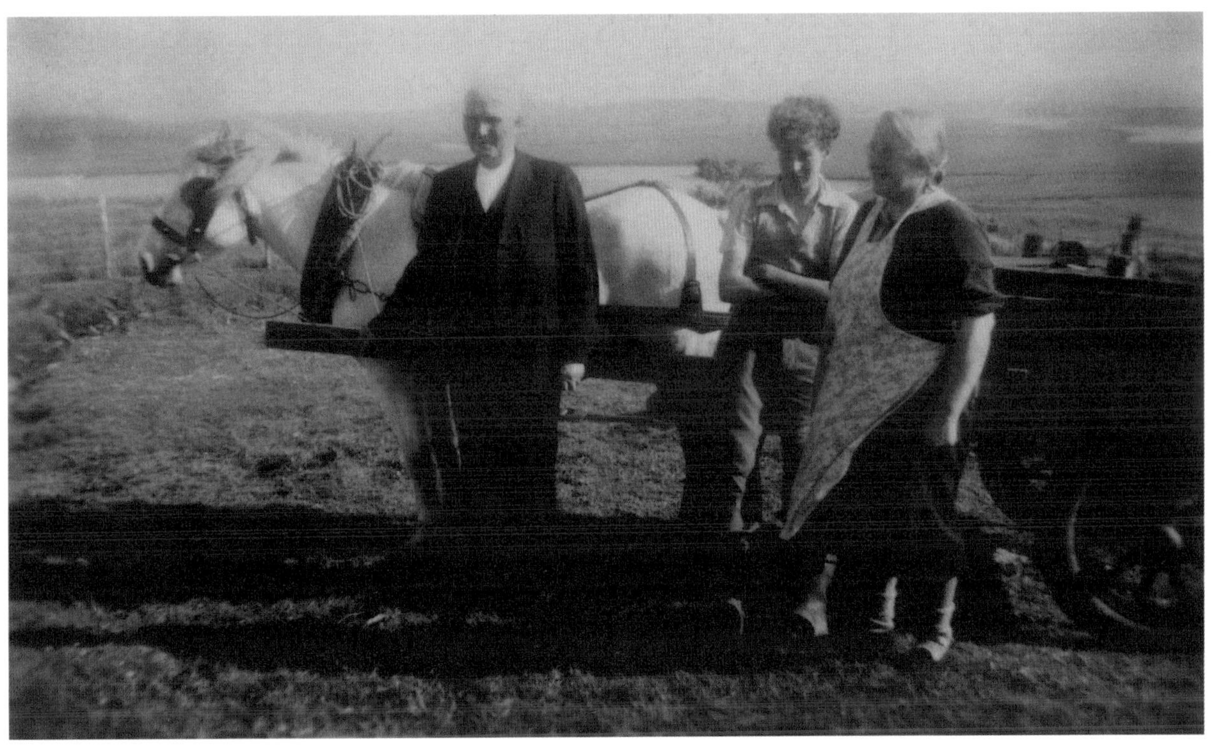

Seanair an Acha, Alasdair, agus Seanmhair an Acha, 1940an
Achmore grandfather, Alasdair, and Achmore grandmother, 1940s

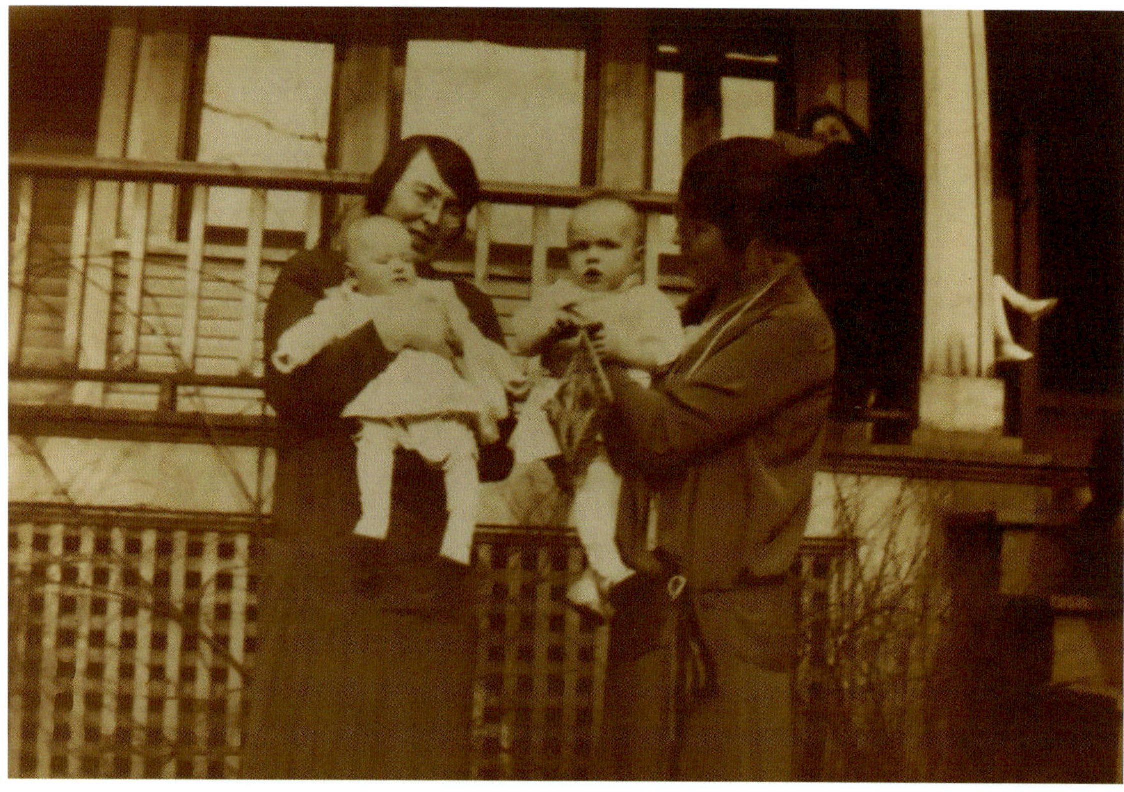

Granaidh
Granny

Detroit, 1930

Tha mise air mo tharraing gu na gnothaichean àbhaisteach a chaidh a chruinneachadh. 'S iomadh dachaigh aig am bi an aon dragh, 's iad a' feuchainn ri caibideil ginealach a thoirt gu ceann. Cha b' e teaghlach a bh' annainn a bhiodh a' cumail sgrìn do chàirdean a chaill sinn. Ach tha e cudromach feuchainn ri beagan ciall a thoirt à tiùrr a chaidh a thilgeil gu cùl drathair.

To me, the inherent ordinariness of the material gathered is in some way part of the creative attraction, a common denominator in so many households attempting to close a generational chapter. We were not the sort of family to keep shrines to our loved ones. Yet, it is important to extract some form of sense out of artefacts hidden in the far reaches of a drawer.

Pàipear – clàr ar beatha

’S e sinne an ginealach mu dheireadh le pàipear fiosaigeach a’ toirt fianais air beatha ar pàrantan is an teaghlaichean, tro dhealbhan camara agus pàipear sgrìobhte. Bha grunnan de dhealbhan beaga bìodach dha càch a chèile a’ dèanamh ceangal làidir. ’S e dòigh cumhachdach agus fallain a th’ ann an obair-ealain airson a bhith a’ lìbhrigeadh iomadh dhiofar faireachdainn. Tha tòrr cràdh an lùib a bhith a’ toirt an eachdraidh seo gu ceann.

Paper – the map of life

We will be the last generation who actually carry physical paper evidence – such as photographs and documents – of our parents and their families. A handful of tiny photographs of each other were vital to creating strong bonds. Art is an incredibly wonderful, healthy vehicle for processing feelings of all kinds. A lot of pain goes into closing this chapter of our history.

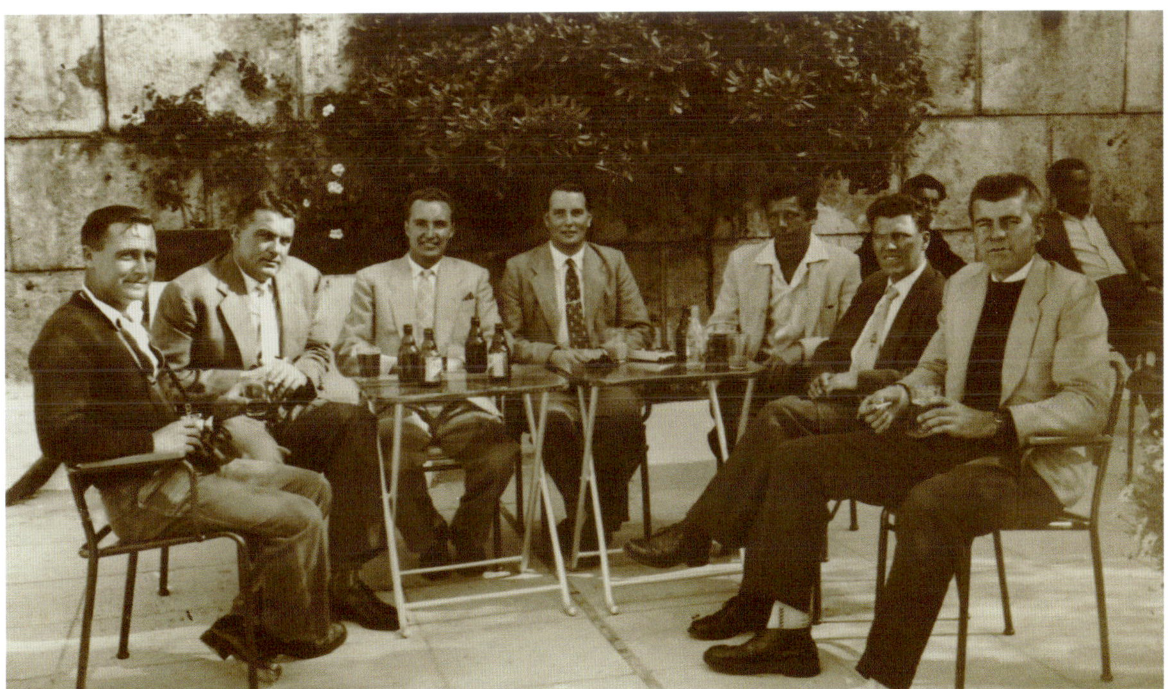

**M’ athair aig muir, 1950an
(treas bhon taobh chlì)**
My father at sea, 1950s
(third from the left)

Faodaidh mi a ràdh nach robh eòlas agam air m' athair. Bha mi ro òg. Anns na beagan mhìosan a chaidh seachad tha mi a' tighinn nas dlùithe dha. 'S e nì air leth sochaireach a th' ann a bhith a' lorg criomagan prìseil.

Tha thu a' gabhail cheumannan beaga faiceallach tro na nithean a bhuineadh dha do mhàthair, 's dòcha a' lorg briathran dìomhair a chuireadh iongnadh ort. 'S dòcha a' greimeachadh ri gnothach teaghlaich a dh'fheuch i ri chumail air falach. Seann notaichean, air seann phàipear – fiù's pàirt de na smuaintean pearsanta aice fhèin sgrìobhte ann am peansail am broinn na leabhraichean bu phrìseil leatha: Bìobaill agus leabhraichean còcaireachd. Bha an dòigh a sgrìobhadh i sìos reasabaidh ann am Bìoball dìreach àlainn, cha mhòr ann an *shorthand*, na adhbhar ghàire dhomh cuideachd. Ach thug mi an aire gun robh, aig amannan, na notaichean gu math troimh-chèile.

Às dèidh bàs mo mhàthair, thoisich mi a' dèanamh barrachd chluiche le comhghar air diofar rannan, is faclan. Ma chuireas tu na briathran sgrìobhte agus an dòigh san deach an sgrìobhadh caran bun os cionn, tha pìos eachdraidh bidhe air fhighe a-steach tro cheann-teagaisg creideamh a' cruthachadh nì ealanta a tha ga do tharraing ann an dòigh ris nach robh dùil. An dà chànan cuideachd ann am beagan de bhrolais: biadh anns a' Bheurla, agus creideamh anns a' Ghàidhlig.

I think it is fair to say I didn't know my father. I was too young. In recent times I have begun to feel a little closer to him. Precious fragments are the best you can hope for.

You take small, careful steps through your mother's possessions, perhaps coming across secret items that could surprise you, perhaps latching on to family items she attempted to hide. Old notes, on old paper, even insights into her own personal thoughts written in pencil inside her most precious books: her Bibles and her cookery books. I love the way she wrote recipes inside her Bible, almost like shorthand; I found it quite amusing. But I did notice how irrational the notes were at times.

After my mother passed away, I began to play a little with the juxtaposition of various verses, and words. Altering the hand-written notes in a different, almost random, order you can take a piece of food history and weave it into a religious text and create something that pulls you in an unexpected direction. The two languages add another layer to the blend: food in English and faith in Gaelic.

Mar neach-ealain, b' e rud a thàinig a-steach orm gu math tràth anns a' phròiseas smaoineachaidh agam fhèin, 's e gu bheil an obair chruthachail air a dhèanamh dhut – tha e anns a h-uile meur de sgeulachd beatha mo mhàthair: na faireachdainnean pearsanta, na briathran a' tabhainn fois, a creideamh, agus an dòigh a bh' aice air rudan a chleith. Cha robh mi ach a' togail na pìosan briste, agus dhan cur ri chèile aon uair eile. Gu nàdarrach tha mi garbh measail air mìrean eas-chruthach, comhghar de sgrìobhadh prìseil a tha a' buntainn ri fèin-aithne tarsainn trì ginealaichean.

Dha-rìribh tha fealla-dhà na lùib. Chan e fanaid, no magadh, a tha seo ann an dòigh sam bith; saoilidh mi gur ann tro a bhith a' measgachadh seo a tha do chuimhne a' cumail grèim air beatha an duine a bha dlùth dhut. Tha mise ag ionnsachadh barrachd mu mo mhàthair bho a bhith a' dèanamh beagan cluiche le na dh'fhàg i às a dèidh. 'S math a bhith a' feuchainn beàrn eachdraidh, beàrn teaghlaich a lìonadh. Tha e na phàirt fìor chudromach de sgeulachd ar teaghlach gun do chaill sinn pàrant nuair a bha sinn cho òg. Cha do thuig duin' againn a-riamh gun gabhadh, no gu dearbh gum biodh iarradh ann ealain a dhèanamh mu dheidhinn, ach tha e nis beagan nas fhasa suathadh ris a' chuspair.

As an artist, I began to appreciate fairly early on in the thought process that the creative element already exists – it runs through my mother's life story. The personal thoughts, readings offering peace, her faith, and the way she chose to hide things away. I was really only finding broken fragments and piecing them together once more. Naturally, I am hugely drawn to abstract fragments; the juxtaposition of those precious writings does influence a family's identity over three generations.

There is an undercurrent of humour. This is not a form of teasing or mocking in any way. I feel that through this blending you actually keep a hold of the life of the person who was close to you. I am learning more about my mother through a little playfulness with what she left behind. It is a positive experience trying to bridge some history, and family gaps. It is an immeasurable part of our family story that we lost a parent so young. No one ever thought one could, or even wish to, make art relating to it, but it is now somewhat easier to touch upon the subject.

Seo eisimpleir de na notaichean a bhiodh mo mhàthair a' sgrìobhadh aig an àm, air an sgrìobhadh mar rannan soisgeil, ann an làmh-sgrìobhaidh àlainn, ann an dath ge bith dè am peann no peansail a bha ri làimh. Gnothaichean bidhe, agus creideamh a' ruith troimhe air fad.

Tha iad air an toirt bhon Bhìoball a b' fheàrr leatha – bha e na thaic dhith tro na làithean dorcha. A' chiad dà dhuilleag bàn, taobh a-staigh a' chòmhdaich airson na notaichean sgrìobhte. Tha na loidhnichean singilte, ann an riochd liost, mu thràth na bhàrdachd. Thagh mi seann dealbhan a-mach às an aon chèis – chan eil còir aca a bhith ann an deagh òrdugh, no rianail.

Here is a sample of the notes my mother wrote around this time. They are presented as a form of Biblical verse, beautifully crafted writing, in whatever colour of pen, or pencil came to hand. Themes of food and faith run throughout.

These are taken from her favourite Bible, which got her through hard times. The inside cover was used as a notebook. The singular line notes, in list form, are already a form of poetry. The old photographs were chosen from the same envelope – they are not intended to be in a specific order, or structured.

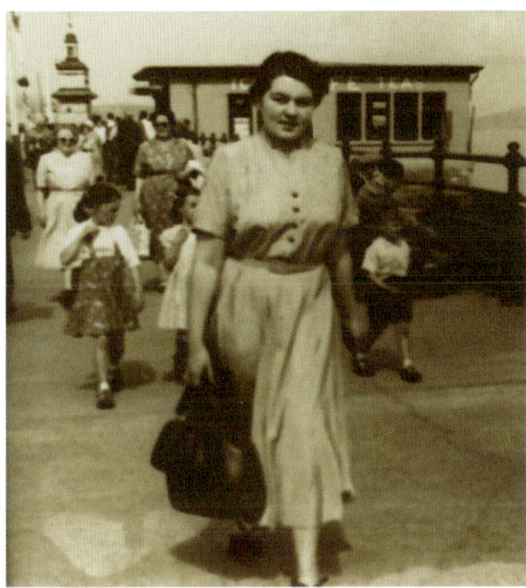

Dùn Omhainn, 1950an
Dunoon, 1950s

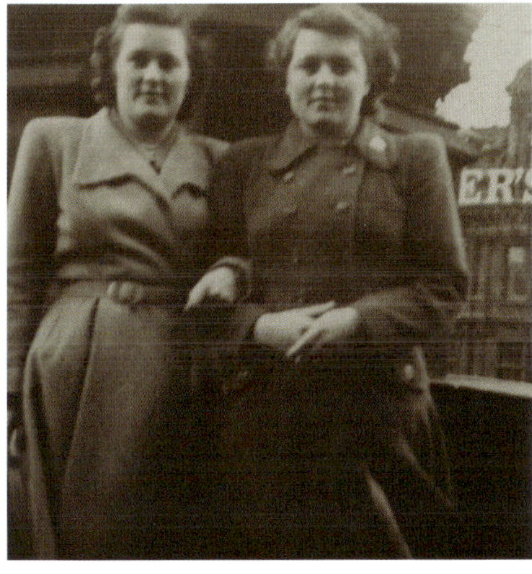

Na peathraichean Màiri is Oighrig,
Dùn Èideann, 1950an
Sisters Mary and Effie, Edinburgh, 1950s

Liostaichean ann an làmh-sgrìobhaidh mo mhàthair
My mother's hand-written lists and notes

Galatians 5, Verse 1
Lightly steam bean sprouts to retain texture and nutrients.
Uncle Angus Here the morning
Donald Died

3 pears, 6 oz flour
Luke 18, verse 16
2tbs ginger
2 eggs beaten
And the everlasting King

For heart, radishes and hawthorn berries
I thought this job would be finished by now
Sunday 4th, we are all in God's hands
Chapter 5
Under new management
Red bush tea, elderberry for flu, Bilberry for eyes

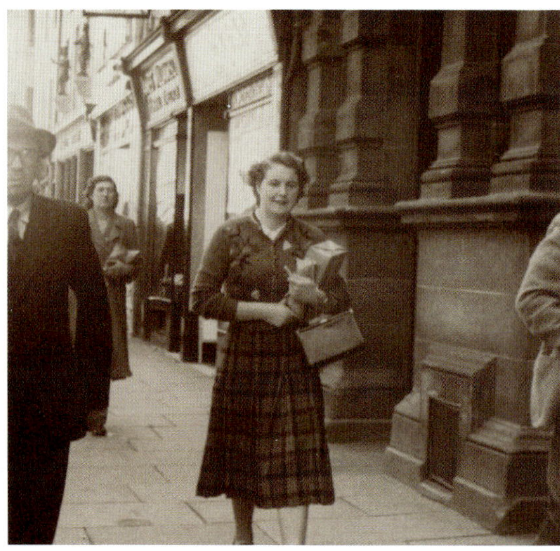

Antaidh Ceiteag, Glaschu, 1950an
Auntie Ceiteag, Glasgow, 1950s

Chilli good for pain relief

Murdo, fried fish for you in the hot-oven
Lindisfarne gospel – kelp grown seaweed
Hebrews 11 – faith is substance of things
Waxed side down,
M Macleod, 15 Newmains Road, Renfrew

1 Corinthians, women cover their heads

1/3 destiny, 1/3 prophecy, 1/3 revealed teaching
Butter with a dash of orange
Bridal slices – when cold brush with jam

Let your women keep silence in the churches
Corinthians 14 v 35
Add lentils to mince

May day – cuidich me

'S dòcha bliadhna no dhà às dèidh na dealbhan seo a tharraing, dh'fhàg caraid mo mhàthair 'An Topag an Tabartaich' a dachaigh ann an Ciorabhaig, a' cur seachad an còrr dha a beatha ann an Detroit, Michigan. Chùm iad an càirdeas fhad 's a bha iad beò.

Possibly, only a couple of years after these photographs were taken, my mother's childhood friend 'An Topag an Tabartaich' left her home village of Kirivick, and spent the rest of her life in Detroit, Michigan. Their friendship, however, remained strong throughout their lives.

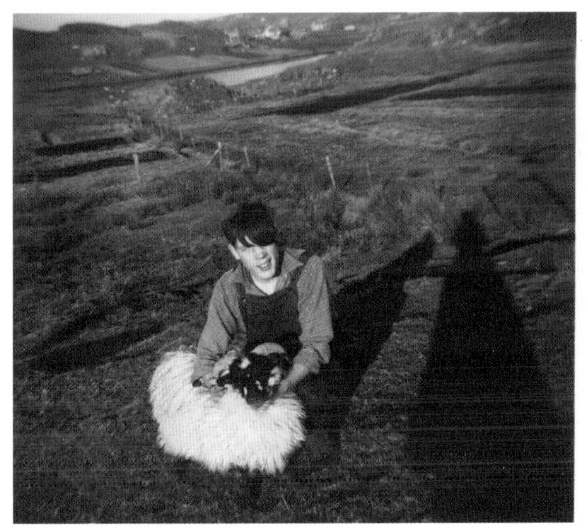 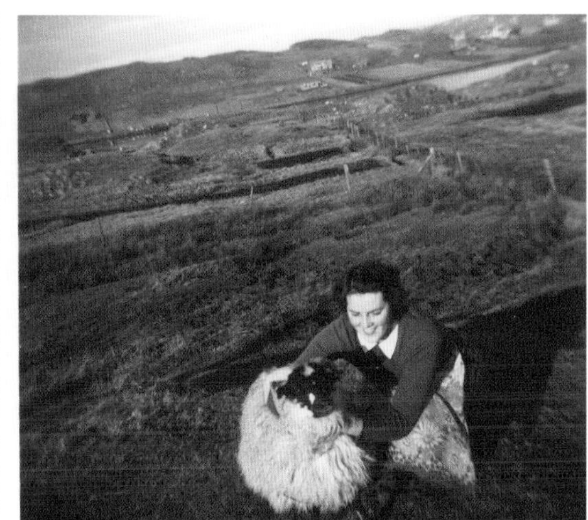

Eachann is An Topag, Ciorabhaig, 1940an
Hector and An Topag, Kirivick, 1940s

Gu ruige seo, chan eil fhios cò a bh' ann an 'Jessie'. Tha an aodach agus na taighean a' cur nur n-inntinn gu bheil i air ùr thighinn gu Michigan, agus a' dèanamh fealla-dhà le caraid. Tha an tè sa mheadhan san dealbh na suidhe air cnoc canaich glè choltach ri Jessie. 'S iomadh turas a dhèanadh na dealbhan beaga seo an t-slighe tarsaing a' Chuan Siar.

"Please don't show this to anyone,
burn it when you get through laughing.
No comments please,

Jessie".

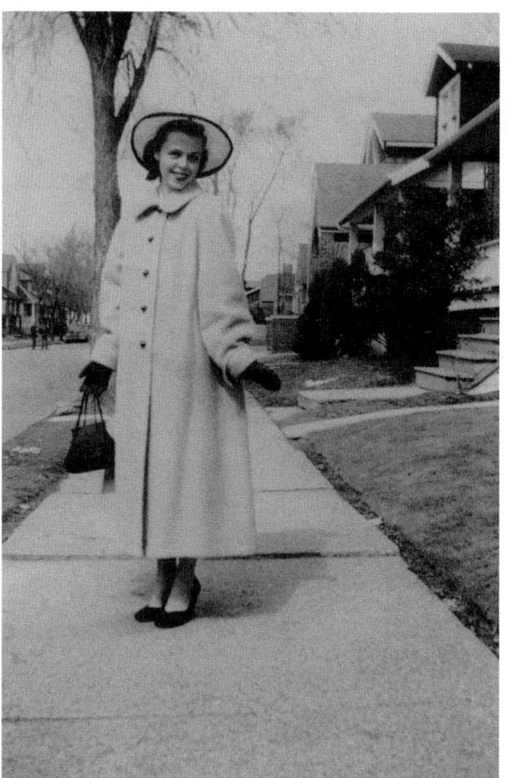

Jessie
Jessie

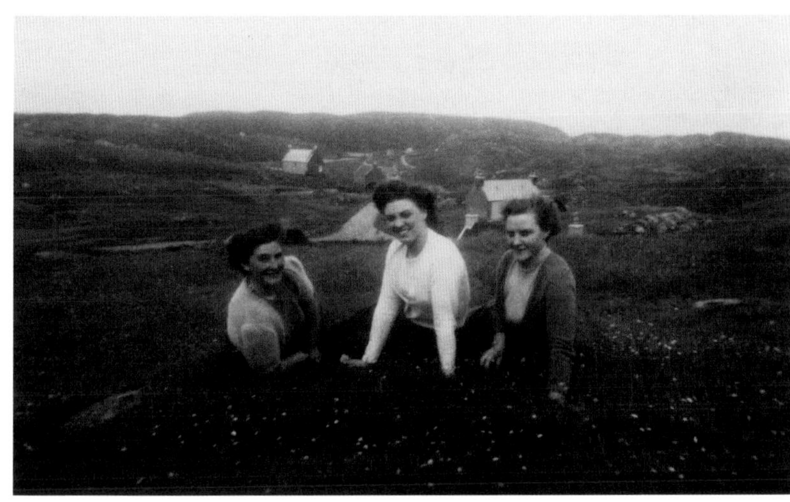

Triùir bhoireannach neo-aithnichte
Three unknown women

As yet, 'Jessie' is unidentified. The clothing and houses may indicate a recent arrival to Michigan. A shared humour on her new persona. The middle one of three young women posing on the bog-cotton hillock has a real likeness to Jessie. Those tiny, printed photographs would have crossed the Atlantic many times.

Tha an aodach, na tiuilipean mòra, agus an ainm *Velox* air cùl an dealbh àlainn seo de nighean òg, a' coimhead coltach ri dealbh bho Ameireaga, 's dòcha tràth anns na 50an.

'S e bha na mo bheachd, aon phìos shònraichte a chruthachadh a-mach à dìleab phrìseil, a' cleachdadh an aon chuspair gu bhith a' cluiche air liostaichean pearsanta. Bha e a' dèanamh ciall na diofar phìosan measgaichte a thoirt tro phròiseas obair-làimhe. Tha tùsanaich bho air feadh an t-saoghail a' fuaigheal le samhlaidhean, a' comharrachadh thachartasan, amannan sònraichte agus ceanglaichean teaghlaich.

Ann an dòigh tha comhgharan neo-àbhaisteach de rudan nach buin còmhla a' ruith tron a h-uile ìomhaigh a tha mi a' cruthachadh. Bha mi a' fàs nas mothachail air an cunnart a bha an lùib na h-obrach ùr phàipeir seo – beachdan mu ath-thogail eachdraidh, ach aig a' cheart àm 's dòcha a' toirt tasglann teaghlaich às a chèile gu siorraidh. Gur e an sgrìn seo a' chrìoch, an fhìor dheireadh.

Leis an làimhseachadh fiosaigeach a' ceangal nan diofar phìosan, bha agam ri dòigh a lorg ceum a ghabhail air falbh bhuapa. Cho luath 's a bha an obair dèanta,

The clothing, the large tulips, and the name 'Velox' on the reverse of this striking portrait of a young girl, suggests an American child, possibly in the early 1950s.

My idea was to create one singular statement piece out of this precious heirloom, using the same theme or play on personal lists. Taking all those abstract elements through a hand shaped process began to make sense. Indigenous peoples the world over use symbols and stitching as a means of marking different happenings, special events and family connections.

I suppose juxtapositions of things that don't belong run through all my work. I did gradually become aware of the reality, as ideas of reconstruction and building the past were forming, that even creating art from this paper family archive would also be the destruction of it. That this shrine is one of closure, of finality.

With the physical handling and attaching of the pieces, I had to find a way of somehow detaching myself from them. Once complete, the emotion is free to return. If we can crystalise the emotion into art, then we succeed. The final work in some way encapsulates a hundred years of connection to a wider family and place.

dh'fhaodadh na faireachdainnean tilleadh. Mas urrainn dhuinn gach faireachdainn a chur gu soilleir ann an ealain, tha sinn air an t-slighe cheart. Tha an obair slàn ann an dòigh na sgeulachd ghoirid de cheud bliadhna de theaghlach agus àite sònraichte.

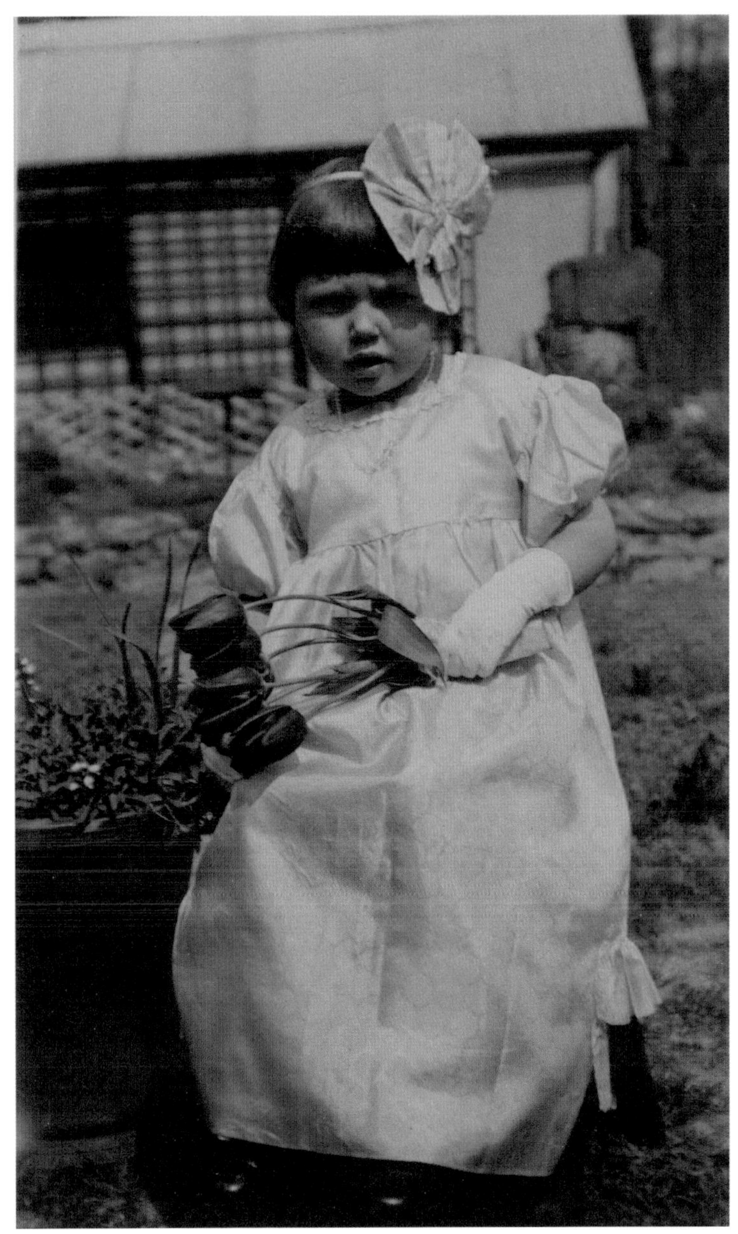

Nighean neo-aithnichte le tiuilipean
Unknown girl with tulips

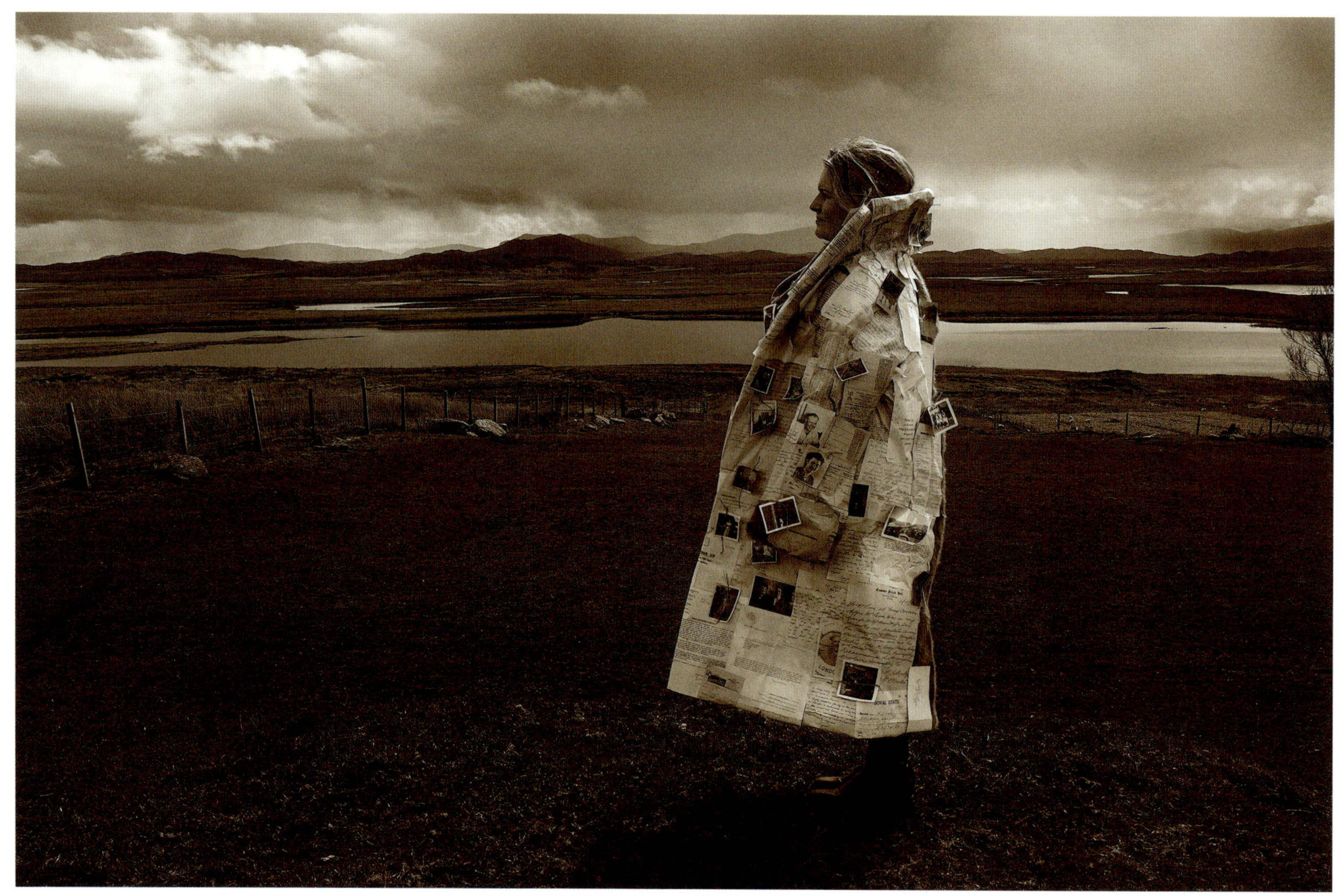

Magaidh leis a' chòta minc 100 bliadhna
Maggie, with the 100-year-old mink coat

An Acha Mòr / Achmore, 2024

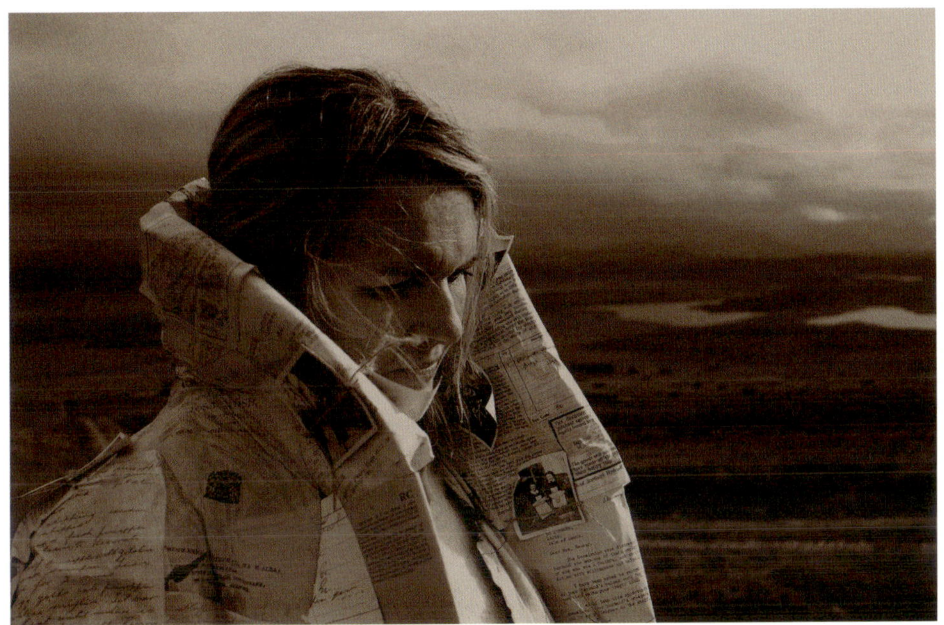

Magaidh leis a' chòta minc 100 bliadhna
Maggie, with the 100-year-old mink coat

An Acha Mòr / Achmore, 2024

'S e nàdar de chànan a th' ann an obair fuigheil. Aig an toiseach b' e faireachdainn caran neònach a bh' ann a' ceangal am pàipear ris a' chota-bian minc ceud bliadhna a dh'aois. Bha mise a' cruthachadh còmhdach ùr, ach aig a' cheart àm bha seann chòmhdach ga fhoillseachadh cuideachd. Bha am fuigheal, a dh'aona-ghnothach robach. A thaobh nan seann dhealbhan cha mhòr nach fheumainn astar a chur bho na faireachdainnean pearsanta a bh' agam. Bha thu ag aithneachadh do choltas fhèin anns na h-ìomhaighean. B' e gnìomh caran gnàthach, pàganach, no fiù's treubhach a bh' ann a' cur snàthaid throm tro sheann dhealbhan teaghlaich dubh is geal.

Stitching is a form of language. In the early stages it was a strange feeling attaching the paper to the 100-year-old mink fur coat. I was creating a new layer, though at the same time an old one was being formed. The stitching is deliberately rough. As regards the old photographs I needed to somehow distance myself from them emotionally. You recognise your own likeness in the images. It was a somewhat brutal, pagan, almost tribal act - putting a heavy needle through the old black and white family photographs.

Chan eil còir aig an obair ealain *'Unnad' - Indigenous* a bhith na puing chianalais a-mhàin – tha mo phiuthar Magaidh na seasamh air an dearbh chroit far na thogadh sinn, a' chroit a tha mise fhathast ag obrachadh, 's i le eachdraidh ar màthair timcheall oirre.

'S iomadh rabhadh a bha nam cheann agus a bha a' feuchainn ri stad a chur orm – fàg an t-seann phàipear is na dealbhan prìseil aig fois. Leig seachad an eachdraidh. Ach chan e sin a th' air cùl an trusadh seo. 'S e sgrìn teaghlaich a tha seo nach robh còir a bhith dealbhach, ach na chomharra air tachartasan is conaltradh tro eachdraidh.

The centrepiece of *'Unnad' - Indigenous* is not solely intended to be a statement of sentimentality – my sister, Maggie, is standing on the very croft on which we were raised, the croft that I still maintain, quite literally wearing our mother's history.

I was aware of warning signs telling me to go no further – leave the old paper and the precious photographs at peace. Let go of the history. But that is not the intention of this gathering. This is a family shrine that was not intended to be picturesque, but more a marking of events and a conversation through history.

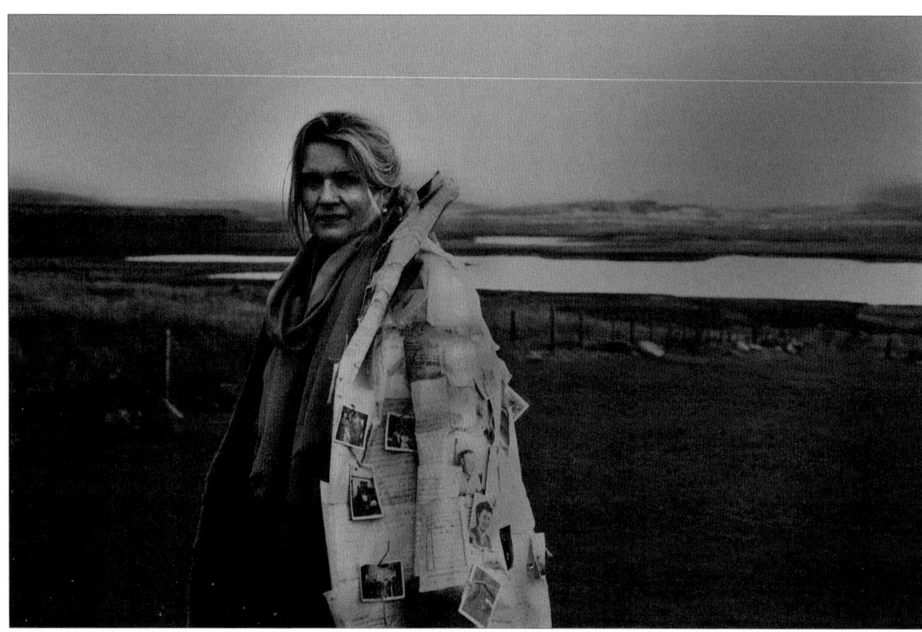

'Unnad' - Indigenous, còmhdach de dhealbhan is pàipearan
'Unnad' - Indigenous, layering in pictures and documents

An Acha Mòr / Achmore, 2024

An 'liosta beatha'

Bha ar mathair, Oighrig, garbh measail air liostaichean a sgrìobhadh. Bhiodh a beatha làitheil an-còmhnaidh a' crochadh air liost. Bha e a' còrdadh rium a bhith a' smaoineachadh air criomagan eachdraidh mar chuimhneachan air liost. Tachartasan à tòrr dhiofar àiteachan. Ceanglaichean bho iomadh ceàrn den t-saoghal. Aig an taigh, a' cuimhneachadh air còmhstri mu chòirichean mòintich, a' dùsgadh beagan feirge. Cha robh a h-uile latha nan làithean geala. Geallaidhean pòsaidh gun fhiosta, dearbhadh pearsa, is eile. Gu leòr soillse is dorchadas, ag innse sgeulachd fìor.

Tha an 'liost beatha' a' tarraing aon loidhne bho gach conaltradh pàipeir is dealbh. Cha deach òrdugh deit a chur air an liost, ach dìreach mar a laigh mo làmh orra, nuair a thàinig iad a-mach às an t-seann chèis phlastaig. Dìreach aon loidhne, no abairt, mar chomharra air tìm.

Am measg cuid a dh'aithnichear le eòlas, tha cuideachd tarraing làidir gu iomadh srainnsear a tha a-nis mar phàirt cheart den liost agus dhan chòta-bian minc Ameireaganach.

The 'life list'

Our mother, Effie, loved writing lists. Her daily routine would often revolve around lists. I enjoyed the abstract nature of snippets of memory as items on a list. Incidents and locations covering a huge geography. Connections from all corners of the globe. At home, reminders of feuds over land for grazing stock brought a little anger to the fore - by no means were they all halcyon days. Secret marriage proposals, character references, etc. Plenty light and shade illustrating snippets of truth.

The 'life-list' extracts one line from each paper document and photograph. They are not in specific date order, rather they are organised simply the way I took them out of the old plastic envelope. Just one single line, or comment as a marker of time.

Among the familiar faces lie many strangers. They draw us in and have their rightful place on the list and on the mink fur coat.

Insurance company of America - £225.00

Sheep subsidy due - £8.50

Statement of Intromissions of the executor of the late DJ Mackay, 5b Achmore,
who died on 2nd Sept, 1976

Advice to approach shareholders and clear matters up

Now turn to the bond of caution

Adopted as holograph, Effie Mackay

Alec a Ghogal, Dunoon, '53

Kirvick – Kate Anna Welsh

To apologise for the letter you received from my father

Signed Murdo K Murray, minister of religion

Port Lincoln, London

Known him from childhood, his character is unblameable in every sense

I have found her competent, clean and strictly honest

George Hotel, Oban, 1949

To whom it may concern, Marine Parade, Kiln, Argyll

Mo mhathair, nuair a chuinnicheas mi m'oige

Caristiona

Annie Shaw

This endorsement is effective as from 20:01:77 ENDT REFCE – GB 239

Aerogramme PAR AVION, Lismore, Australia, 10c 2480

Wonder how they all in Shawbost

Stornoway Pier and Harbour Commission – money has been subsidised
by those mentioned below, 8th Oct 1976

Hire purchase of apparatus. Mini jack deep fridge – S/N A0231138 - £47.00

Soval Estate croft rent - £2.00

Instructions for operating the 400 day clock

Barnsley

January 1953

Telegram 12 AP 56 – Charing Cross, Glasgow – Nothing for one, eight bob for two,
so come on, its up to you – Chriss Ann

We know the agony of your grief

National Commercial Bank Of Scotland – I regret that an error occurred, 1962

Murchadh Rlagan, North Galson

Notice to claimant £1:8:1

Stobhill – Belmont House

This is a surprise to you – I'm getting married to Alex 29/8/1936

It is good that you have the rest of your family around you 7/5/1968

DJ Mackay Esq, 10 Carradale Street, Partick, Glasgow, W1

I received your message through your illiterate adviser

Stobhill – 136

Springburn – Effie & Peigi

Topag

Dunoon – Mrs Nelson

Calum Iain – new years eve party

Dunoon

Topag & Tom Daley

Munntir an Ach

Alexander Mackay

Donald Smith, Partick

Please don't show this to anyone. Burn it when you get through laughing.
No comments please, Jessie

Bessie Stein, Dunoon

Register of marriages, 13th April, 1956

Ship letter telegram HAPARANGI

National health medical cards

Death certificate Donald Mackay

My dear young friends

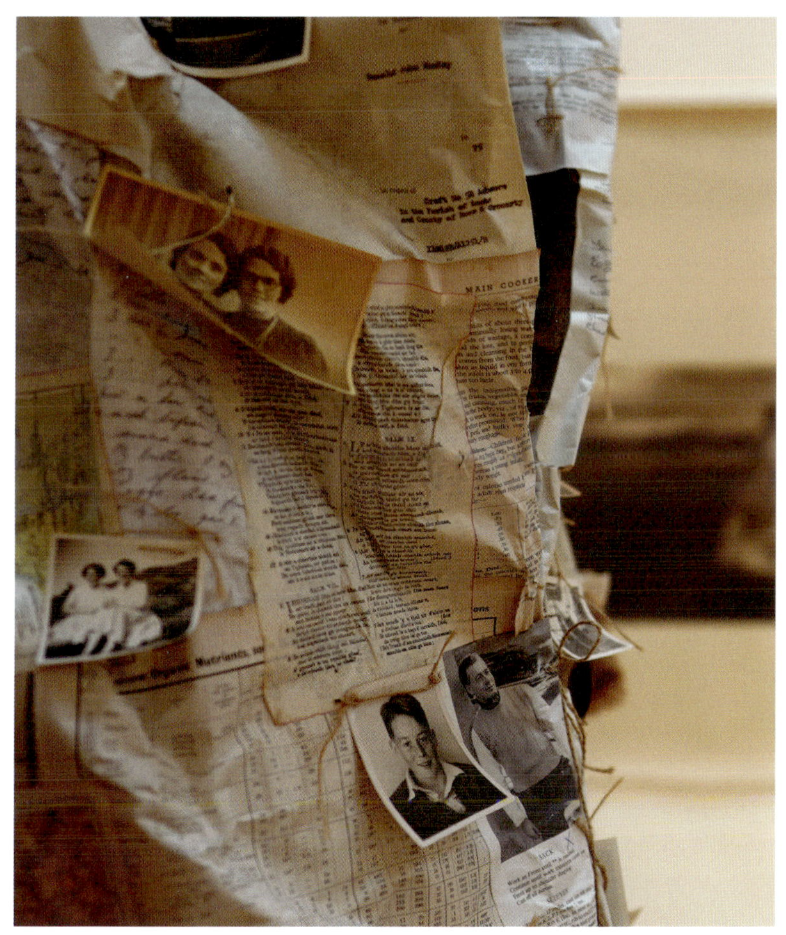 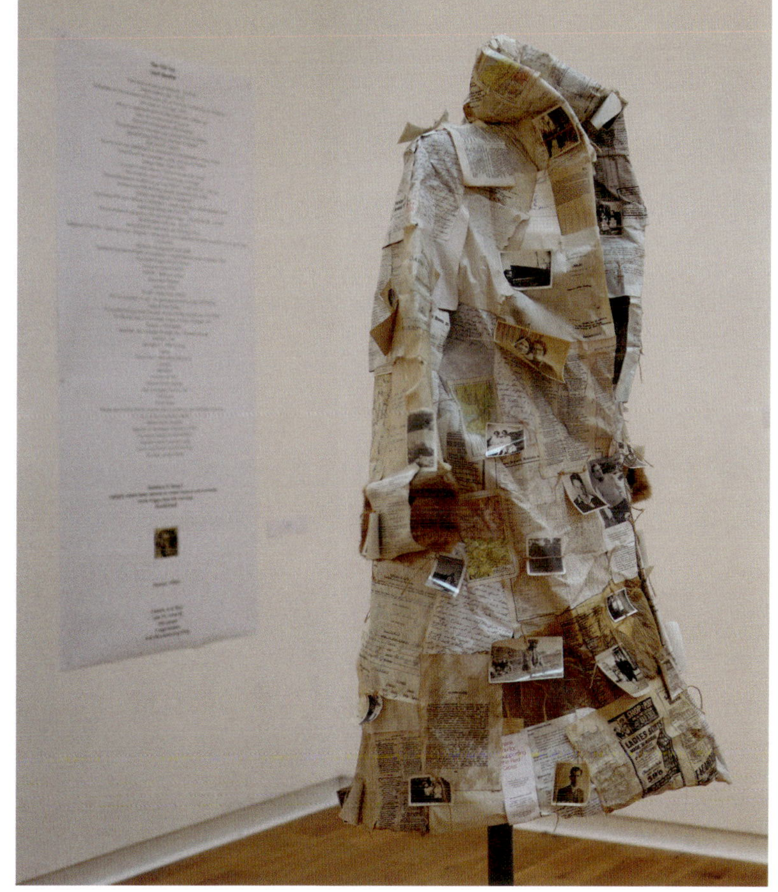

UNNAD, Indigenous

An Lanntair gallery, 2024

UNNAD, Indigenous

An Lanntair gallery, 2024

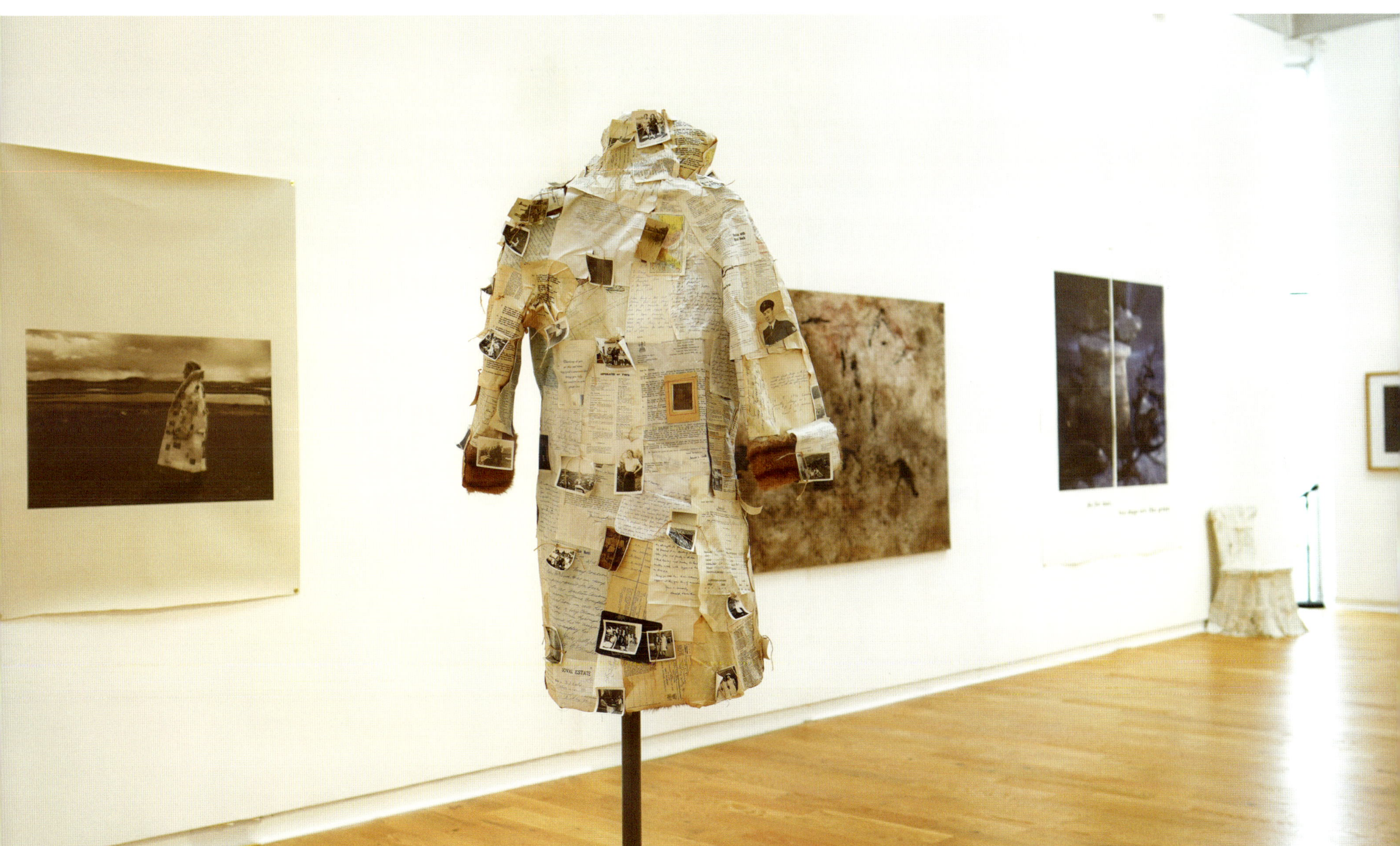

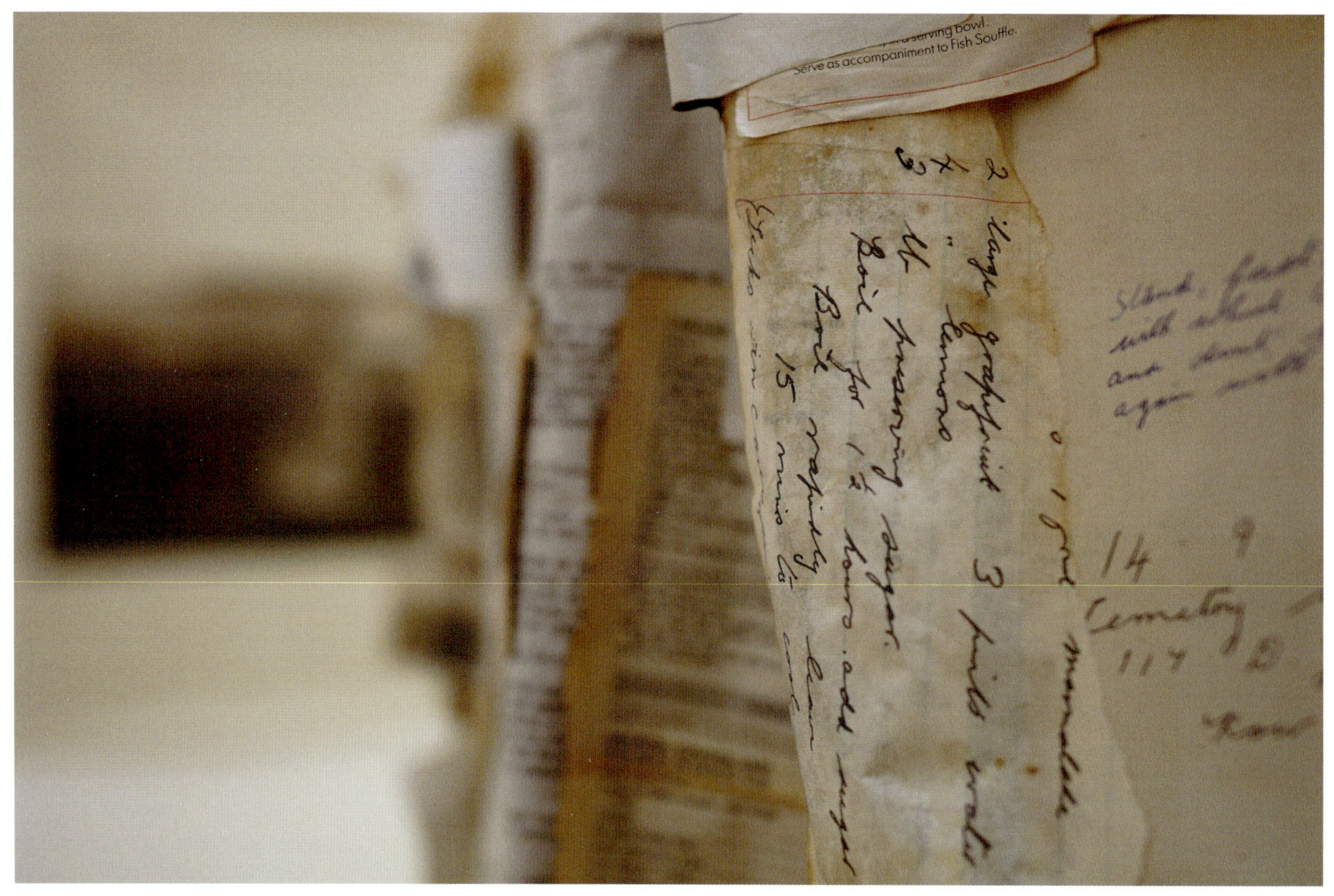

UNNAD, Indigenous

An Lanntair gallery, 2024

Caibideil 3
Dealbhan tràth: seallaidhean nach fhaca an camara tric

Chapter 3
Early photography: what the camera seldom saw

Dà chlosach, gun ghluasad
Two carcasses, still

An Acha Mòr / *Achmore, 1989*

Creid e, no nach creid, seo an aona dhealbh a dh'atharraich mo shlighe tro lionsa a' chamara. Dà chlosach ann an solas ciùin na bàthaich. Sealladh a bha cho cumanta ag èirigh suas, ach nar cloinn' òg cha robh facal air a ràdh mu dheidhinn, agus carson a bhiodh? Gu cinnteach, àite far nach buineadh camara. B' ann leam fhèin a bha na beathaichean, agus bha e an urra riumsa an spadadh, ach an turas seo le camara na mo làimh. Aig an dearbh àm far am bi thu a' ceasnachadh am bu chòir an dealbh a thogail – sin an dearbh àm nuair bu chòir an aithne chultaraich agus an eachdraidh a ghlacadh. Feumaidh tu thu fhèin a phutadh gus na crìochan traidiseanta a ghluasad an dara taobh no taobh eile. Tha gnìomhan borb, cruaidh mar phàirt de bheatha làitheil air croit.

Bho thaobh ealain, do chuid, tha e caran mì-chofhurtail pìosan bho d' eachdraidh is fèin-aithne a thaisbeanadh air beulaibh an t-sluaigh. Do chuid eile 's e saorsainn a th' ann.

Believe it or not, this is the singular image that altered my direction through the camera lens. Two carcasses in the soft, gentle light of the byre. It was a very common sight growing up, but as children nothing was ever said about it – and why would there be? It was certainly a place where no camera belonged. These were my own animals, and it was up to me to slaughter them, though on this occasion I held a camera. At the very point at which you question whether you should take a photograph, that is the very point at which this piece of cultural identity and history should be captured. You need to push yourself to shift those traditional boundaries one way or the other. Hard, brutal acts are a reality of normal day-to-day life on the croft.

From an artistic perspective, to present elements of your identity and upbringing on a public platform can be unsettling for some, yet liberating for others.

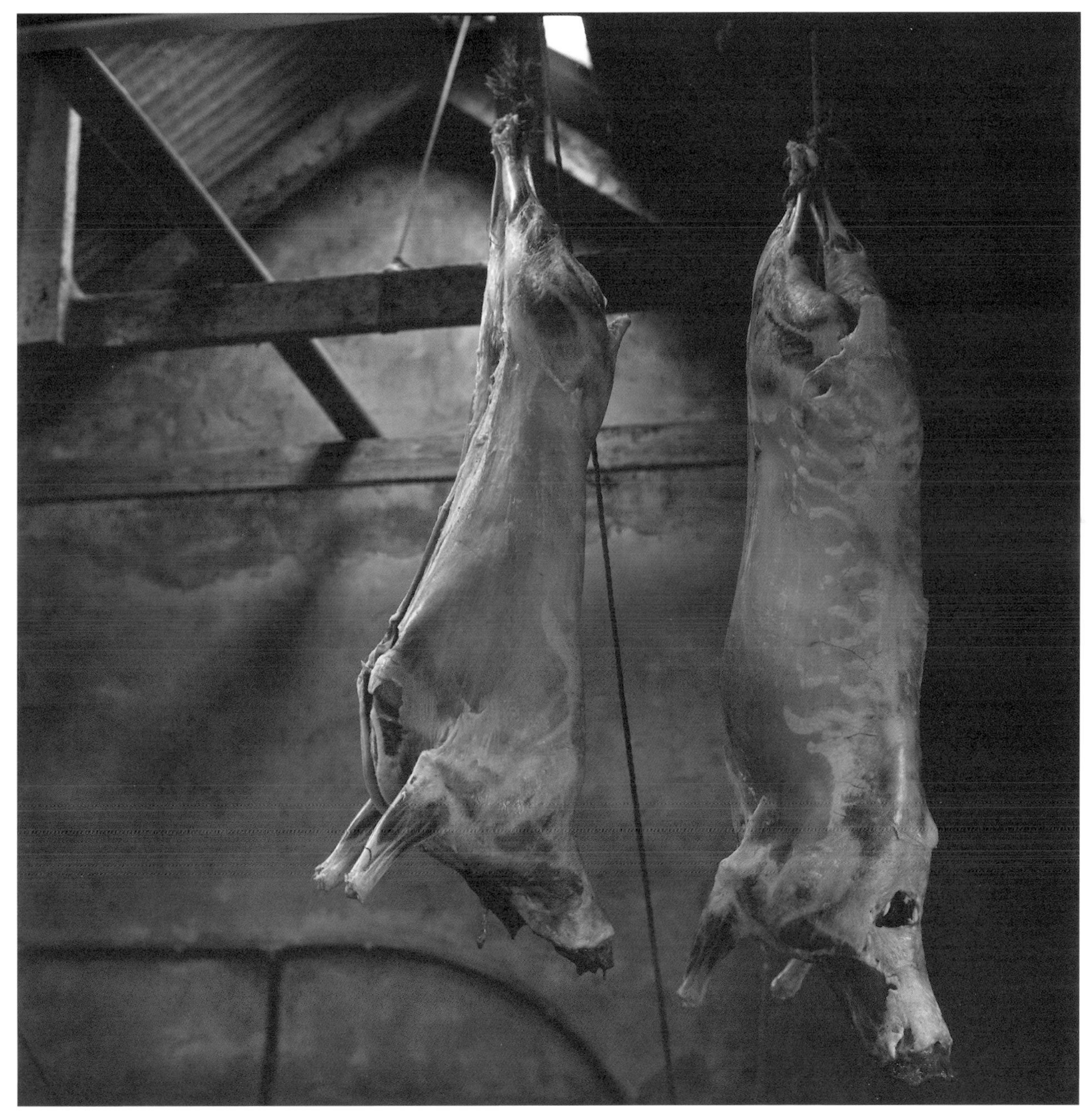

Eireagan
Chickens, 1989

Bha mo shùil a' laighe air càil sam bith a bha a' gabhail àite anns na feannagan beaga, fiù's torradh na mara – fàs is bàs nàdair, le na diofar bheathaichean, anns na h-àiteachan dorcha far am biodh iad air an glasadh, fiù's anns na taighean againn fhèin – a-rithist, caran dorcha. Cha robh mi a' cleachdadh solas fuadain anns an stiùidio. Dh'fheumadh gach dealbh a bhith air a thogail le solas nàdarra, rud a bha caran gann tron gheamhradh fada.

My focus was on whatever was taking place in the small lazy beds, even the harvest from the sea – the natural growth and death of the varied species, in the dimly lit animal houses where they were kept, even in our own homes, again quite dark. I never used artificial light in my studio byre. Every image had to be made with available natural light only, something that was fairly sparse through the long winter.

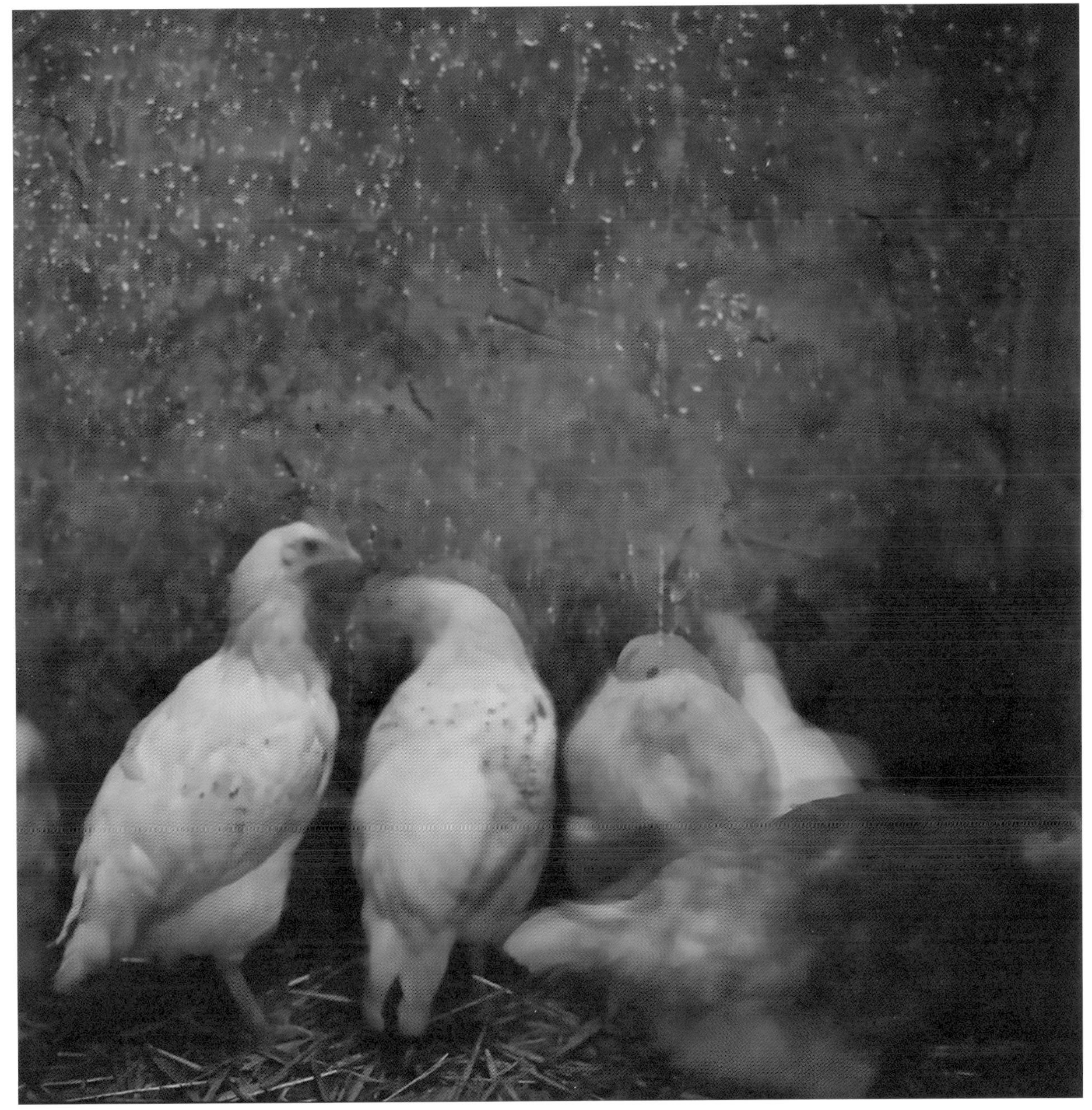

Easgann congar
Conger eel, 1989

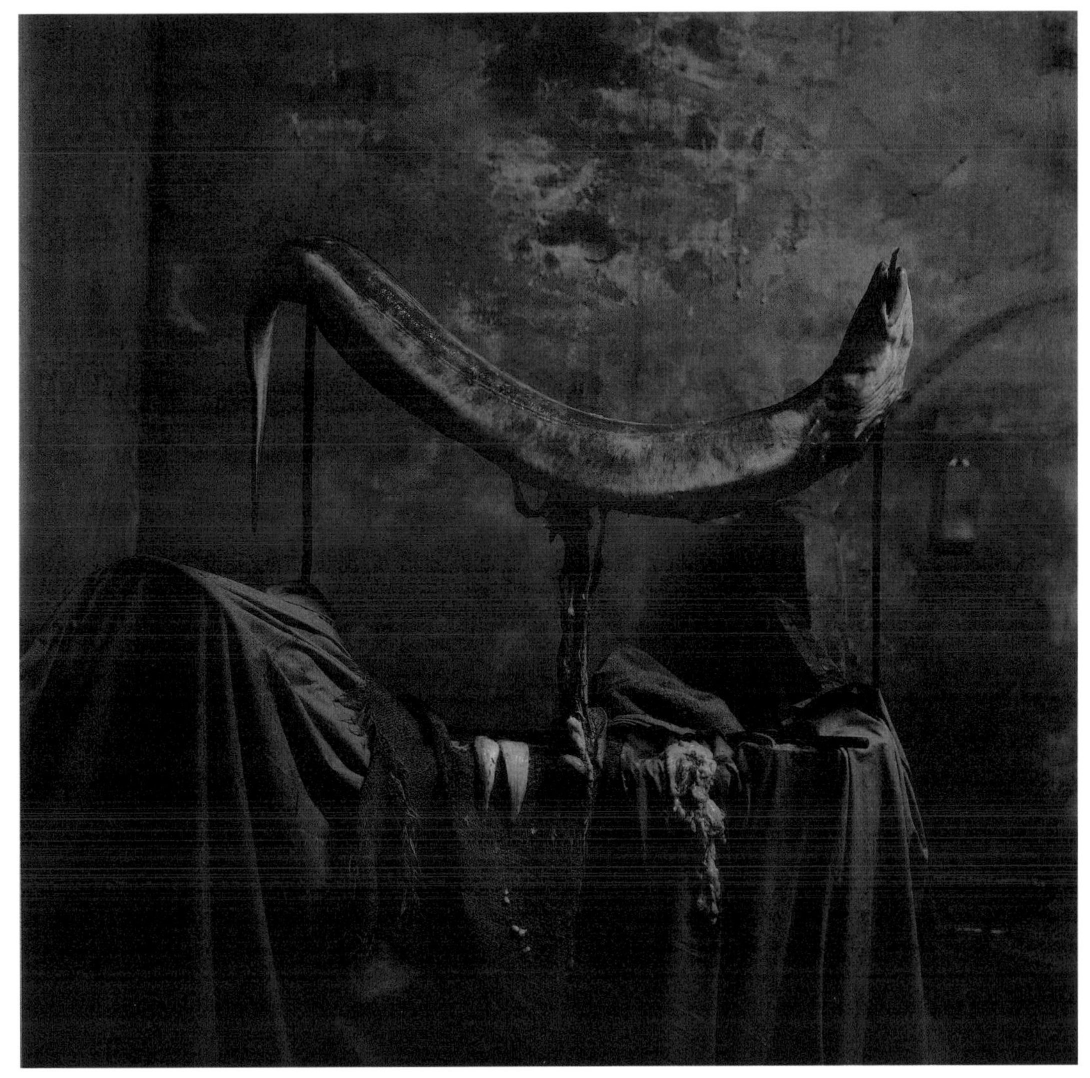

Fuil tarbh air canabhas
Ox blood on canvas, 1989

Bha mi a' sireadh sùil mhionaideach air a' chruth-tìr mun cuairt orm. Bha mi air mo chuairteachadh le saoghal nach fhaca mise a-riamh ann an dealbh camara – seallaidhean cumanta gu leòr dhuinne air eilean air taobh siar na Gàidhealtachd, ach nach deach seachad air a' phìos beag talmhainn againn fhèin. Bhiodh luchd-deilbh chamara a' tighinn 's a' falbh, ach chan eil sealladh ar cultar bho muigh a' bruidhinn às ar leth uile. Tha mi a' gabhail ris gu bheil an saoghal mòr ag atharrachadh, ach tha mi a' faireachdainn gu bheil bitheantas an t-seallaidh àbhaisteach de dh'ealain turasachd a' tanachadh ar fèin-aithne.

A' tighinn suas gu deireadh an fhicheadamh linn, cò a bha ag iarraidh sgeulachd seann chultair, seann chleachdaidhean mu bhith a' feuchainn ri thighinn beò tro obair fhearainn? A bheil an sgeulachd ann fhathast do luchd-èisteachd? A bheil an sgeulachd

I was seeking a detailed look at the landscape that surrounded me, a landscape that I had never seen in photography. These were scenes which were common enough to us on an island in the west Highlands but had never gone beyond our own small patch of land. Yes, photographers came and went, but the external perspective of island culture did not speak for everyone. I accept it is a changing world, but I find the almost singular perspective of tourist art dilutes any cultural identity.

With the end of the twentieth century in sight who wanted to hear stories of old traditions, or culture, about trying to live off the land? Does this story still have an audience today? Is the story still relevant? Those are the questions that motivate me to pick up the camera. For a little context, it is worth remembering that as a crofting family up to the mid-70s we were

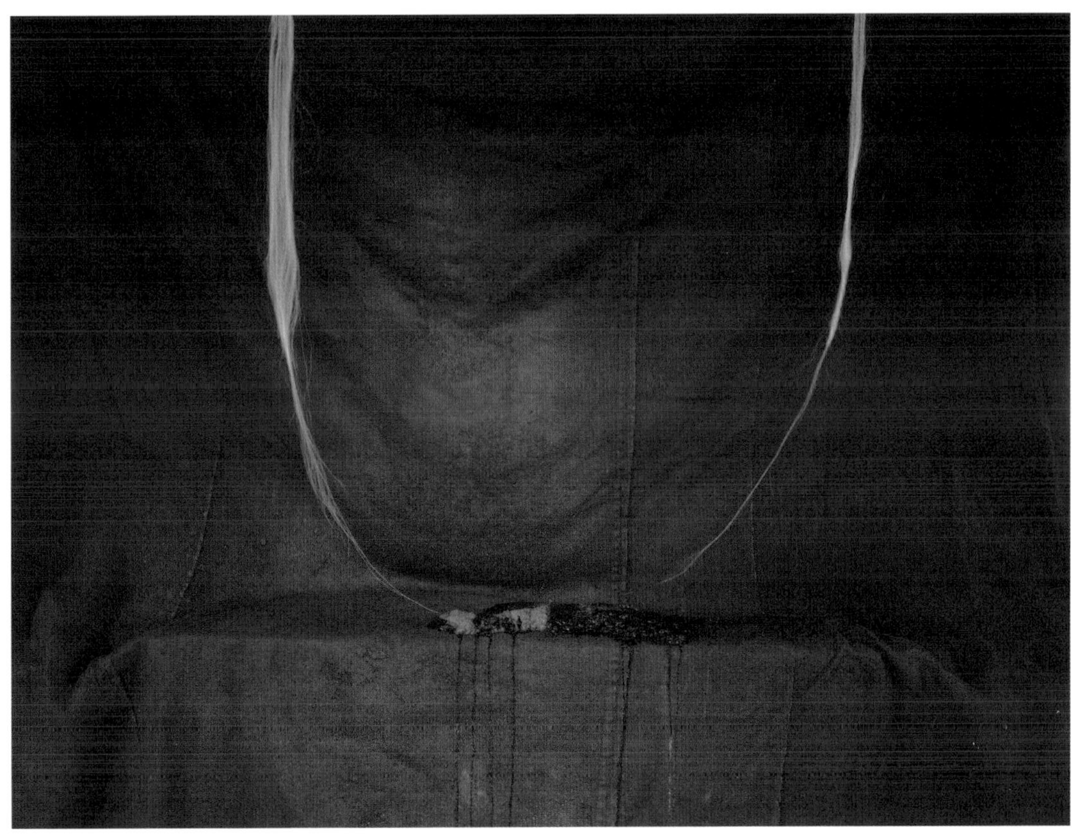

fhathast iomchaidh? Sin na ceistean a tha dha mo ghluasad gu camara. Airson beagan co-theacsa, 's fhiach cuimhneachadh gun robh sinne mar theaghlach croitearachd fhathast a' buachailleachd chrodh suas gu meadhan nan seachdadan, a' coiseachd na mòintich a-mach gu làrach tobhta Àirigh Màiri agus an uair sin a' coiseachd dhachaigh agus a' bleoghann Pink Nose anns an dearbh thogalach a tha nis na stiùidio agam. Bha an crodh mar phàirt dhan teaghlach.

Aig an dearbh àm ann an eachraidh bha an cultar againn, na dòighean sìmplidh againn, a' dol a dh'atharrachadh gu tur. Chaidh crann craolaidh telebhisean a thogail air Èitseal, a' chnoc mu choinneamh a' bhaile. Nuair a reic sinn Pink Nose chaidh prìne a chur dhan £175, ga cheangal ri uinneag a' chidsin. Cha deach suathadh ann airson mìosan. Thàinig telebhisean ùr dathte an àite bò an teaghlaich

still grazing our cows out on the moor, walking out to the ruins of 'Mairi's shieling', then walking our cow Pink Nose home, and milking her in the very building that is now my studio. The cows were part of the family.

At that very time in history our culture and fairly primitive ways were going to change beyond recognition. A television transmitter mast was built on our village hill, Eitseal, the same hill as the shieling. When Pink Nose was sold, the £175 was pinned to the kitchen window, and for months it remained untouched. A new colour television replaced the family cow.

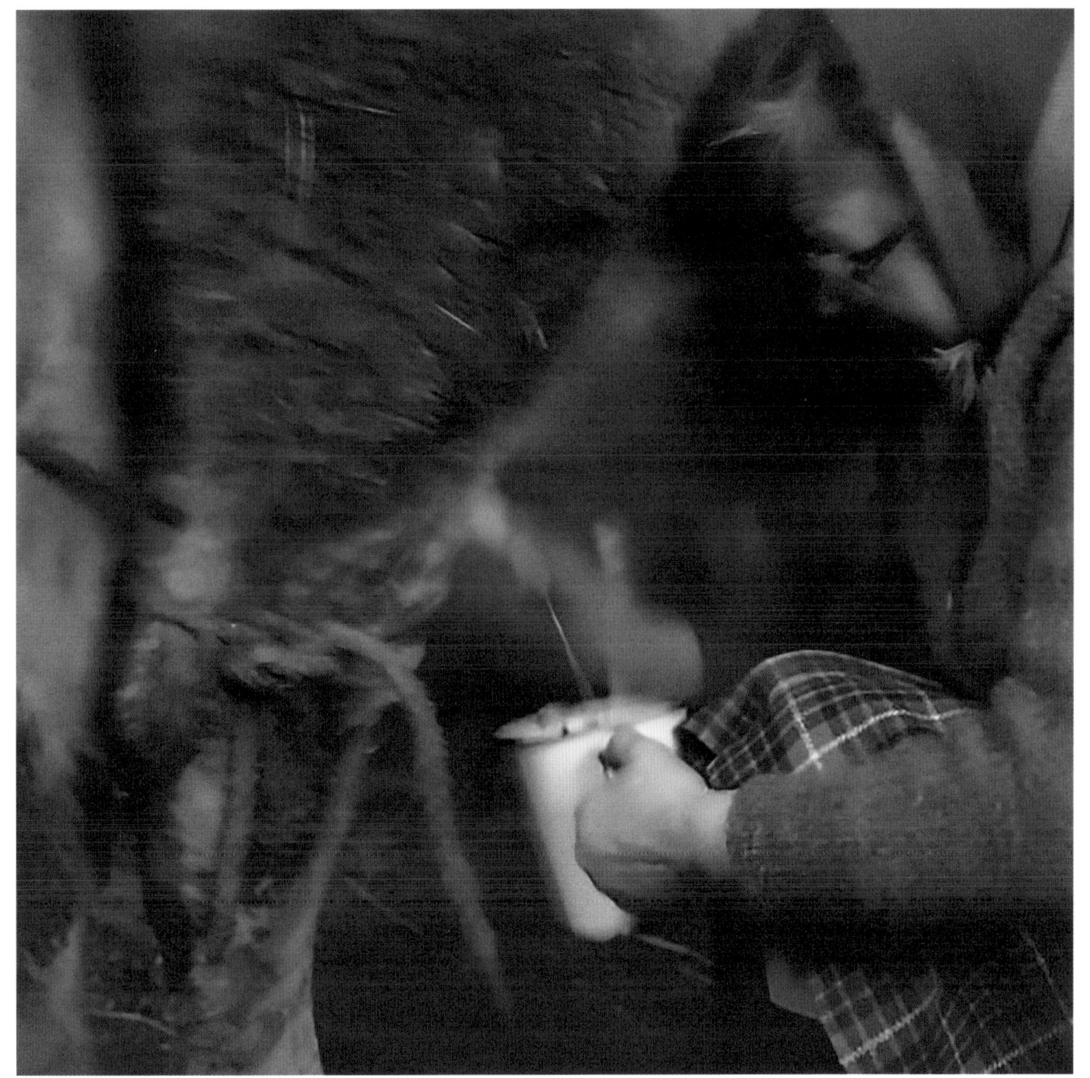

Crodh air an àirigh
Cows on the shieling

Beinn a' Bhuna, 1989

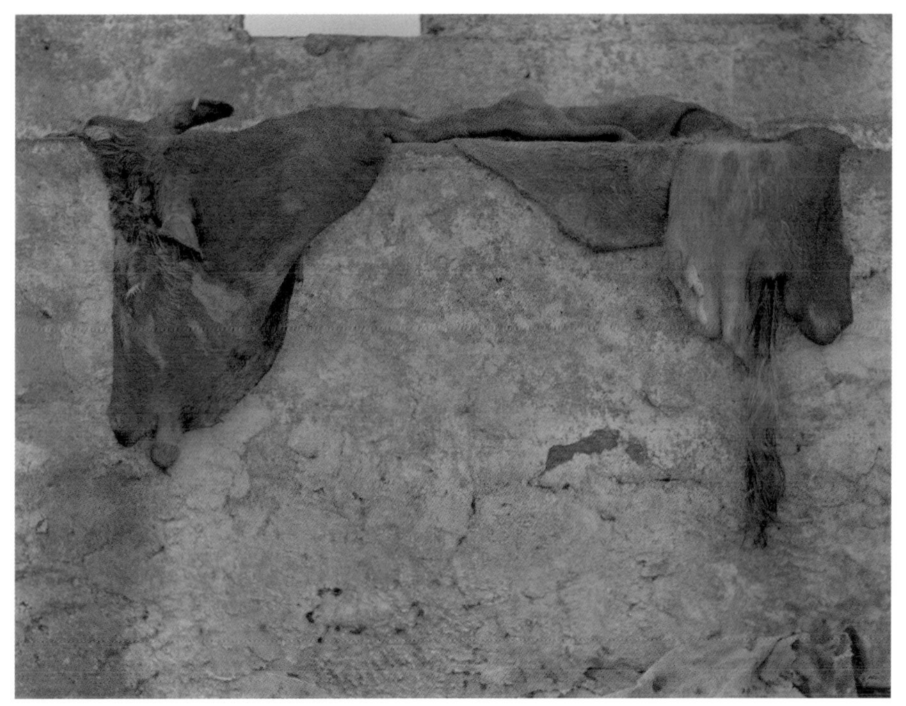

Fàs an-abaich air concrait
Three embryos on concrete, 1989

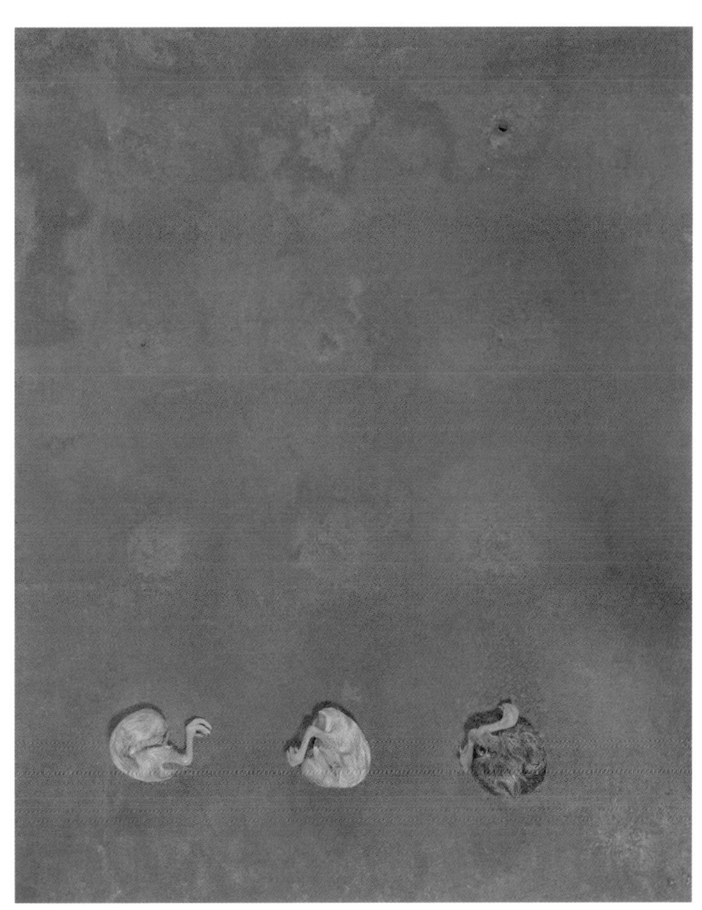

A' cluiche le beachdan 'feannag', le mo mhàthair
Playing with ideas on 'field', with my mother, 1989

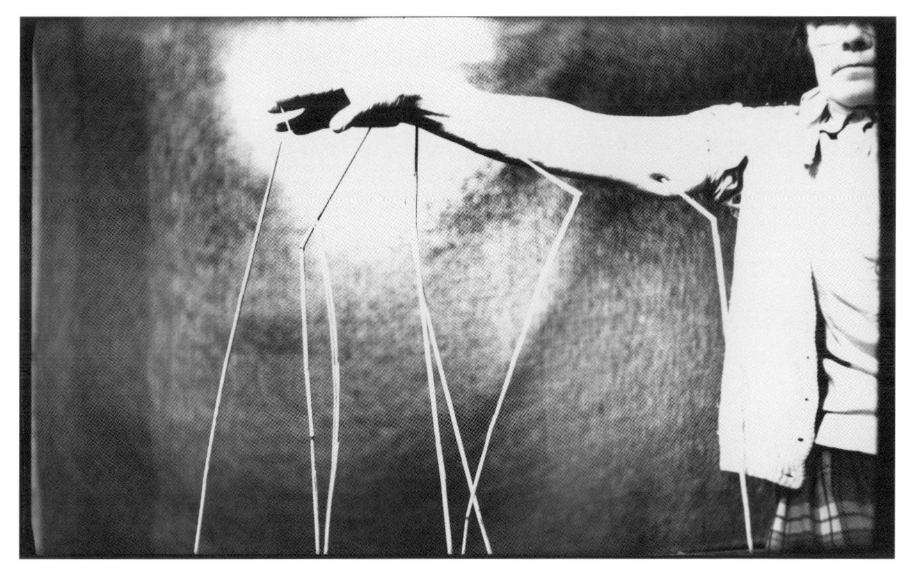

Caibideil 4
Sgeulachdan baile

Chapter 4
Stories within a village

Orains agus dearg nam beathaichean
Animal orange and red, 2006

1200 x 1200

Bha mi a-riamh air leth measail air peantadh, a' cur ri chèile na diofar dhathan dhomh fhèin, agus a' gabhail sgrìob saorsainneil a-steach dhan chanabhas. Tha am peantadh seo a' cleachdadh peant nan caorach mar phrìomh dhath. Dath a bh' air tiormachadh agus air an ola nàdarra a chall, ach bha cumhachd an dath fhèin ga mo tharraing. Bha an dath air a dhèanamh airson gu seasadh e a-mach air clòimh nan caorach, agus gu faicear e bho astar mòr a-muigh air a' mhòintich.

Chan urrainn dhomh oidhirp a dhèanamh ach air aon pheantadh gach corra bhliadhna. 'S e tìm an nàmhaid. Tha an aois a' greimeachadh air an neach-ealain nas luaithe na an canabhas a th' air an *easel*. Le dealbhan camara tha teans gu faigh mi sàsachadh beagan nas luaithe. Bha e a-riamh na dhuilgheadas dhomh aithneachadh gun robh am peantadh deiseil, no co-dhiù a' gabhail ris gur dòcha gun robh e deiseil.

I have always loved painting: making up my pigments, and simply escaping into the body of the canvas. This painting uses sheep keel as its base colour. The dried-up pigment had lost most of its natural oil, but I was drawn to its richness. A pigment designed to be vibrant on the sheep's fleece and recognised at great distance on the moor.

I can only attempt possibly one painting every few years. Time is always the enemy. The artist ages faster than the art that is on the easel. With photography I can at least get satisfying results in limited time. Finishing paintings, or conceding when one might be complete, has always been a personal dilemma.

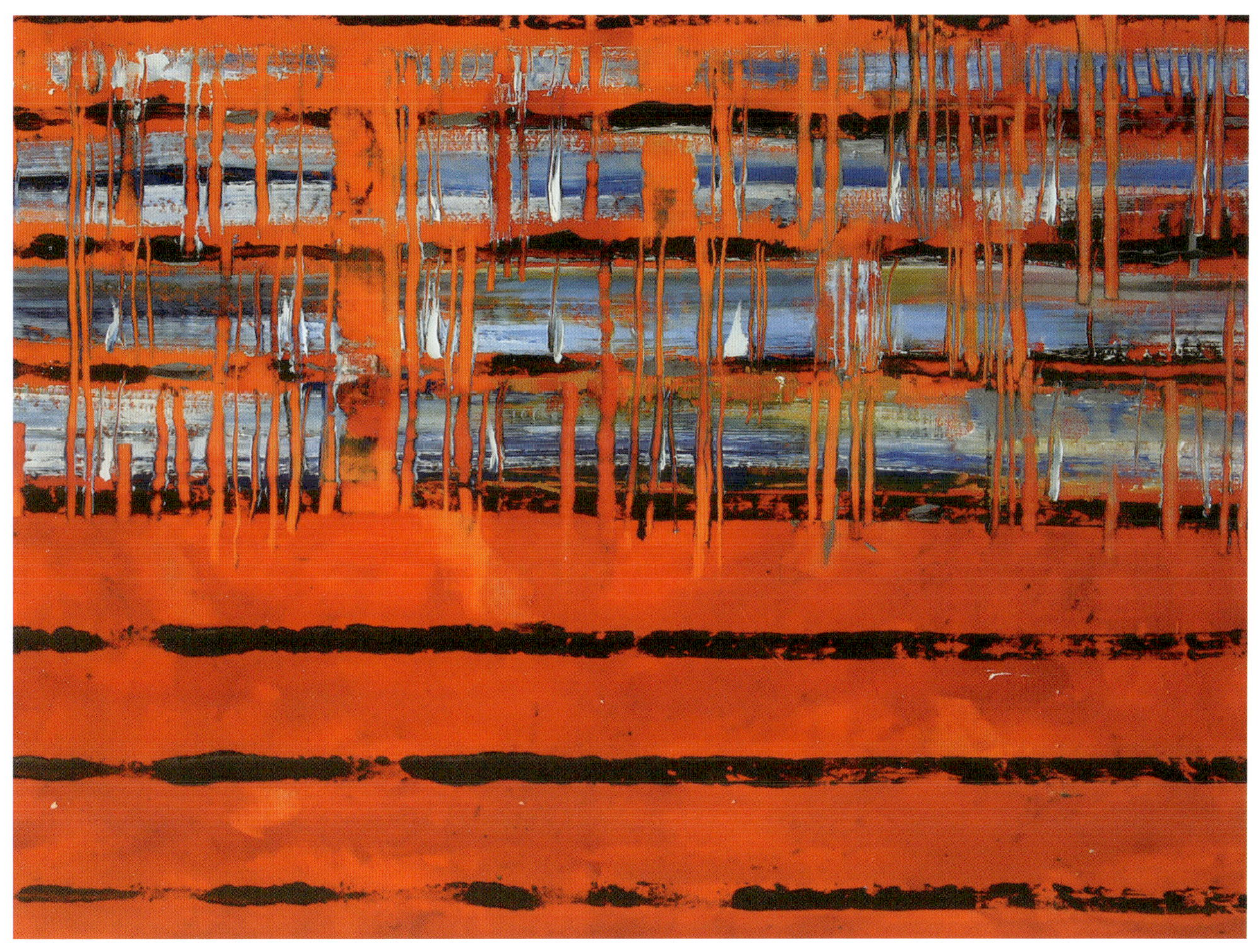

Craobh teaghlaich
Family tree, 2006

1500 x 900

Ghabh mi barrachd is barrachd ùidh ann am fuaigheal dòigh-beatha dhùthchail, a' dèiligeadh ri cuspairean mionaideach mu chleachdaidhean àiteachais an ìre mhath tùsanach nach deach an rannsachadh roimhe seo. Bha ar ceangal ri beathaichean aig cridhe nan ìomhaighean *still life* a bha mi airson cruthachadh, ar ceangal domhainn ris a h-uile beathach a chaidh a bheathachadh air a' chroit againn. Còrr is deich bliadhna fichead as-dèidh sin, tha mi gu math mothachail air beachdan a tha air gluasad, ach bha iad sin nan smuaintean dlùth onarach air na dh'fhiosraich mi fhèin. Thug an Sgoil Ealain, agus Roinn Dealbhadaireachd nan Ealain Mìn, saorsa dhomh sùil na bu dlùithe, cha mhòr fhoireansach, a thoirt air ar dualchas sònraichte, a tha gar dèanamh eadar-dhealaichte ann an iomadh dòigh.

I became increasingly interested in the by-products of rural life, dealing with the unexplored realities and detail of what can be described as a fairly primitive agricultural practice. Our relationship with animals was central to the still life images I wished to create. Our deep attachment to all stock reared on our patch of croft land. Over thirty years later, I am fully aware of potential interpretations having taken a shift, but those were intimate, honest reflections on my lived experience. Art School, and in particular the Department of Fine Art Photography, gave me the liberty to look more closely, almost forensically, at what is inherently unique to ourselves, which in many cases sets us apart.

Tha fèin-aithne aig teis meadhan na h-imcheist lèirsinnich seo. Chan eil a h-uile duine againn a' caitheamh fèilidh, ag òl uisge-beatha, a' seinn òrain Ghàidhlig thiamhaidh, ri dannsa cèilidh 's a' fuireach ann am pàrras grianach ioma-dhathte. Tachraidh e, ach chan e sin an àbhaist. 'S mathaid gur e sin bu choireach gun do dh'fhàs dubh is geal gu bhith na mheadhan cho cumhachdach dhomhsa; bha tarraing làidir dhomh san dòigh ghnèithich san robh e a' sìmpleachadh shuidheachaidhean fìrinneach.

Bidh e a' dèanamh dragh dhomh mar a dh'fheumas cultar eileanan Alba a bhith air a bhòidheanachadh, a shìoladh agus air a sgeadachadh airson adhbhar air choireigin, mar gu bheil cuid dheth mum bu chòir nàire a bhith oirnn. No an e gu bheil deichean bhliadhnaichean de shanasachd sheòrsaichean bathar agus margaidheachd, a tha fìor fhàs ealanta, a' faighinn làn chead riochdachadh nach eil fìor a dhèanamh air mòran eileamaidean de bheatha dhùthchail Alba?

Gach latha bhiodh mo nàbaidh Amhlaidh a' coiseachd tron bhaile, bho aon chroit sìos gu croit eile anns a' ghleann, seachad air craobh chonaisg ri oir an rathaid, craobh robach a bha a' sgaoileadh, 's a' greimeachadh gun smachd. Bha mi a' smaoineachadh air an duine seo a' fàs aosta, ruitheam a bheatha, a chraiceann caran coltach ri uachdar na gèige chonaisg. Cha deach faighneachd dhomh fiù's carson a bha mi ag iarraidh air suidhe air beulaibh a' chamara anns an stiùidio, na *vest* bhlàth obraich. Feumaidh gun robh an càirdeas eadarainn domhainn gu leòr, 's gun robh earbsa aigesan anns na bha mi a' dèanamh. Tha cuimhne mhath agam air a bhith a' tarraing an deilbh; bha e caran mì-chofhurtail dhomh fhèin. Cha mhòr leum nam bhroilleach, beagan eagal 's dòcha, oir bha fios agam nach deach a leithid de dhealbh a-riamh a chruthachadh mu chroitear, caraid agus seann nàbaidh. Bha mi air criomag dha bheatha fhoillseachadh.

Each day, my neighbour Aulay would walk through the village, from one croft to another located in the glen, passing a gorse bush by the side of the road, an unruly bush that was spreading, and gaining hold. I thought about this individual growing old, the rhythm of his life, his skin bearing resemblance to the surface of the gorse branch. He didn't even ask why I wanted him to sit in the studio, in his thermal working vest. Our friendship must have been strong, and he trusted my motives. I recall vividly taking the photograph. It was a little uncomfortable for myself: there was almost a beating in my chest, a little fear perhaps, because I was aware that this type of image had never been created about a crofter, a friend, an old neighbour. I had illustrated a fragment of his life.

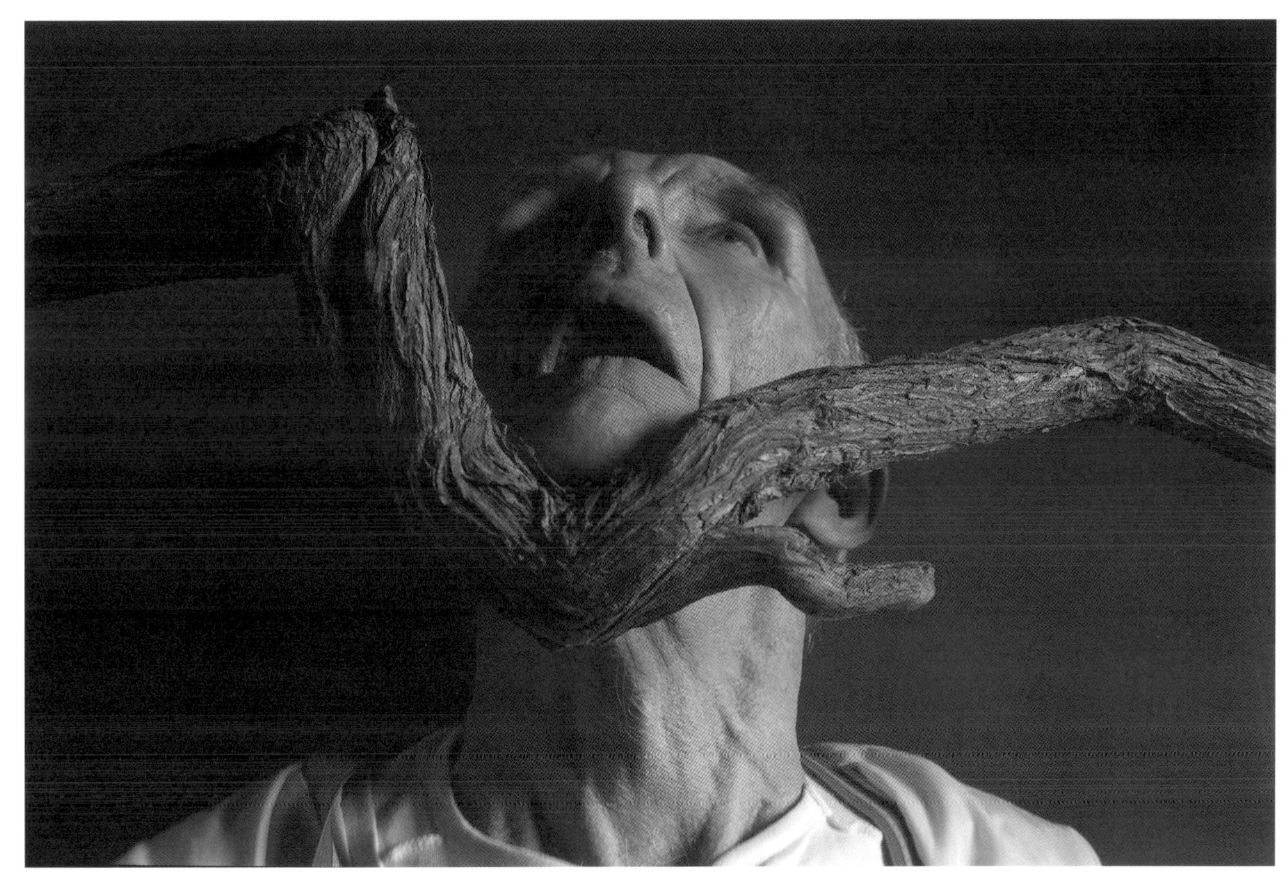

Mo mhàthair le cabhsair feòil shaillte
Mother / Salt meat pavement, 1995

Cha do dh'fhaighnich mi a-riamh dha mo mhàthair dè a shaoil i dhan dealbh seo. Gu h-àraid ga chruthachadh. Cuiridh mi geall nach do chuir mi fhèin seachad mòran ùine a' feuchainn ri toirt oirre tuigsinn carson a bha mi ga thogail; a-rithist tha e mu dheidhinn earbsa. Na pìosan cruaidhe feòil shaillte air cabhsair sràid air a beulaibh. Ise a' seasamh le cas rùisgte anns an fhuachd. Bha mi fhèin air fheuchainn roimhe sin, agus gu cinnteach cha robh e cofhurtail, ach b' e sin a bha fa-near dhomh.

Thathar cho tric a' smaoineachadh air camara mar mheadhan air dealbh mionaideach a thoirt air rud a tha dha-rìribh ann. Ach 's ann a tha ealain obair chamara a' tighinn bhon chomas rudan atharrachadh gu bhith nan samhlaidhean air rudan eile. Bha mise a' faicinn seo na dhealbh cruth-tìr, a' suathadh air eachdraidh agus modhan chultarail air an robh dà ghinealach de theaghlach gu math eòlach.

I never asked my mother what she thought of this picture. Especially in the making of it. I suspect I spent very little time trying to help her understand why I was taking the picture. Again, it comes down to trust. The hard pieces of salt meat were laid out on a pavement in front of her, standing barefoot in the cold. I myself had tried the walk earlier, and it certainly wasn't comfortable, but then that was not my intention.

The camera is often regarded as a medium able to translate an accurate image of what actually appears in reality. But the creativity in photography lies in its innate ability to alter reality and represent other possibilities. I saw this image as landscape, touching upon history and cultural practices that two generations of family were familiar with.

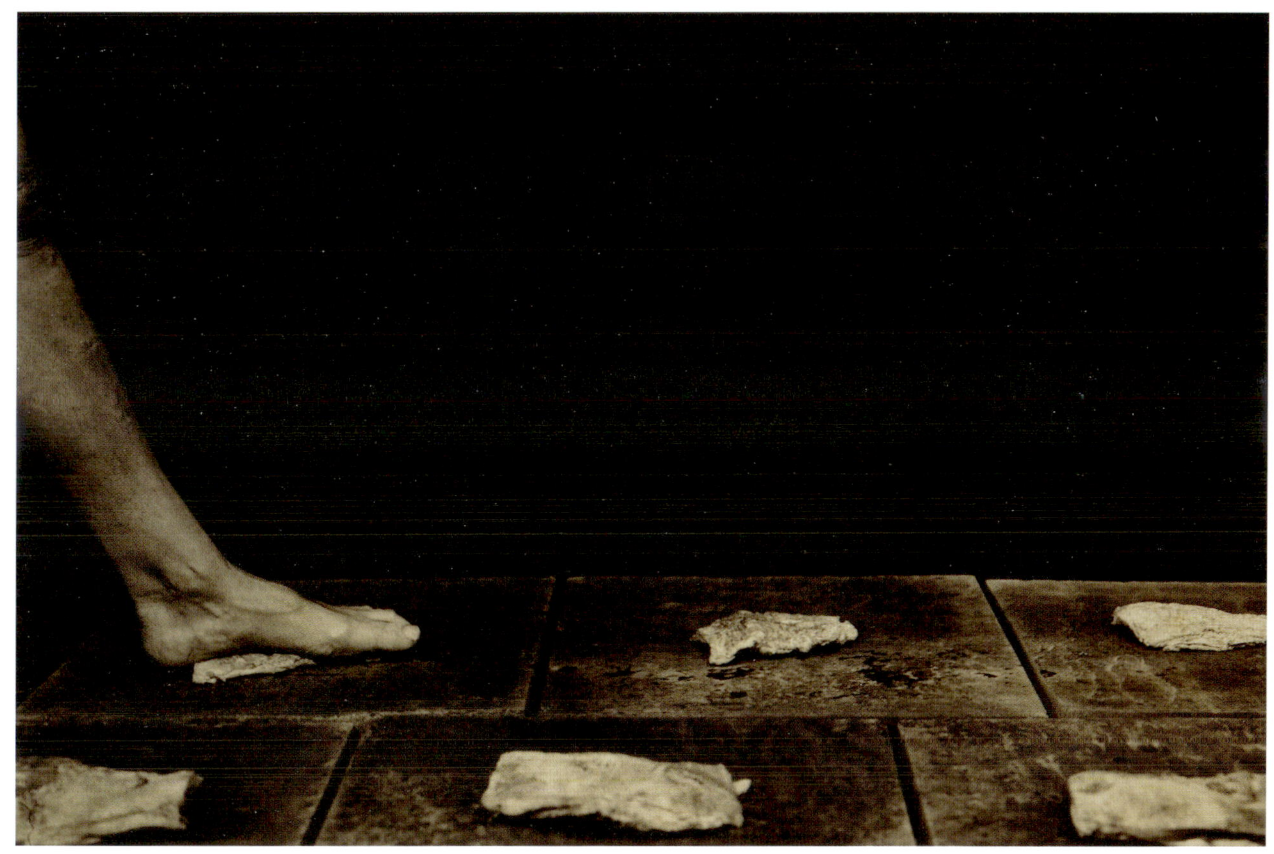

Creachann fuilt
Hair scallop, 1993

Falt fuadain is deighe / *Artificial hair and ice*
Large format Polaroid

Tha cruthachadh *Creachann fuilt* meallta a thaobh nach eil e cho sìmplidh tuigsinn na h-eileamaidean iongantach a tha a' tighinn ri chèile. Aig a' mhionaid a reodh e tha cruth an fhuilt ag atharrachadh gu tur an comas ris an deigh anns a bheil e crochte. Tha e a' fàs nas coltaiche ri ceò.

Chaidh cumadh *Creachann fuilt* a chruthachadh le ceann an t-soithich seo a chleachdadh mar mholldair a chaidh a lìonadh le uisge. An uair sin chaidh grunn bhileagan fuilt fuadain a chrochadh ann. Chaidh fhàgail a-muigh air oidhche fìor reòthte.

Ach 's e sgeulachd teaghlaich, agus taigh beag sinc a th' anns an dealbh. Mullach na stòbha bho thaigh a' Chaiptein, 21 Acha Mòr: ceann an iar a' bhaile, ann an seòrsa de shlochd ìosal mus ruig thu a' ghualainn mhòir. Anns na seachdadan thàinig Màiri a' Chaiptein a dh'fhuireach san taigh beag sinc, taigh a h-athair. Bhiodh a' chlann aice a' falbh 's a' tighinn. Thàinig i

It perhaps isn't that simple to understand the intriguing elements that took place in the creation of *Hair scallop*. At the point of freezing, the structure of the hair becomes totally different to the ice in which it is suspended. It becomes more like mist.

The structure of *Hair scallop* was achieved by using an old stove lid as the mould, filled with water. Many strands of artificial hair were then placed within. It was left outside on a particularly freezing night.

But the picture tells a family story, and that of a small zinc house. The stove lid from the Captain's house: number 21 Achmore – the west end of the village in a sort of sunken hollow just as you approach the shoulder in the road. In the 70s Mary 'Captain' came to live in the zinc house, her father's home. Sometimes her children would come and go. She had come all the way from Cambridgeshire to a very lonely house and croft. I am unsure what took her home, but it took her to religion.

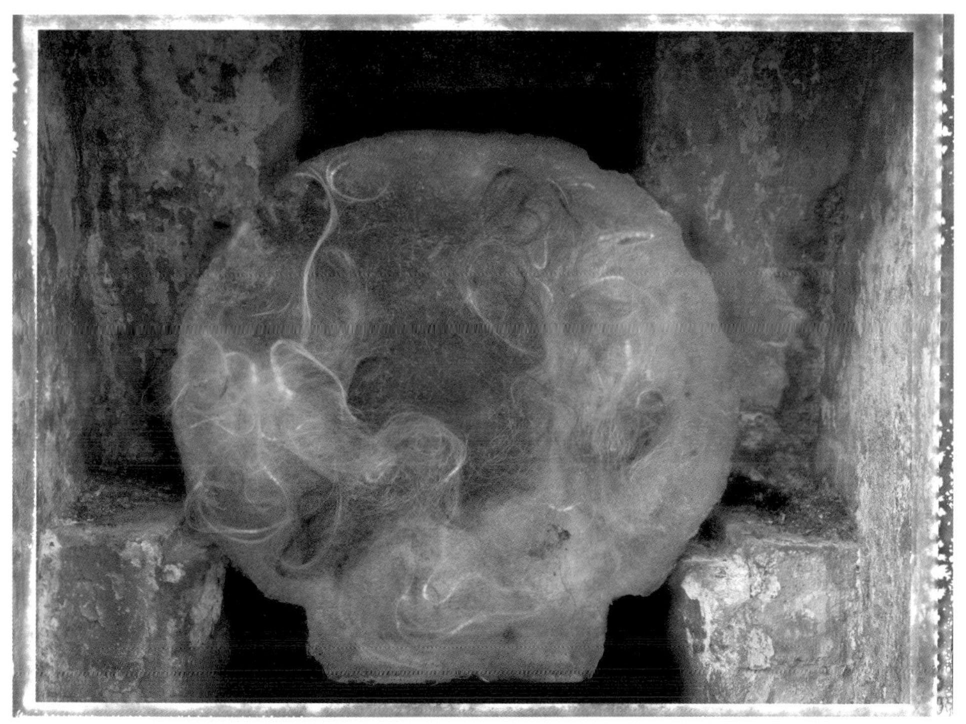

Totem loisgte
Burnt totem

Beinn a' Bhuna, 2021

fad an t-slighe à siorrachd Cambridge, gu taigh is croit caran aonranach. Ge bith dè a chuir dhachaigh i, chaidh i gu creideamh, agus b' i an tidsear Sgoil-Shàbaid a bh' againn, le Beurla caran leòmach, agus i an-còmhnaidh còmhdaichte ann an aodach dubh. Bha i neo- àbhaisteach gun teagamh. Thogadh dealbh *Creachann fuilt* ann an cagailt taigh a' Chaiptein, beagan bhliadhnaichean mus deach a leagail gu làr còmhla ris an eachdraidh agus na cuimhneachain iongantach.

Tha e cho inntinneach mar a tha falasgair an earraich ag atharrachadh dreach na mòintich, le dubhadh cho fad 's a chì thu. Chaidh an teine tron t-seann fhaing seo. Bha luchd-turais à lapan air an claigeann bà a lorg air tràigh Bhòstaidh, is bha iad fhèin a' togail dhealbhan le camara. Thilg iad e dhan chroit agamsa. Tha e air a chumail ceangailte ris a' phost loisgte, mar fheist bacan na bà, le ròp ris an canar sìoman Theàrlaich. Ann am beagan sheachdainean sheasadh tu anns an aon àite agus fàs brèagha gorm a' lìonadh na deilbh. Thàinig ùrachadh, is glanadh.

She was our rather posh Sunday School teacher, with many layers of always black clothing. She was certainly eccentric. *Hair scallop* was actually placed in the hearth a few years before the Captain's house was razed to the ground, along with its unique memories and history.

It is fascinating how a spring muirburn can change the appearance of the moor, with a blackening as far as you can see. The fire ripped through this old fank. Japanese tourists had found this cow's skull on Bosta beach and had been using it for their own photographic experiments. They discarded it on my croft. It is tied, to the burnt post, like a cow's tether, with hemp rope known as 'Charlie's rope'. Only a few weeks later you could stand in the very same spot with lush pasture filling the frame. There came a fresh renewal.

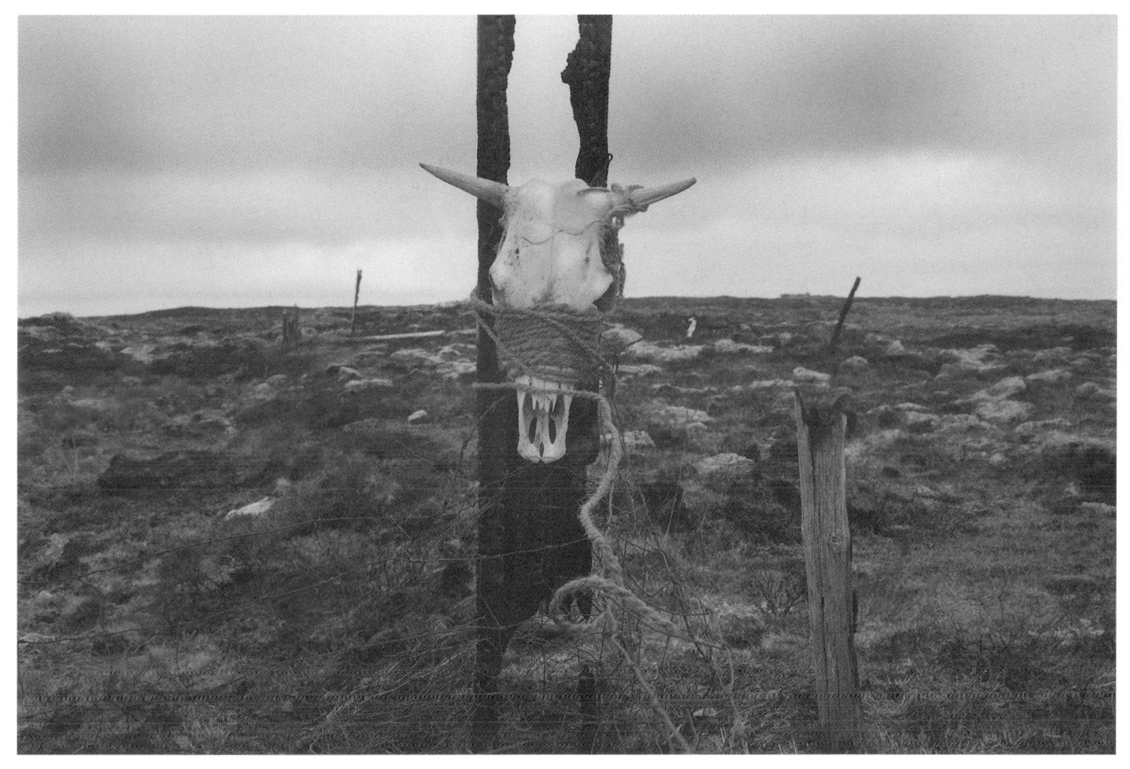

Bioraich is frèam leabaidh iarainn
Dogfish and iron bed frame

Seann àirigh, Beinn a' Bhuna / *An old shieling, Beinn a' Bhuna, 1992*

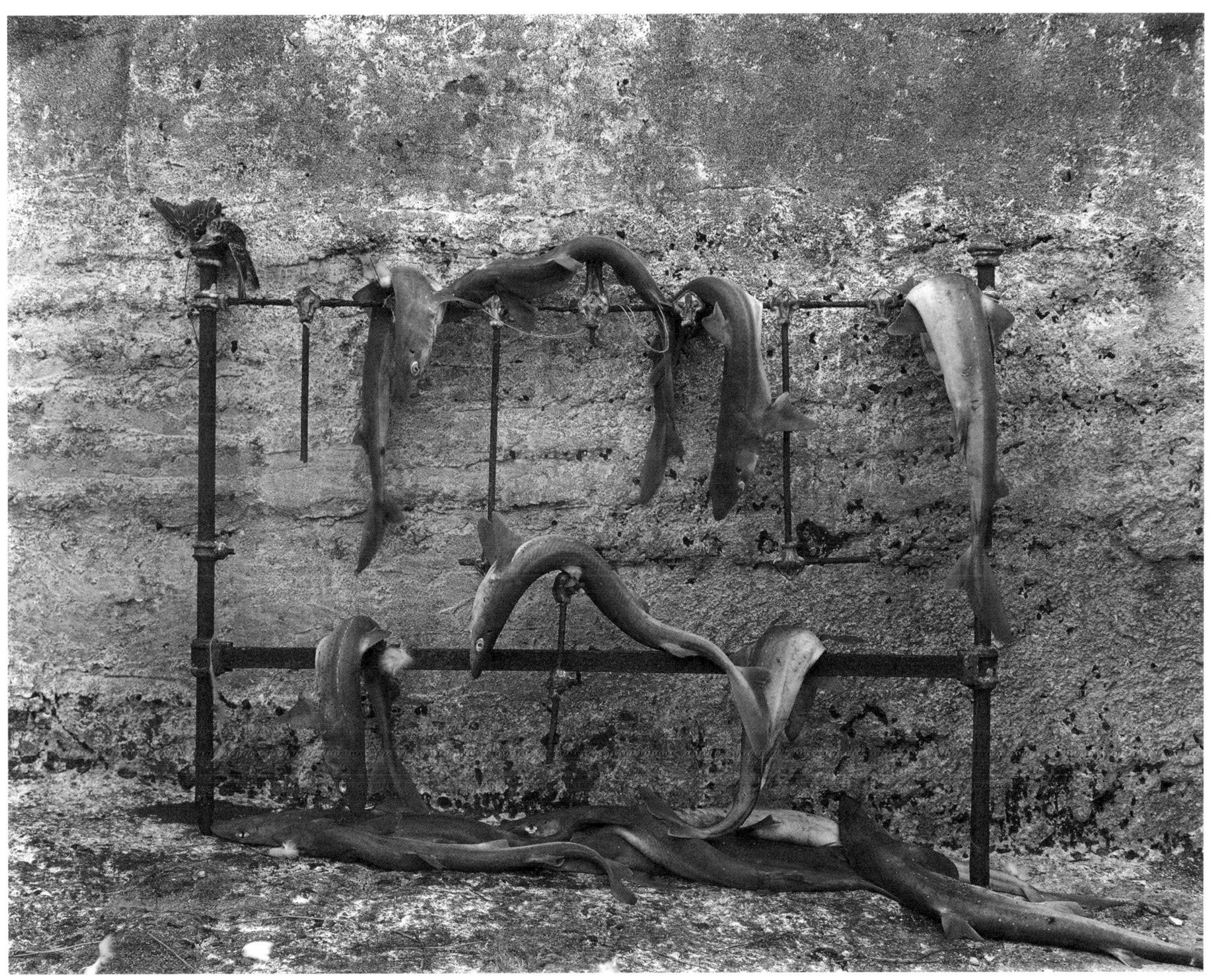

Thàlla an taighe, feadan bhrùideil
The hallway, giant hogweed, 2009

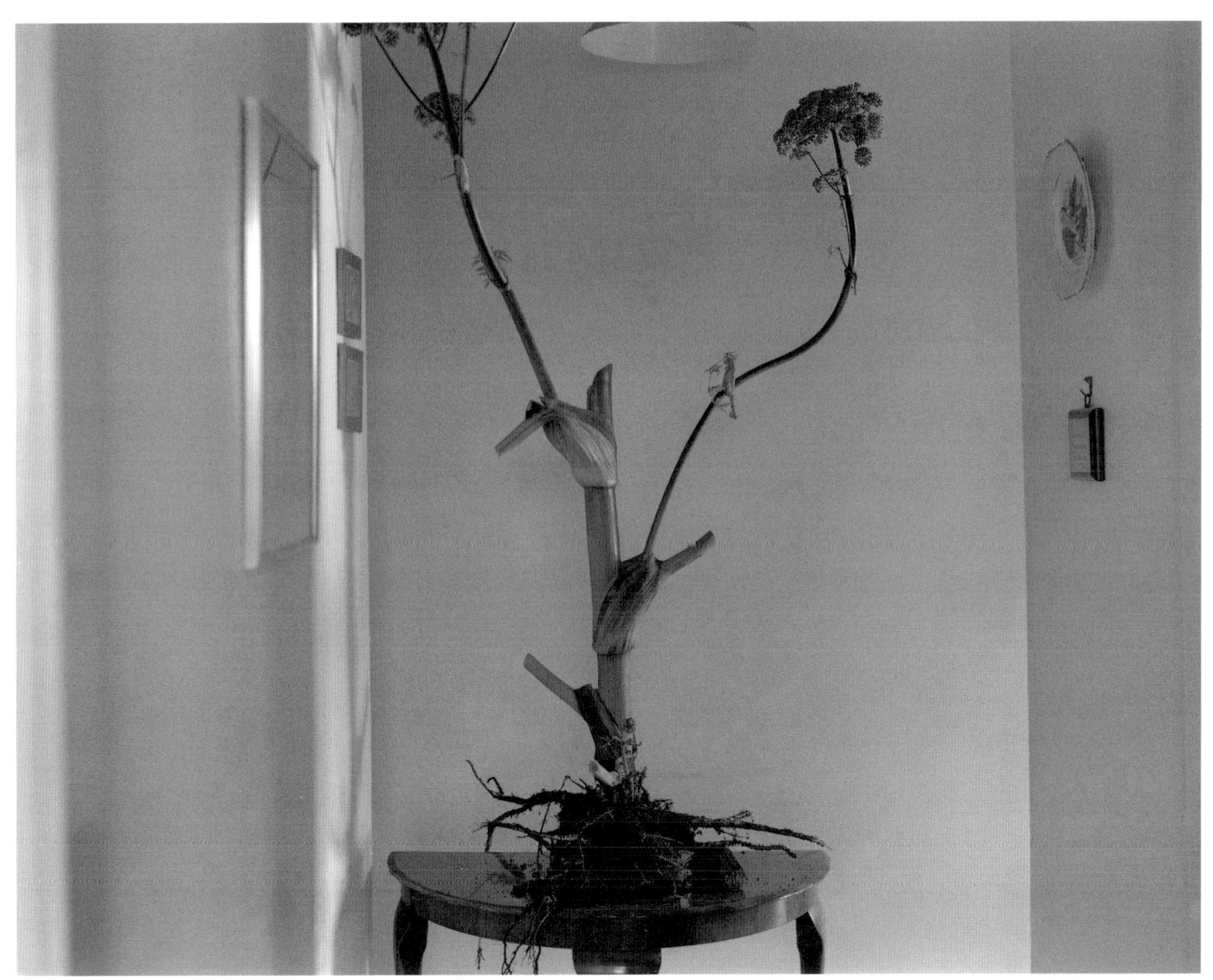

Tha peantadh tric a' fàs à rudan nach fhaighinn air a dhèanamh le camara. Seallaidhean agus beachdan a tha a' fuireach ann an cùl d' inntinn. Sgeulachdan baile.

Bha Seumas 'a' Phiollaich' MacAoidh, air call an strì an aghaidh aillse. Bha cleachdadh ann a dhol a chèilidh air an teaghlach cho luath sa b' urrainn às dèidh bàs. Bhiodh mo mhàthair a' dèanamh cabhaig gu seasamh aca. Na boireannaich a' gal, 's ag osnaich, 's a' faighinn taic bho chèile. Shuidhinnsa, mo cheann crom, air beulaibh an teine mònach. Tha am peantadh seo a' taisbeanadh am brat-ùrlar a bha fo mo chasan.

Paintings often evolve from the things I couldn't photograph, visions and ideas that remain at the back of your mind. The same village stories.

James 'a' Phiollaich' MacKay had lost his cancer battle. It was tradition to visit the family as soon as possible after a death. My mother would rush us over. The women cried, sighed and shared the burden. I simply sat, head bowed in front of the peat fire. This painting is actually the carpet under my feet.

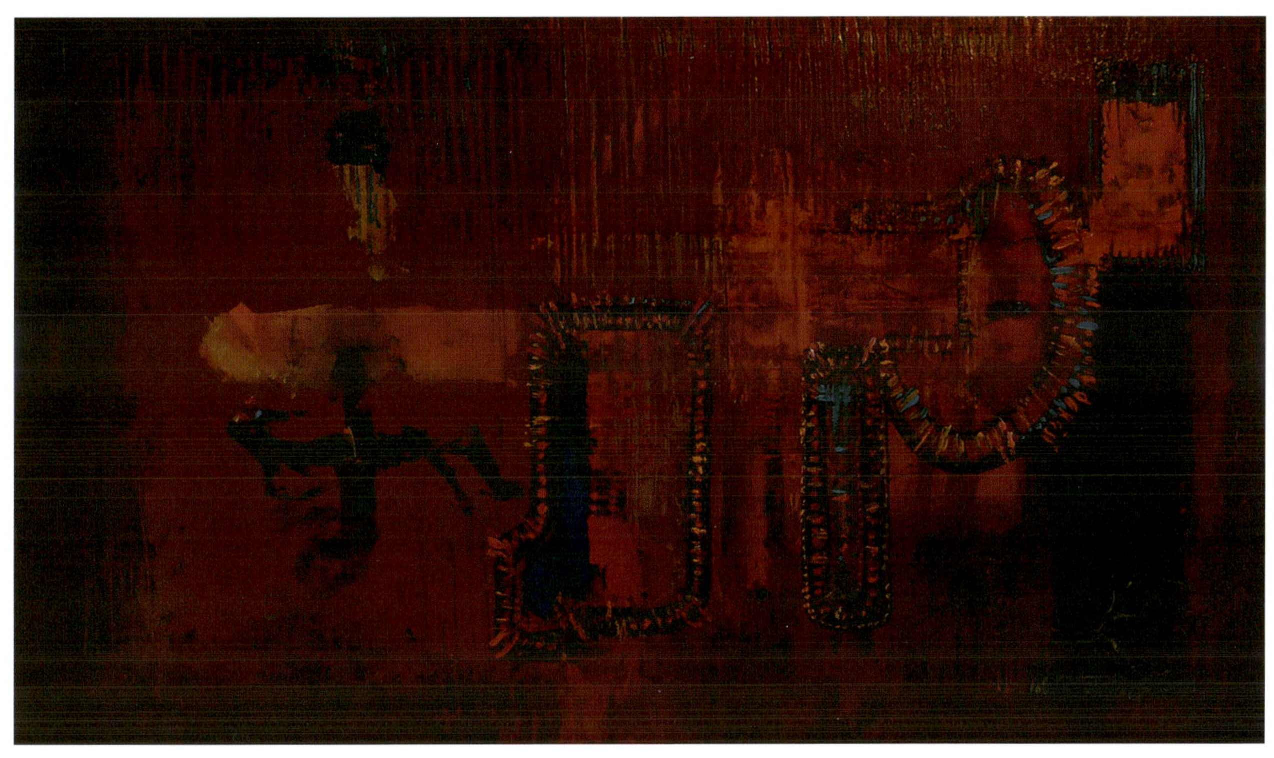

Ceò a' chonaisg, 1
Gorse mist, 1, 2007

1200 x 600

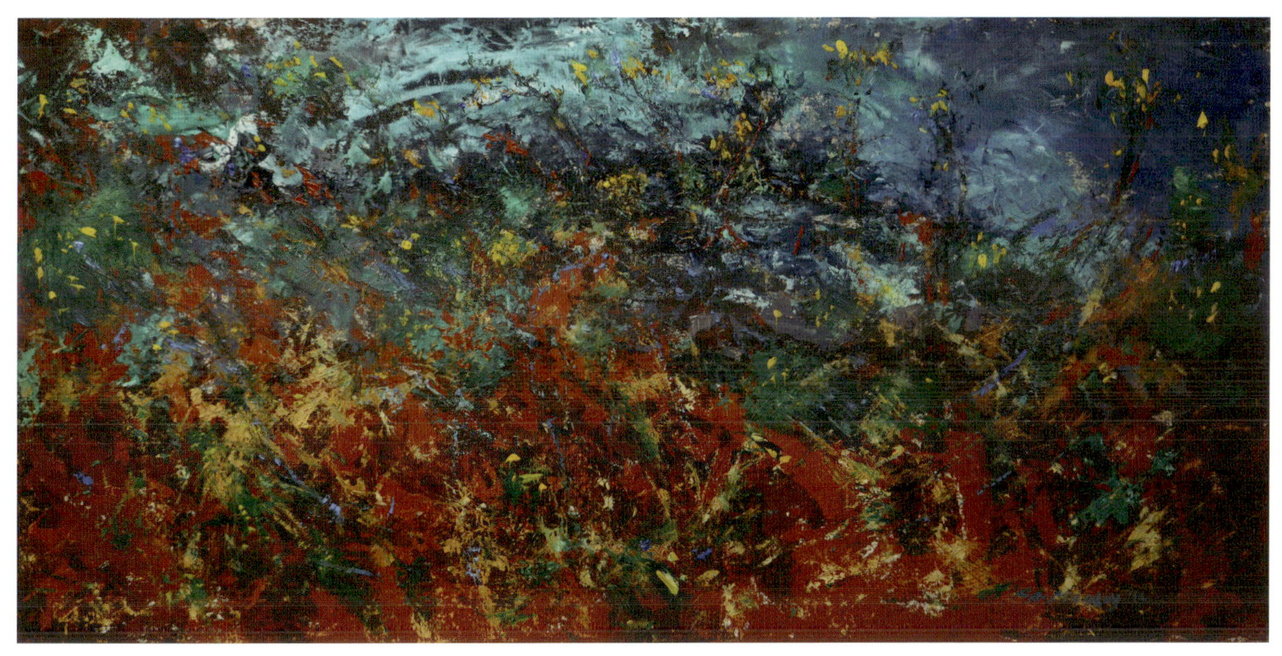

Ceò a' chonaisg, 2 (mion-dealbh)
Gorse mist, 2 (detail), 2007

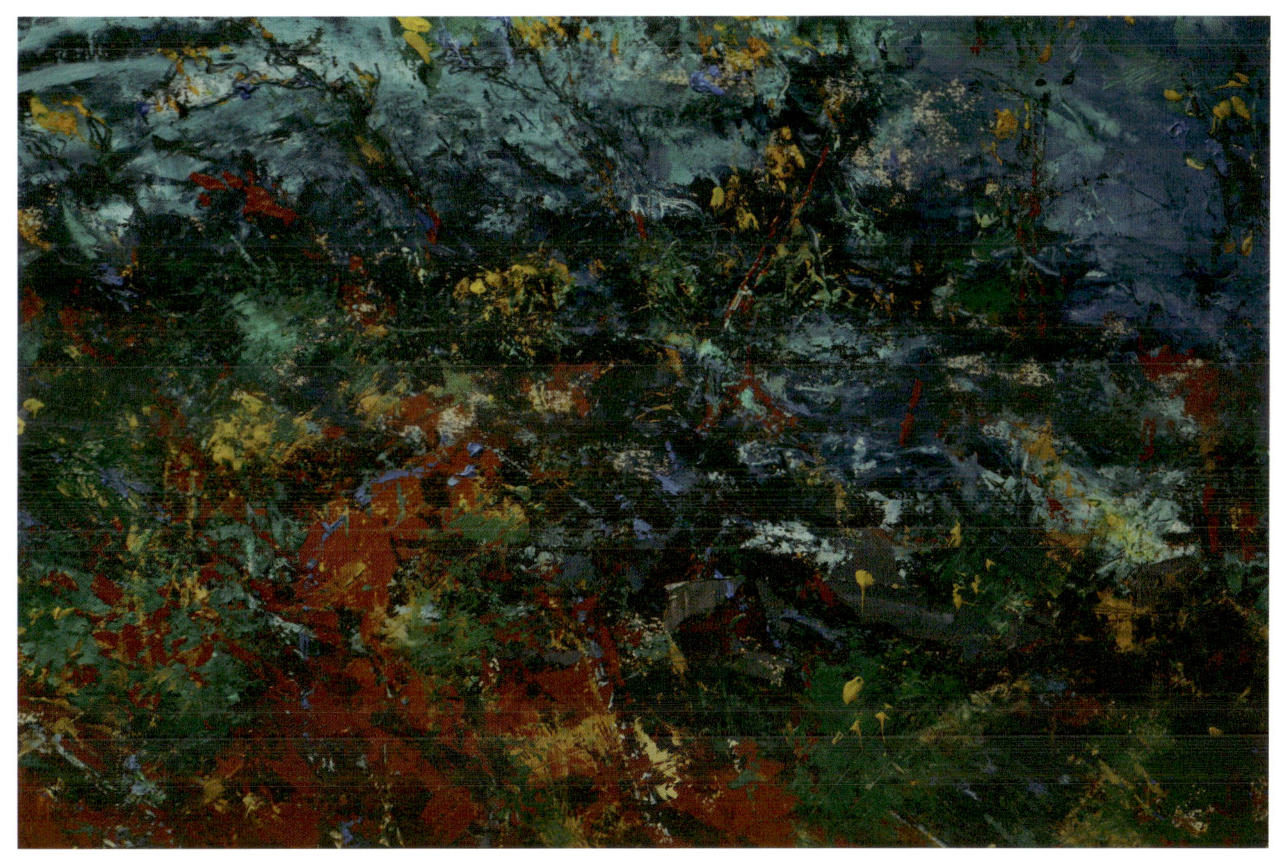

Fo chraobh chonaisg
Under the gorse, 2014

Pinhole camera

Tha an seòrsa camara a tha duine a' taghadh airson dealbhan a tharraing, gu h-àraidh cruth-tìr, cho bunaiteach ris a' chainnt lèirsinneach a tha thu ri sireadh. Tha an camara *pinhole*, às aonais lionsa, a' toirt an neach-ealain air ais gu na nithean is cudromaiche. Tha gach co-dhùnadh na thomhais, gach ìre solais agus pròiseas cuideachd na thomhais, ach tha gach mearachd bheag de sholas air *emulsion* film fìor sònraichte. Am broinn na craoibh chonaisg chan fhaicinn dè seòrsa dealbh a bha mi a' togail, ag obair an ìre mhath ann an dorchadas. B' e an dubh is geal a bhrosnaich an obair peantaidh.

The type of camera one chooses to use for any photographic discipline, especially landscape, is crucial to the desired visual language. The non-lens pinhole camera takes the artist back to basics. All judgements are estimates, all exposure and processing are approximate, but the imperfections of light on film emulsion are unique. Within the gorse bush I was shooting almost blind. The black and white inspired the paintings.

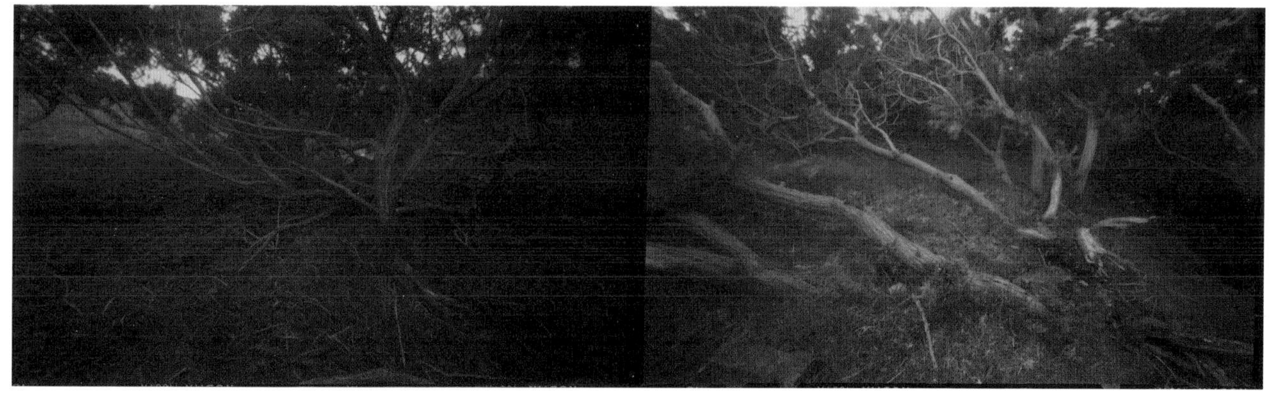

Prairie, 2016

1250 x 900

Chaidh an dealbh peant seo a chruthachadh mar phàirt de *Le Mùirn* anns an Fruitmarket, Glaschu. B' e pròiseact a bh' ann a bha ag iarraidh air luchd-ealain Gàidhlig ìomhaigh a dhèanamh ceangailte ri sgrìobhadh bàrd Mhealaboist, Murchadh MacPhàrlain. Mìneachadh faicsinneach mar gum biodh. Thagh mise an òran 'Cha bhi cèilidh air a' phrairie'. Blas cianalais eadar Canada agus Leòdhas. Chaidh a pheantadh mar gum biodh bho shealladh duine leis fhèin an teis meadhan stoirm, no *cyclone*, air a' *phrairie*. Is iongantach mur ann an taigh-cèilidh de sheòrsa air choireigin a chuala muinntir Leòdhais an òran an toiseach, air a sheinn le Murchadh fhèin.

This painting was created as part of *Le Mùirn* in the Fruitmarket in Glasgow. *Le Mùirn* (With Love) was a project asking Gaelic artists to create work in relation to the writings of Murdo Macfarlane from the Isle of Lewis, known as the Melbost bard. It was a form of visual interpretation. I chose the song 'There will be no ceilidh on the prairie', a sentimental connection between Canada and Lewis. The painting imagined a man, entirely alone, in the midst of a storm, or cyclone, on the prairie. It must have been at some ceilidh house gathering that the Lewis folk first heard this song, sung by Murdo himself.

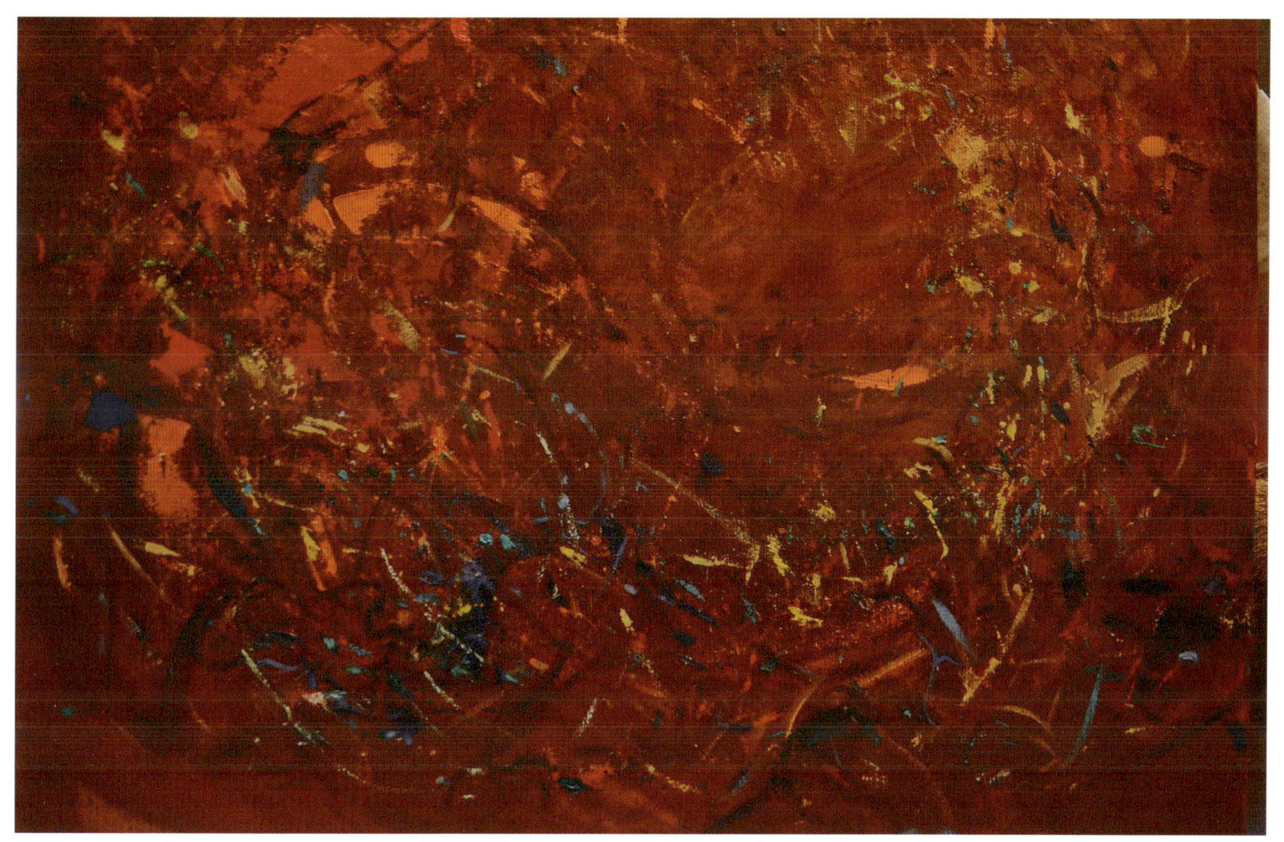

Prairie (mion-dealbh)
Prairie (detail), 2016

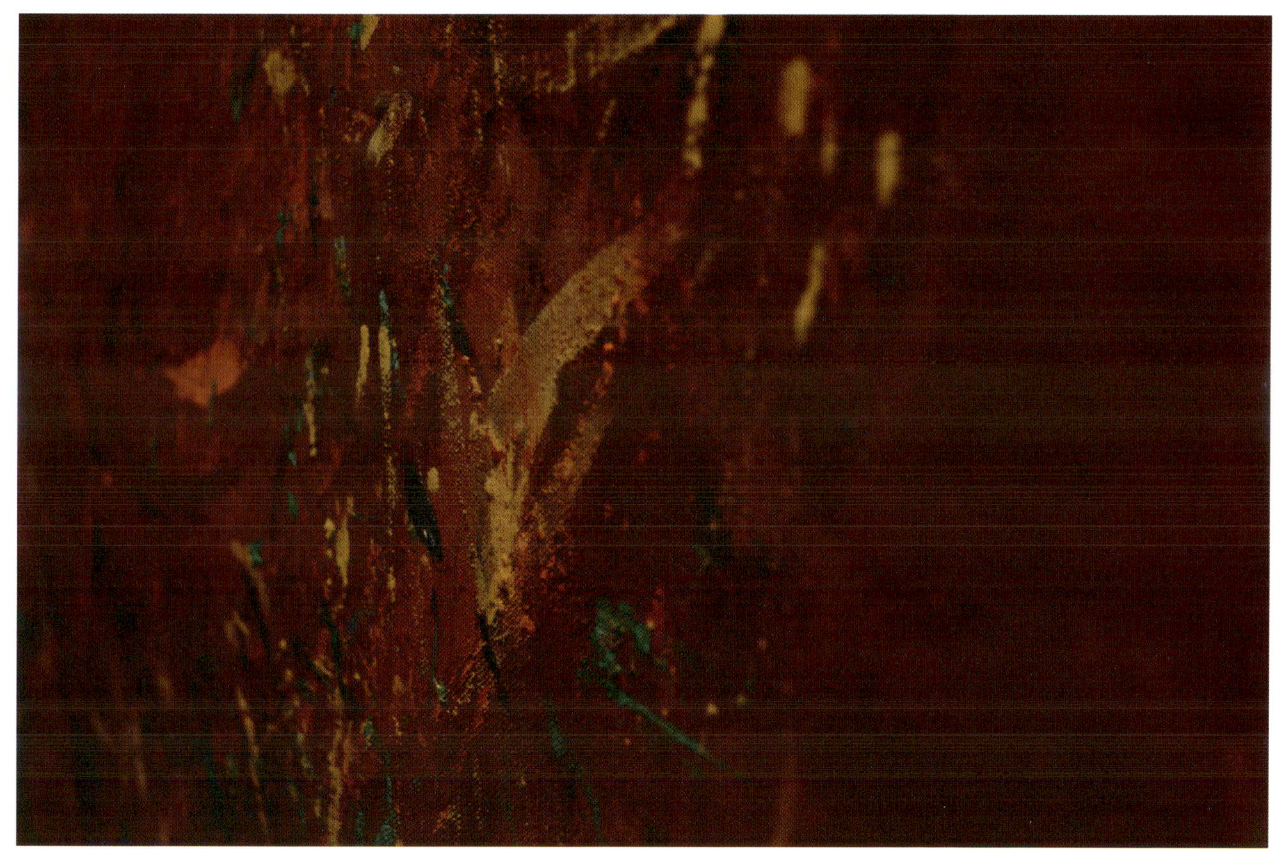

Chapter 5
Isolate: a personal awakening

'S e an camara an ceum mu dheireadh anns a' phròiseas smaoineachaidh. Tha mòran obair ullachaidh a' dol a-steach ann an cruthachadh ìomhaighean, fada mus tèid suathadh ann an camara, a' cleachdadh sgilean a chithear nas trice an cois obair-làimh is chan ann le obair camara. Ann an *Uan luaidhe* tha na siotaichean luaidhe a tha a' còmhdachadh an uan marbh air an toirt gu cumadh leis a' cheart uimhir de dh'ùidh ann an cruth agus coltas. A' toirt rud a-mach às a shuidheachadh nàdarrach agus ga atharrachadh ann an cumadh a' dèanamh rud eile dheth, agus tha an rud sin ag atharrachadh a-rithist nuair a thèid a reothadh.

The camera is the final stage of my thought process. A lot of preparatory work goes into creating the image, long before the camera is touched, using skills more akin to manual construction than photography. In *Lead lamb*, the lead sheets coat the carcass with just as much focus on shape and form. Taking something out of its natural environment, changing its form yet again, and the object changing yet again through freezing.

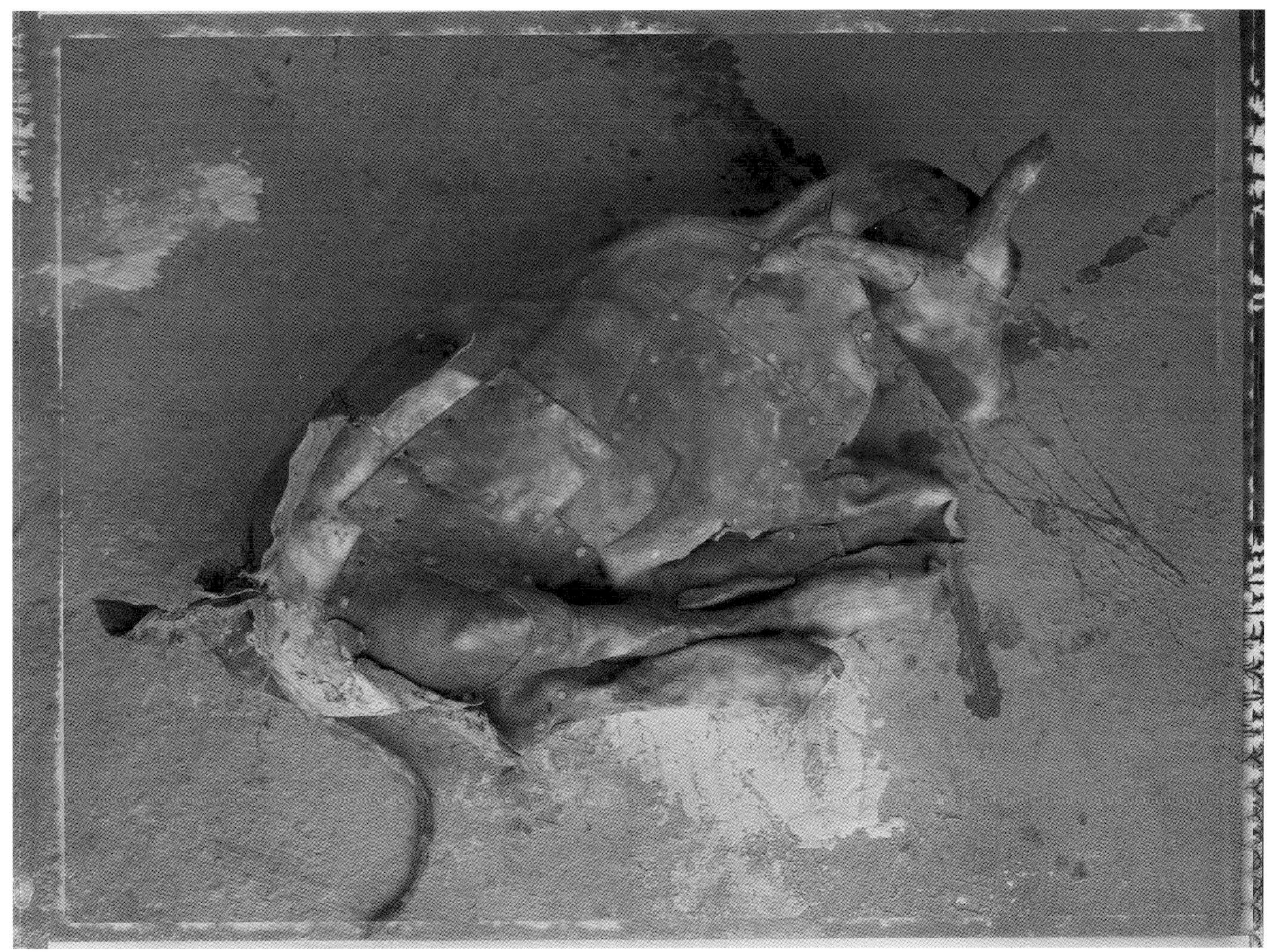

Uan luaidhe, air leabaidh cluarain
Lead lamb, on a bed of thistles

An Acha Mòr / *Achmore, 1993*
Large format Polaroid

Chaidh an uan na chèis luaidhe a thiodhlacadh air a' chroit agam dìreach mar a tha e anns an dealbh. Cha deach suathadh ann bhon uairsin.

The lamb coated in lead was buried on my croft, exactly as it appears in this image. It has not been disturbed since.

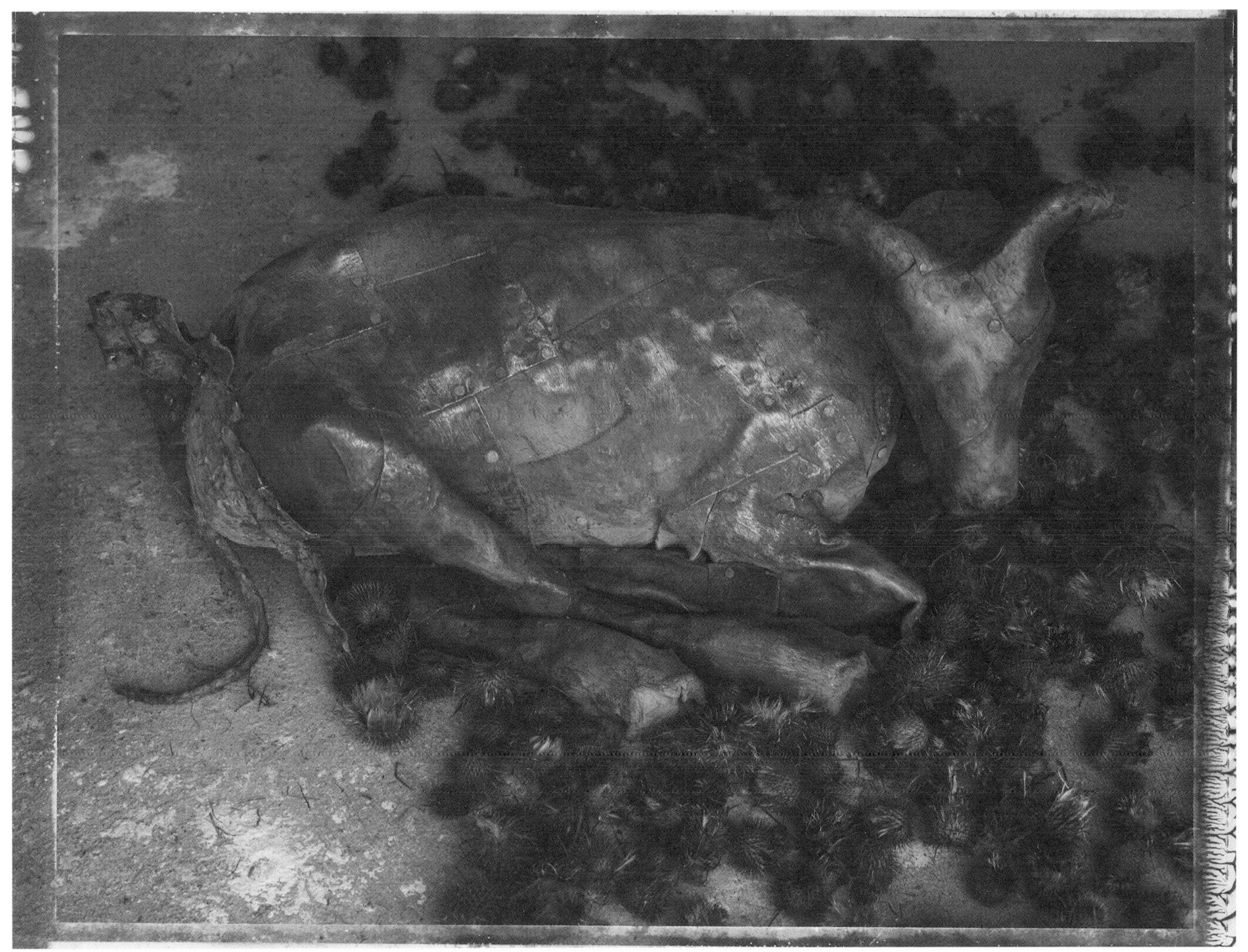

Each, teàrr, glainne laminate
Horse, tar, laminate glass

Bristol / Cardiff, 1993
Large format Polaroid

Tha rudeigin treubhach mun obair a tha mi a' cruthachadh. Comhghar de nithean àbhaisteach, nach buineadh còmhla ann an dòigh sam bith, ach am broinn obair togail is ìomhaigh.

Tha e na phàirt chudromach den dòigh-obrach agam a bhith a' faighinn bloighean de bheathaichean bho luchd-obrach ann an diofar dhreuchdan co-cheangailte ri ainmhidhean: bùidsearan, luchd-spadaidh, luchd-reic aig margaidhean, luchd-deasachaidh bidhe is eile. Am measg nan daoine sin dh'fhaodadh iad a bhith a' coileanadh gnìomhan brùideil gach latha mar phàirt den obair-latha. Chaidh an ceann eich anns an dealbh *Each, teàrr, glainne laminate* a thilgeil a-mach nuair a chaidh am beathach às an rathad ri linn droch thubaist. Tha an dealbh *still life* a' toirt gu crìch dràma anns an deach na gnìomhan oillteil a dhèanamh fada mus tàinig na rudan a tha ri fhaicinn anns an dealbh ri chèile. Le bhith a' cruthachadh a leithid seo de dhealbh, tha e stèidhichte air fiosrachadh mionaideach mu bhith beò am measg bheathaichean.

There is something tribal in the pieces I create. A juxtaposition of familiar elements that, outwith a constructed image, would simply not belong together.

It is a hugely important part of my working practice, obtaining fragments of animals from others involved in their production: butchers, slaughter workers, market traders, chefs etc. Within their profession, brutal acts may become part of everyday life. The horse's head is part of what was disposed of following a tragic accident. The still life concludes a drama in which ghastly acts occurred long before any of the pictorial elements were considered. Fundamental to constructing this type of image, is a detailed knowledge of being raised with animals.

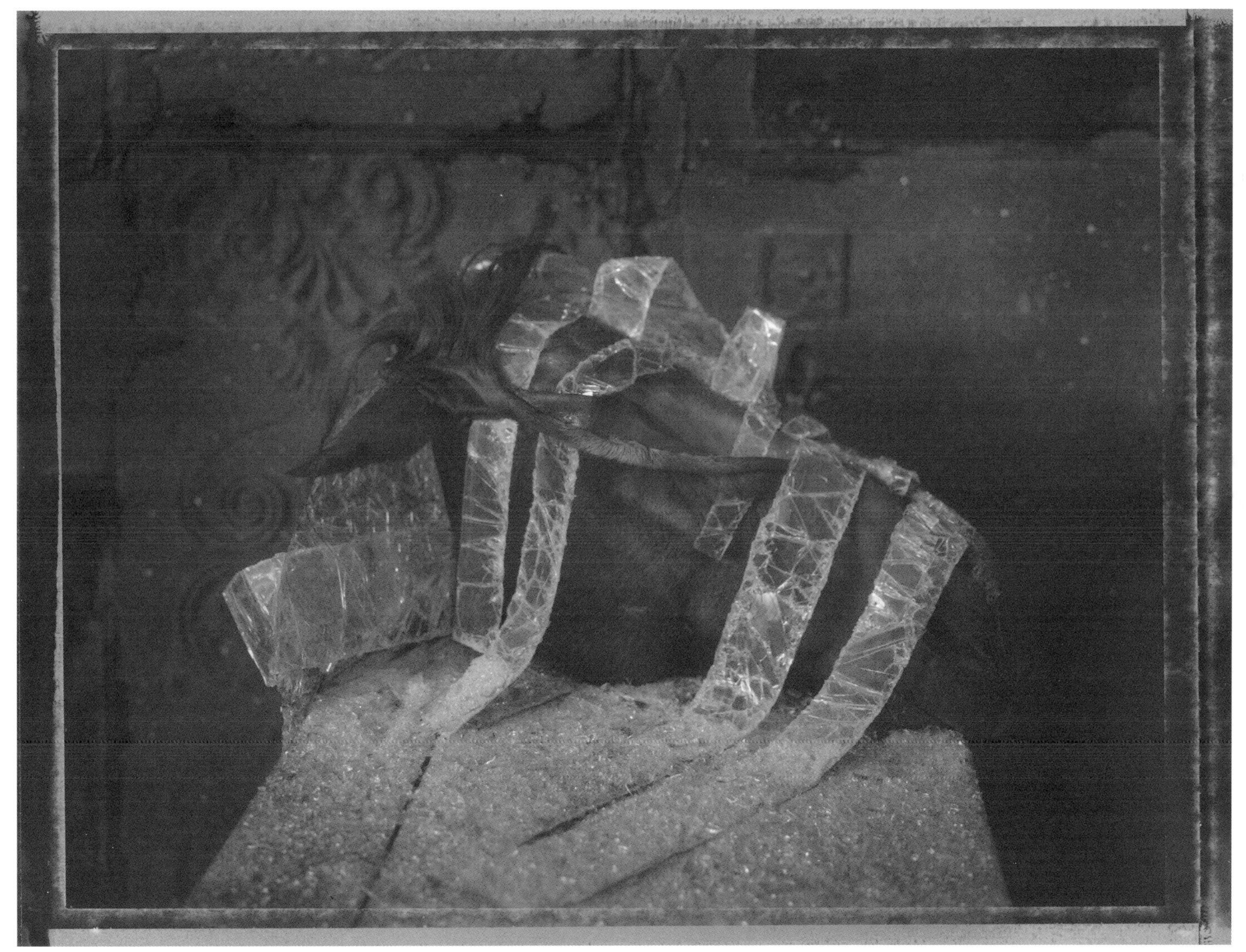

Bòrd eun
Bird table

Bristol / Cardiff, 1993
Large format Polaroid

Aig zoo Bhristol, tha na h-eòin-creachaidh fo ghlas agus air am biadhadh le iseanan nach eil ach latha a dh'aois, air an stòradh ann am blocaichean deighe. Bha mi air mo tharraing chun an uachdar agus an cumadh. Mar a thachair bha an dà bhloc dìreach an dearbh mheud ris a' bhòrd-obraich agam anns an stiùidio ann an Ionad Ealain Chapter, Canton, Cardiff.

At Bristol Zoo, birds of prey kept in captivity are fed a diet of day-old chicks, stored in frozen blocks. I was drawn by their surface texture and pure, sculptural form. Two slabs were, by good fortune, the exact dimension of my studio table at Chapter Arts Centre, Canton, Cardiff.

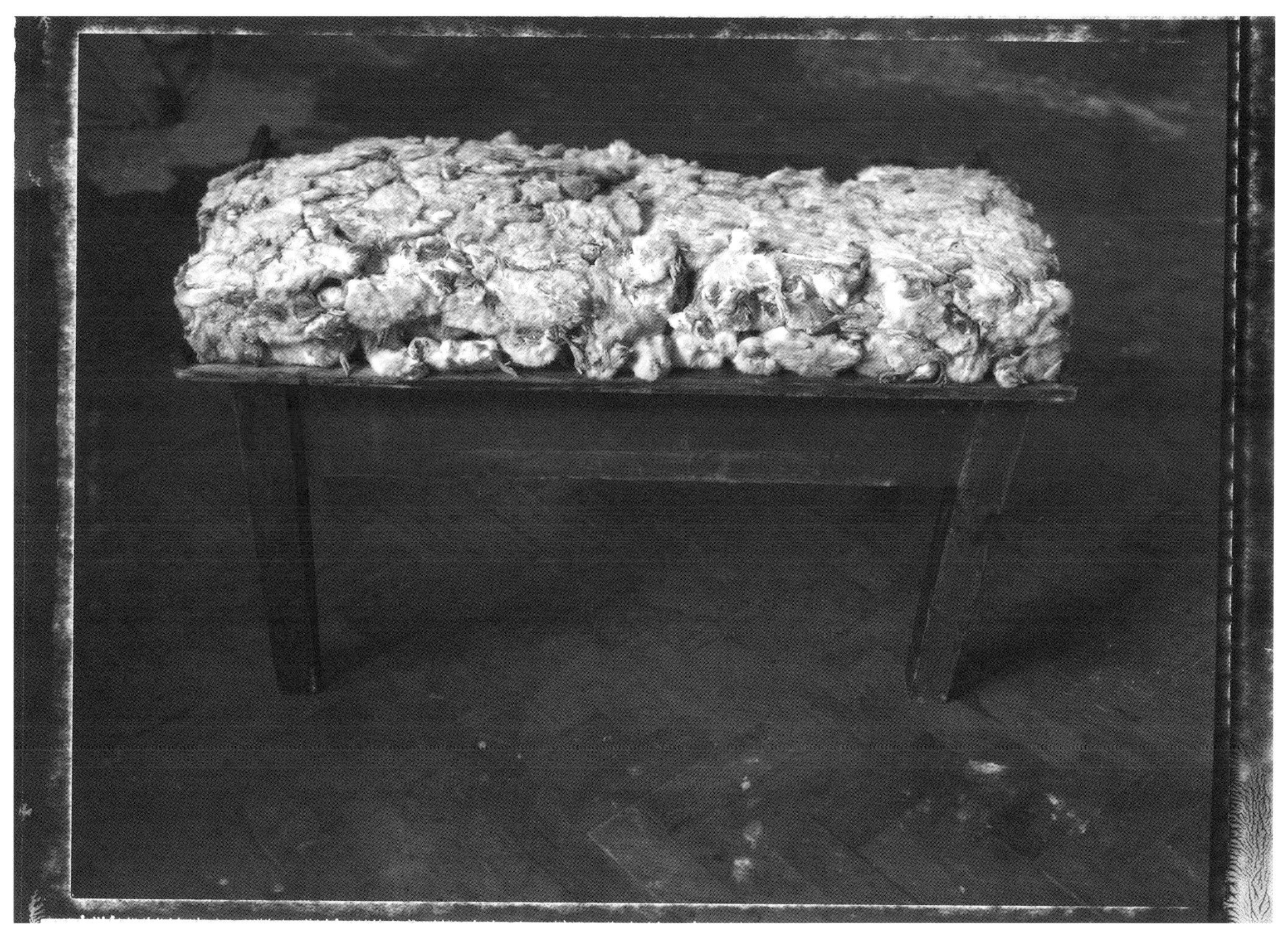

An tarbh, Ysguboriau Blewddyw the 13th

The bull, Ysguboriau Blewddyw the 13th

Aberystwyth, 1993
Large format Polaroid

Chaidh mi a dh'aona-ghnothach gu fèill àiteachais Bhrecon gu coinneachadh ri fear a bha a' briodadh crodh dubh Cuimreach. Chuir mi an uair sin seachad latha aig an tac taobh a-muigh Aberystwyth.

I attended the Brecon Agricultural Show with the specific purpose of meeting a man who bred pure Welsh Black cows. I then spent a day on a farm on the outskirts of Aberystwyth.

Biathadh reòthte
Frozen bait

Griais, Eilean Leòdhais / Gress, Isle of Lewis, 1992

Tha deigh a' fàgail rudan air a bheil sinn eòlach, ris a bheil ceangal againn – ròsan, iseanan, earbaill – lom agus leotha fhèin, gu tur a-mach às an t-suidheachadh àbhaisteach aca. Tron lomnochd a tha seo, tha sinn a' togail cheistean agus a' beachdachadh air dè na tha sinn a' faicinn nar beatha làitheil. Agus gun a bhith dìochuimhneachadh bòidhchead na nithean sin.

Tha *Biathadh reòthte* mar eisimpleir air an seo. Tha am biathadh aig an robh beatha aig aon àm anns a' mhuir a-nis glaiste ann an dà chnap cruaidh deighe. Ach cha b' e dealbhan de bheathaichean slàn a bha seo idir ach dealbhan de bhloighean de phìosan nàdair a bha cuideigin air stialladh às a chèile. Bha rudan aig an robh beatha aig aon àm a-nis rim faicinn rag, marbh, gun ghluasad, glaiste ann an deigh.

The ice changes familiar objects, things we have a connection to – roses, chicks, tails – and leaves them isolated, entirely removed from their normal environment. Through this isolation questions are raised about the everyday things we see around us. And not forgetting their inherent beauty.

Frozen bait is an example of this. The bait, which once lived at sea, is now encapsulated in two solid blocks of ice. But these were not pictures of complete creatures, but images of fragments, parts of nature that someone else had deconstructed. Those elements which once had life, are now exposed, dead, motionless, locked in ice.

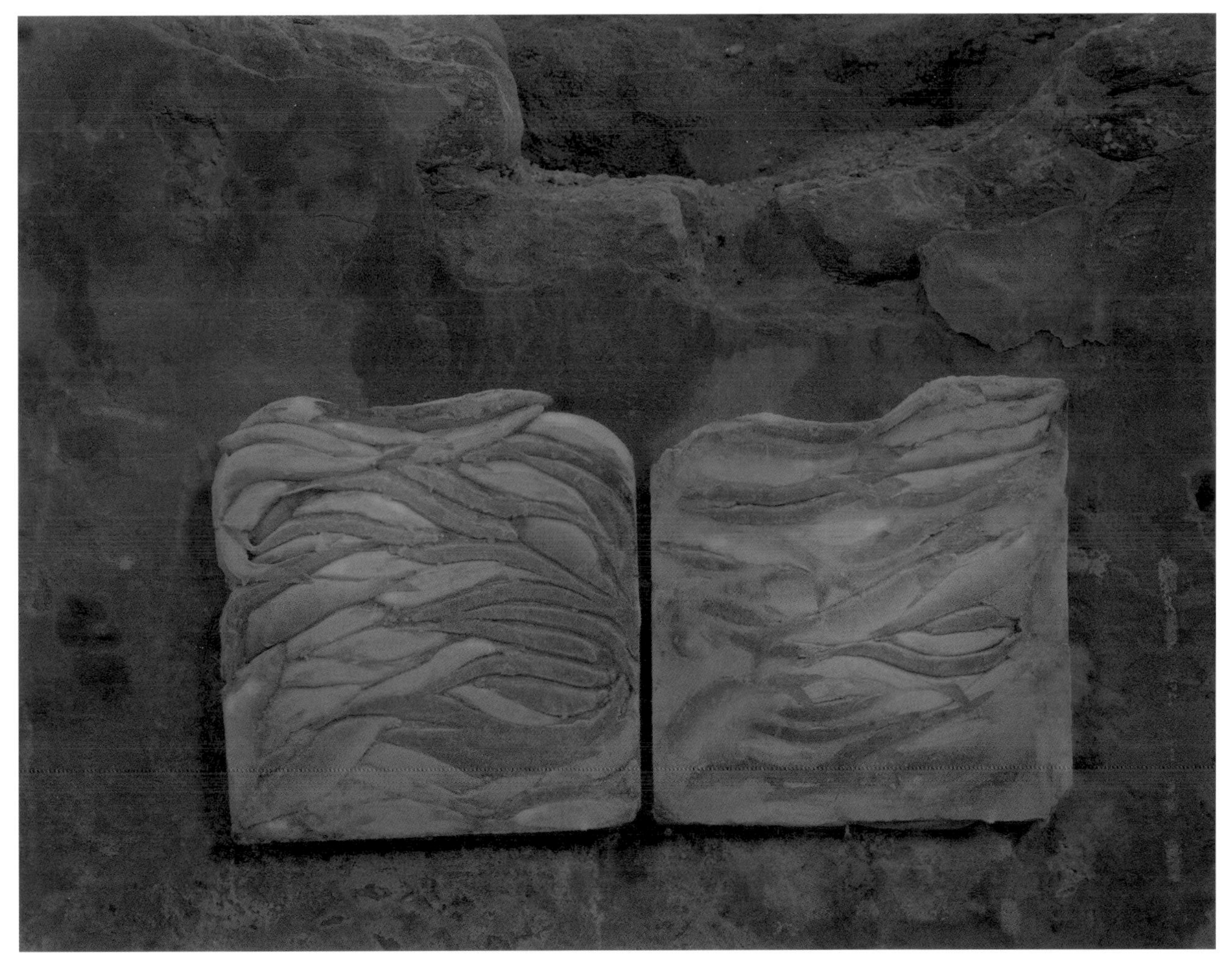

Ròsaichean reòthte
Frozen roses

Cardiff, 1993

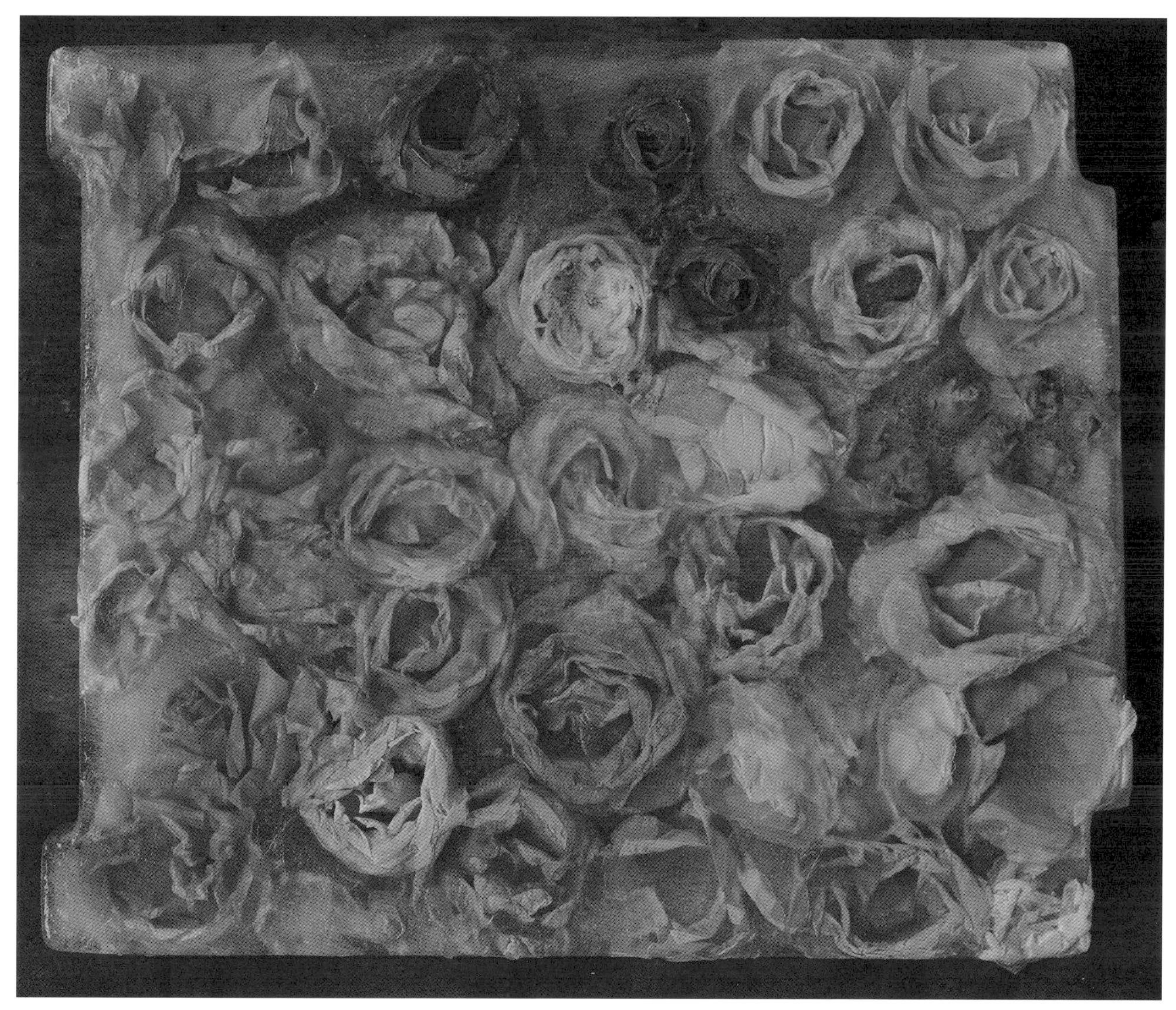

Bho m' òige tha mi air a bhith nam chroitear pàirt-ùine agus nam fhear-ealain pàirt-ùine, dà dhòigh beatha a tha tric le beàrn mhòr eatarra. Ach tha an dòigh anns a bheil mi a' cleachdadh camara glè eadar-dhealaichte bhon dòigh a dhùilicheamaid anns an t-suidheachadh sin. Chan eil *Leth dusan* ann an dòigh sam bith na 'dhealbh' air an seòrsa rud a thachradh gu nàdarrach ann am beatha chroiteir. Ach aig an aon àm 's e sin dìreach a th' ann. Rugadh na h-iseanan air a' chroit agus dh'fhaodadh gun tug gailleann agus droch gheamhradh, no beathach eile, bàs dhaibh. Chan ann a' magadh a tha na dealbhan ach a' toirt urram do dhòigh-beatha shònraichte.

From my youth I have been a part-time crofter and a part-time artist, lifestyles which very often have a huge void between them. But the way I use the camera is very different to what might be perceived in that same context. *Half dozen* is not typical of what would naturally take place within the crofter's life, though at the same time that's precisely what it represents. The chickens were born on the croft. Possibly gales, a hard winter, or another animal got the better of them. The pictures do not mock but pay respect to a unique way of life.

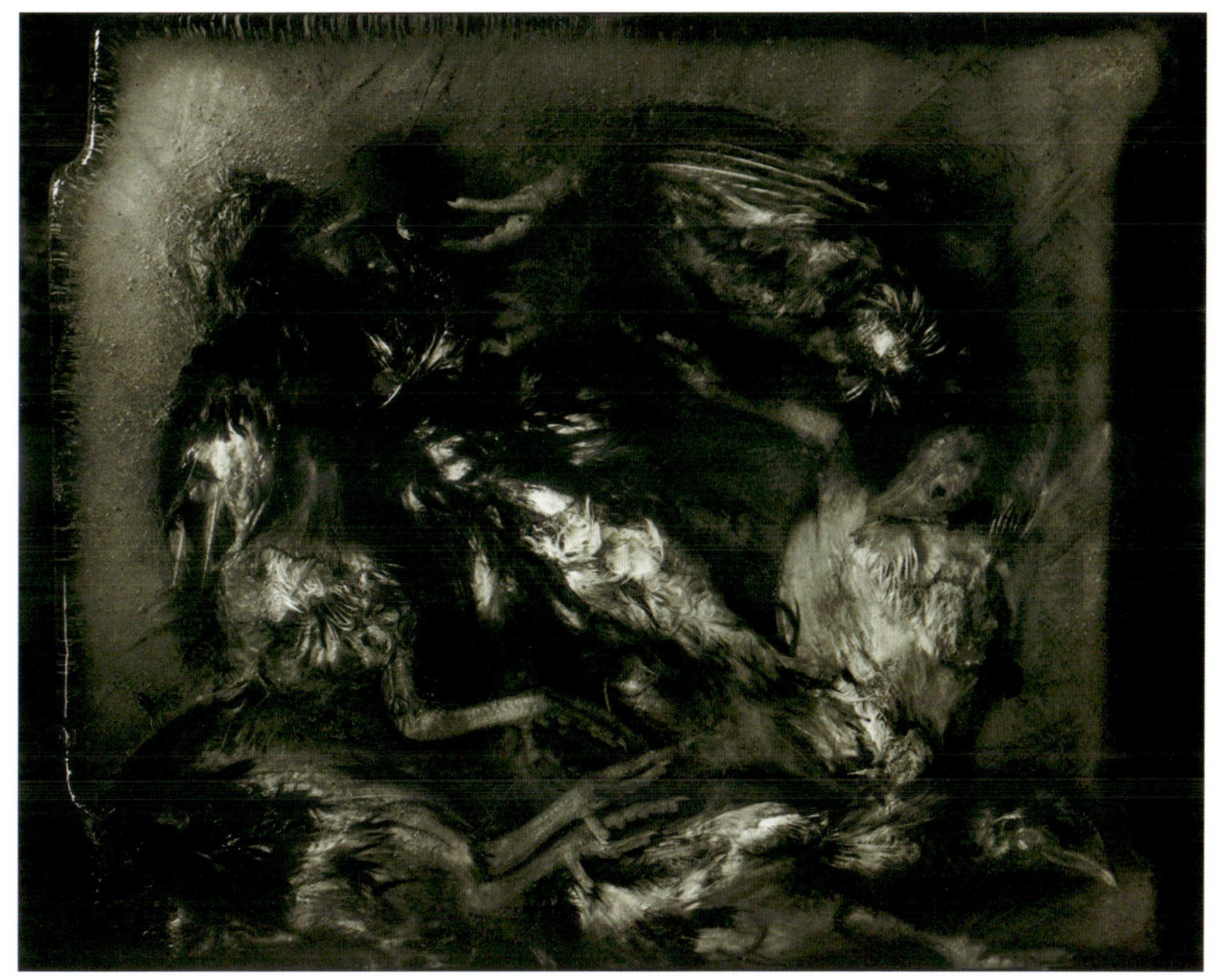

Mucan
Swine

Cardiff, 1993

Chan eil e comasach do dhuine dealbhan camara a tha cho toinnte agus cho iomadh-fhillte a chruthachadh ach le mion-eòlas air àite sònraichte le mac-meanmna agus le tuigse air eachdraidh an àite, na daoine agus na beathaichean.

Tha tomhais de dh'ainneart anns an obair agam. Cò às a tha sin a' tighinn, chan eil mi cinnteach: 's dòcha beatha caran cruaidh nam òige, le co-dhùnaidhean dhuilich ri dhèanamh mu na beathaichean againn. Dh'fheumadh gach suidheachadh a bhith seasmhach agus ceart.

It is not possible for anyone to produce such complex and layered imagery without a detailed knowledge of a specific place, coupled with an imagination and an appreciation for its history, people and animals.

There is a degree of violence in my work. Where it comes from, I am not entirely sure: perhaps from a relatively hard upbringing, making difficult decisions about our animals. Each situation required decisions that were sustainable and correct.

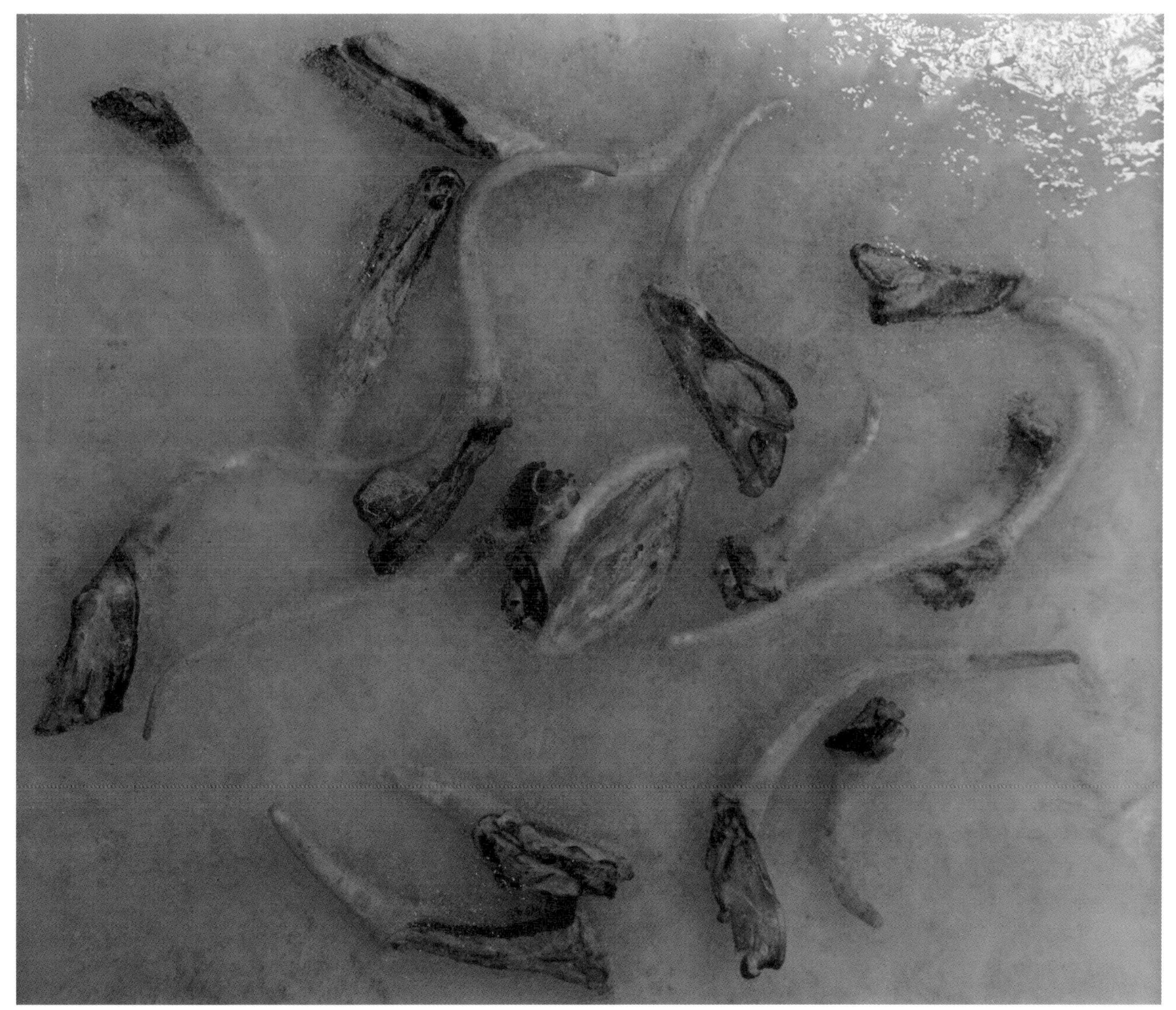

Bha mi ag obair anns a' bhàthach/stiùidio agam, 's mi caran mì-thoilichte le ceàrnag luaidhe air fiodh a bha mi air a thogail, seòrsa de bhucas fosgailte aig aon taobh. Dh'fhàg mi e agus ghabh mi sgrìob sìos rathad a' ghualainn mhòir anns a' bhan. Gun rabhadh, chaidh a' chuibhle-toisich tarsaing air rudeigin. Stad mi a choimhead, agus a-mach à beul seann phoc *hessian* nochd sgait mhòr dhorcha, ghleansach, shleamhainn. *Roadkill* ris nach robh dùil. Mach leam air ais chun an stiùidio, agus cò a chreideadh e? Mar gum biodh am bucas luaidhe air a dhèanamh a dh'aona-ghnothach, chaidh an sgait a tairgneachadh ri na h-oirean. Cha mhòr na chiste-laighe.

Dh'innis mi do Chailean 'an Èisg' mar a thàinig an ìomhaigh seo gu bith. Bha droch fhasan aige a bhith a' falbh eadar nan taighean le dorsan deiridh a' bhan fosgailte. 'S e a rinn an lachan gàire.

I was working in my studio/byre, a little unhappy with a wooden crate that I had built, layered with lead, a sort of open flat box at one end. I left it and took a spin down to the west end of the village in my van. Without warning, my front wheel took a bump over something. I stopped to check, and out of an old hessian sack slid a large, shiny skate. Unexpected roadkill. I took it with me back to the studio, and I could scarcely believe it; as if the lead box had been made for it, the skate was nailed to the edges, just like a burial casket.

Later, I told the story of this image to Colin 'Fish'. He had a bad habit of going between the houses and leaving the back doors of his van wide open. He had a proper laugh.

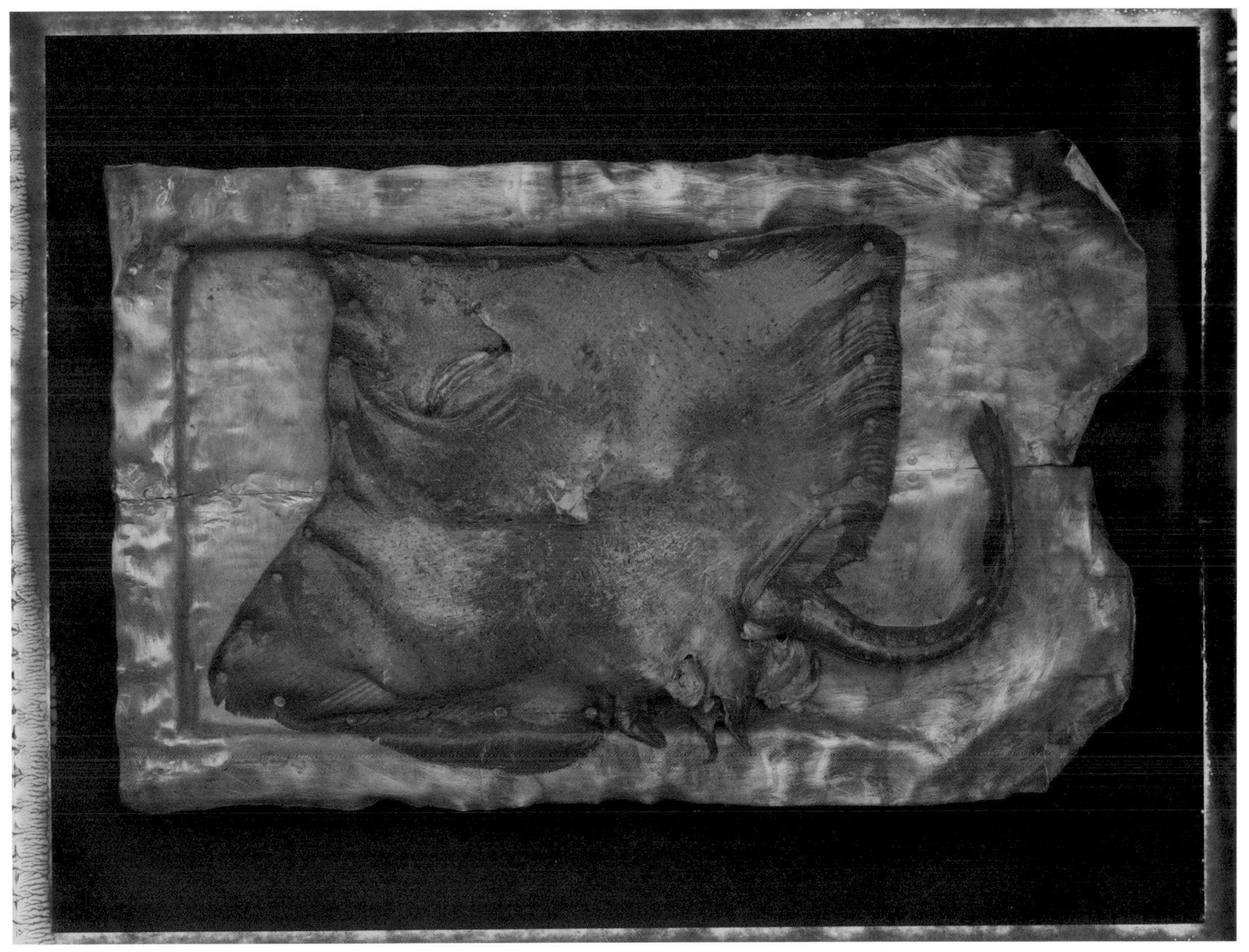

Caibideil 6
Gluasad talmhainn: Calanais, 1996

Chapter 6
Earth moving: Callanish, 1996

Ag èirigh suas, cha robh mòran diù agam mu thursachan Chalanais. Beag air bheag bha sinn a' fàs cleachdte ri na busaichean mòra, le na *graphics* ghallta; bha Calanais na cheann-uidhe do mhòran luchd-turais, an dà chuid iadsan a' dèanamh an slighe fhèin, no tro bhuidheann-siubhail.

Bho oir an rathaid, an A859, cò againn a bha a' tuigsinn cumhachd nan clachan mòra eagalach, no cumhachd turasachd mòr, a bha ann an ùine ghoirid a' dol a thàladh nan ceudan de mhìltean chun an eilein? Chan eil càil ceàrr air daoine a bhith a' tighinn a chèilidh. Ach, dè mu dheidhinn ar fèin-aithne? A bheil adhbhar a bhith caran teagmhach mu thurasachd aig mòr-ìre? Tha sgìrean eile dhan t-saoghal air atharrachadh gu mòr, agus sin gu math obann. A bheil cunnart ann a bhith a' cur prìs air ar dualchas?

Seo an seòrsa smuaintean a bh' agam a' dol a-steach dhan phròiseact *Calanais* airson An Lanntair ann an Steòrnabhagh. Chan eil làrach Chalanais ach mu chòig mile bhuam. Tòisichidh mi far a bheil mi eòlach, le na daoine.

Aig toiseach a' phròiseict bha mi a' cèilidh agus a' còmhradh ri muinntir nam bailtean faisg air na tursachan, 's dòcha mu mhìle cruinn, a' togail an dealbh mar a bha mi a' dol air adhart.

Growing up, I had little interest in the Callanish Stones. Little by little we grew accustomed to seeing the large buses, with the huge foreign graphics. Callanish was their destination for many tourists, either those travelling independently, or through a travel agent.

From the roadside A895, none of us really understood the status of the big scary stones, or the power of mass tourism, which over a fairly short period of time would attract many thousands more to visit. But what about our identity? Is there any reason to be sceptical about conveyor belt tourism? Other parts of the world have changed dramatically, almost automatically. Is there a danger in putting a price on our heritage?

Those were the sort of questions I had entering into the *Callanish* project for An Lanntair gallery in Stornoway. The Callanish site is some five miles down the road from Achmore. I'll begin with what I know, the people.

My project began with visits and conversations with people in the villages near the stones – roughly within a one-mile radius. Taking portraits as I went.

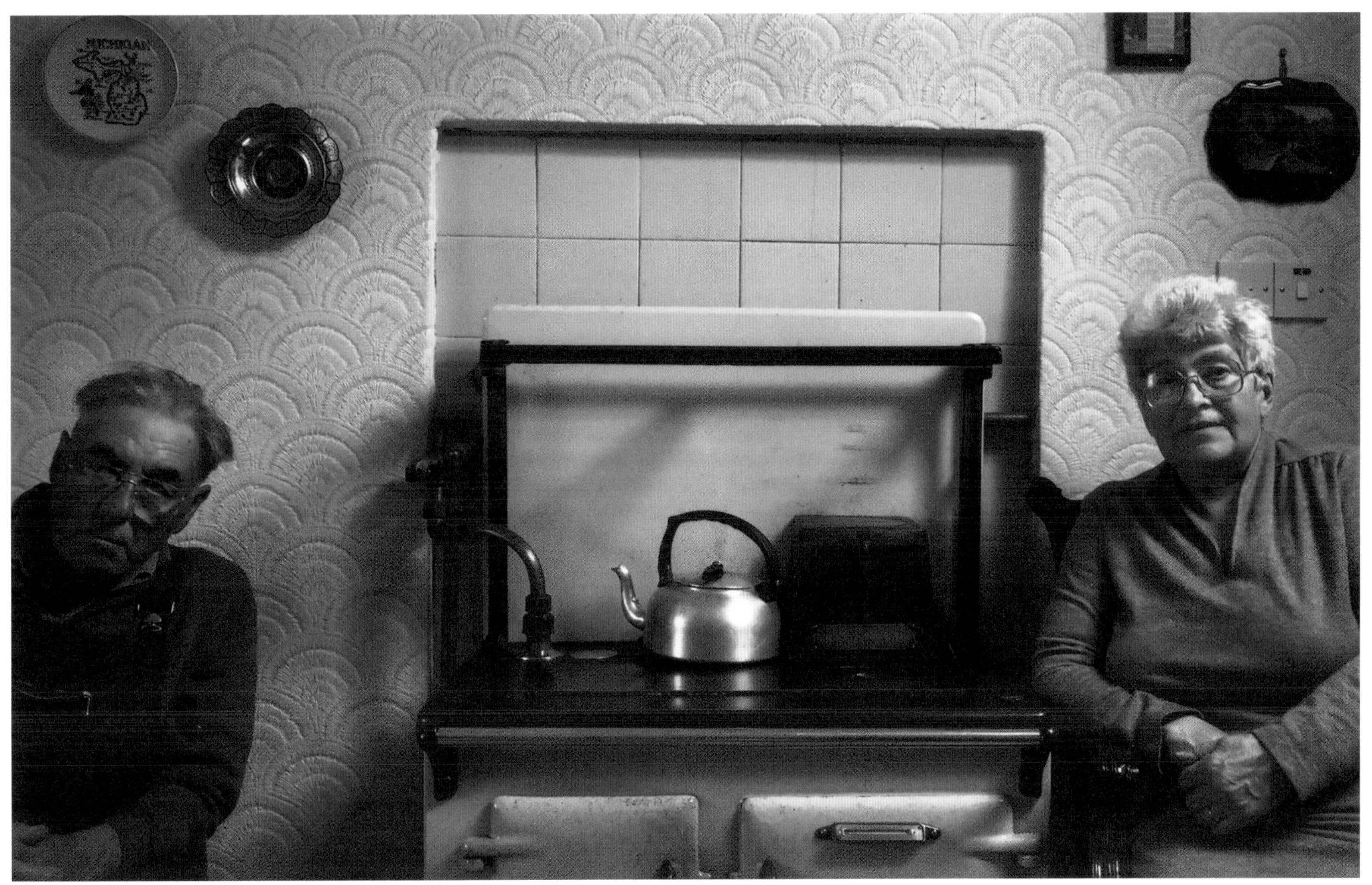

Chaidh mi far an robh an luchd-turais fhèin – a' còmhradh agus a' coimhead. Cuid a' dearbhadh gun do dh'fhairich iad rudeigin, soillse, faileas, taibhse, ciaradh, rudeigin far am b' urrainn a ràdh gun d'fhuair iad spiorad nan tursachan. An dùil an e seo am blas dhan nuadh-linn?

I went to the tourists themselves, talking and observing. Some claimed they experienced something: a lightening, a shadow, a ghost, a whisper, something they claimed to be the spirit of the stones. Was this part of the new-age?

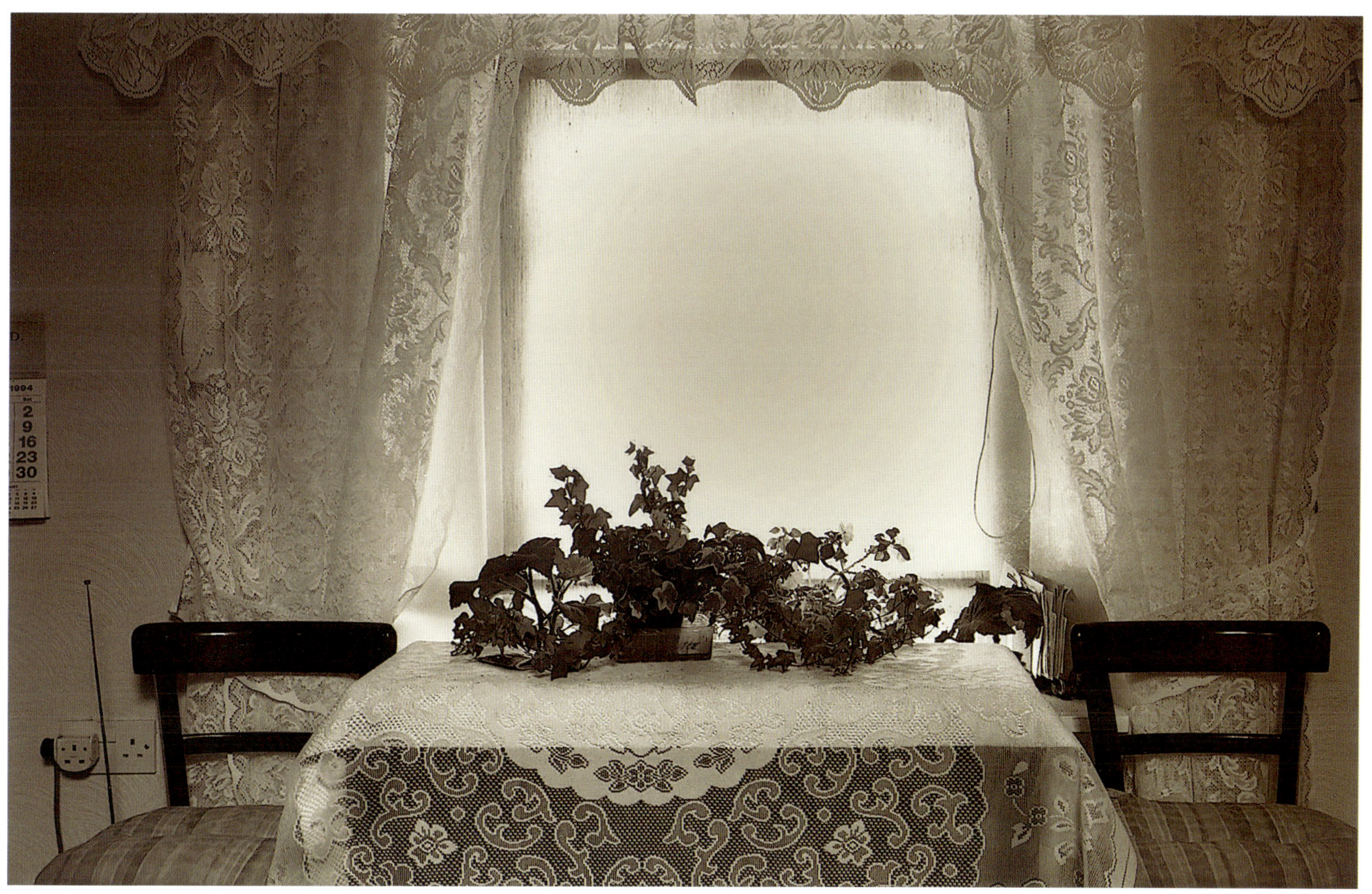

Criutha Greenpeace

Calanais / Callanish, 1995

Thar nam bliadhnaichean 's iomadh *hitchhiker* dhan tug mi lioft. An cupall seo às Astràilia, ach a bha mar phàirt de chriutha an *Sea Shepherd*, bata dìon na h-àrainneachd le Greenpeace, a bha latha no dhà a-staigh aig cidhe Steòrnabhaigh. Thug mise dhaibh lioft a Chalanais, is shuidh iadsan airson an dealbh.

Over the years I have stopped for many hitchhikers. This couple came from Australia and were part of the crew of the Greenpeace environmental protection ship, *The Sea Shepherd*, which spent a couple of days at Stornoway harbour. I gave them a lift to Callanish, and they sat for their portrait.

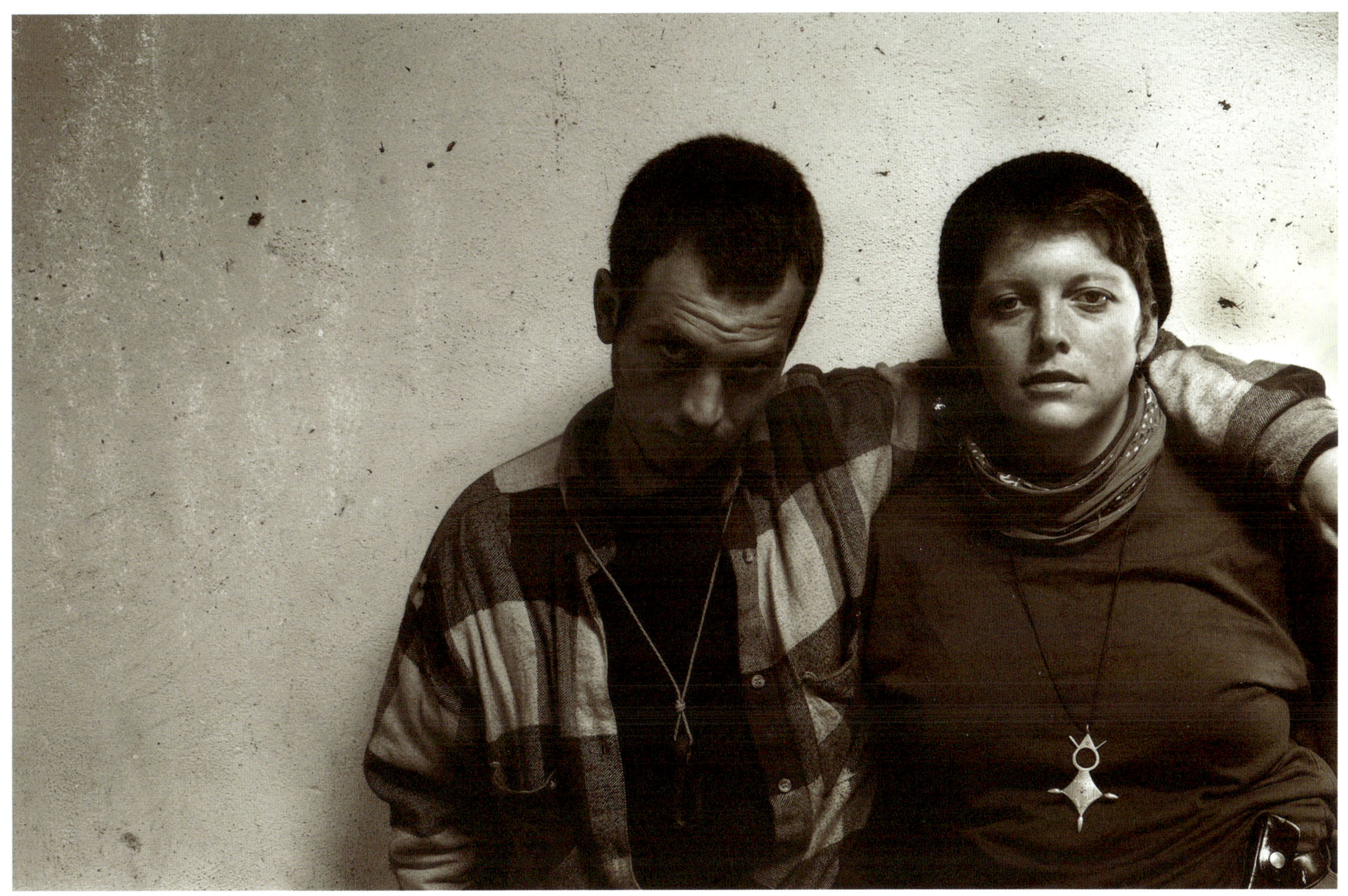

Anna Crawford

Gearradh na h-Aibhne / *Garynahine, 1994*

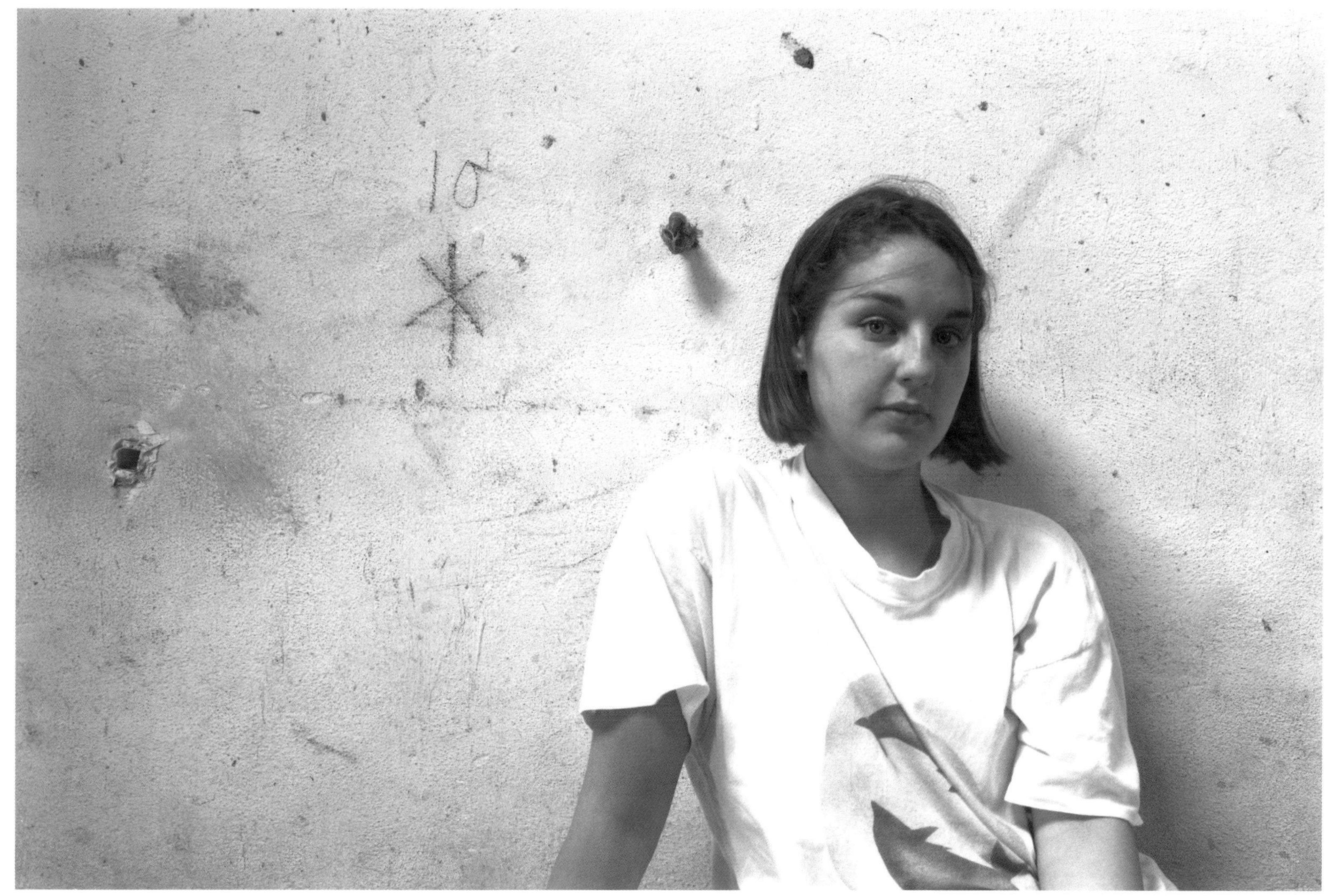

Iain 'Harry'

Ag èirigh suas, b' e comharra anns a' chlàr seachdain againn a bh' anns an ainm 'Iain Harry'. Bhiodh e a' tighinn gach feasgar Diardaoin le bhan dhearg na *groceries*. A' cur *gobstoppers*, agus *lucky bags* le tòrr siùcar fuadain dhan chlàr-bidh eileanach. An cois an t-siùcar thàinig pearsa a bha dìreach cumhachdach.

Growing up, hearing the name Iain 'Harry' became a marked weekly event. Every Thursday evening, he arrived with his red mobile grocery van. Gobstoppers and lucky bags added a fair amount of processed sugar to our traditional island diet. Along with the sugar rush came a larger-than-life personality.

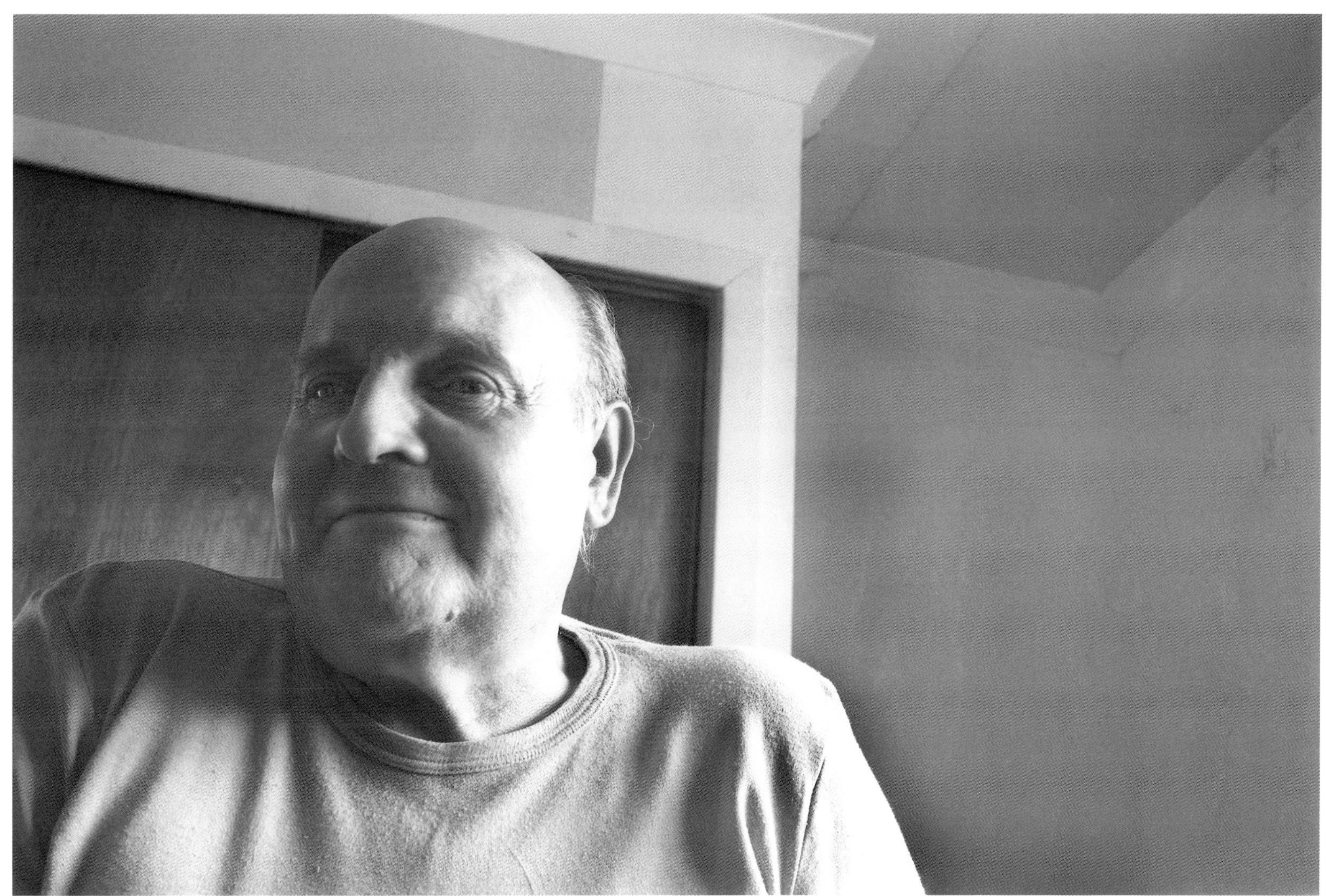

Margaret Curtis

Calanais / *Callanish, 1995*

A thuilleadh air a bhith na tidsear-ciùil a' dol timcheall nam bun-sgoiltean, bha Margaret Curtis airson iomadh bliadhna na sàr eòlaiche air eachdraidh nan tursachan. ('S fhiach a ràdh, a thaobh na bun-sgoile, cha robh dad a' chuimhne agam oirrese, no aicese ormsa).

Le pròiseact *Chalanais*, cha b' ann far na chrìochnaich mi a thòisich mi – thòisich mi le tomhais de shàbhailteachd, ach dh'fheumainn mi fhèin a phutadh nas cruaidhe, gu h-àraid le cuspair nach robh ach beagan mhìltean bhuam. Dh'fheumainn dòigh eile a lorg tron chainnt lèirsinneach.

Chòrd e rium a bhith a' coinneachadh dhaoine a bha an taobh staigh cearcall de mhìle timcheall air Clachan Chalanais. Bha a bhith a' bruidhinn, 's gu h-àraidh a bhith ag èisteachd ris na guthan eadar-dhealaichte mìorbhaileach. Ach, bha rud a dhìth. No, cha robh mi riaraichte leis na cunntasan aithriseach traidiseanta. Bha mi dhan bheachd nach robh iad farsaing gu leòr airson coimisean gailearaidh. Thill mi a Ghlaschu 's thòisich mi a' feuchainn ri dealbhan dhaoine nas mionaidiche a thogail. Bha mi na bu toilichte le eachdraidh eas-chruthachail dhìomhair cearcall-chloiche Dhruidhean.

As well as being our itinerant primary school music teacher, Margaret Curtis had for many years been a leading expert on the Callanish Stones. (Incidentally, as regards primary school I had no memory of her, nor her of me).

With the Callanish project, where I ended up is not where I started. Early on I approached the subject with relative safety. But I needed to push myself a little harder, especially with a subject that was only a few miles away. I had to adopt an alternative visual language.

I enjoyed the company of subjects in and around the one-mile radius of Callanish. The process of talking and mainly listening to the various voices was a wonderful experience. But there was something missing. Or, I simply wasn't satisfied with the more traditional documentary reportage. For a gallery commission I felt it simply wasn't expansive enough. I returned to Glasgow and proceeded to experiment with more detailed studies. I was happier with the narrative of a more abstract connection to the mystery of a Druidan stone circle.

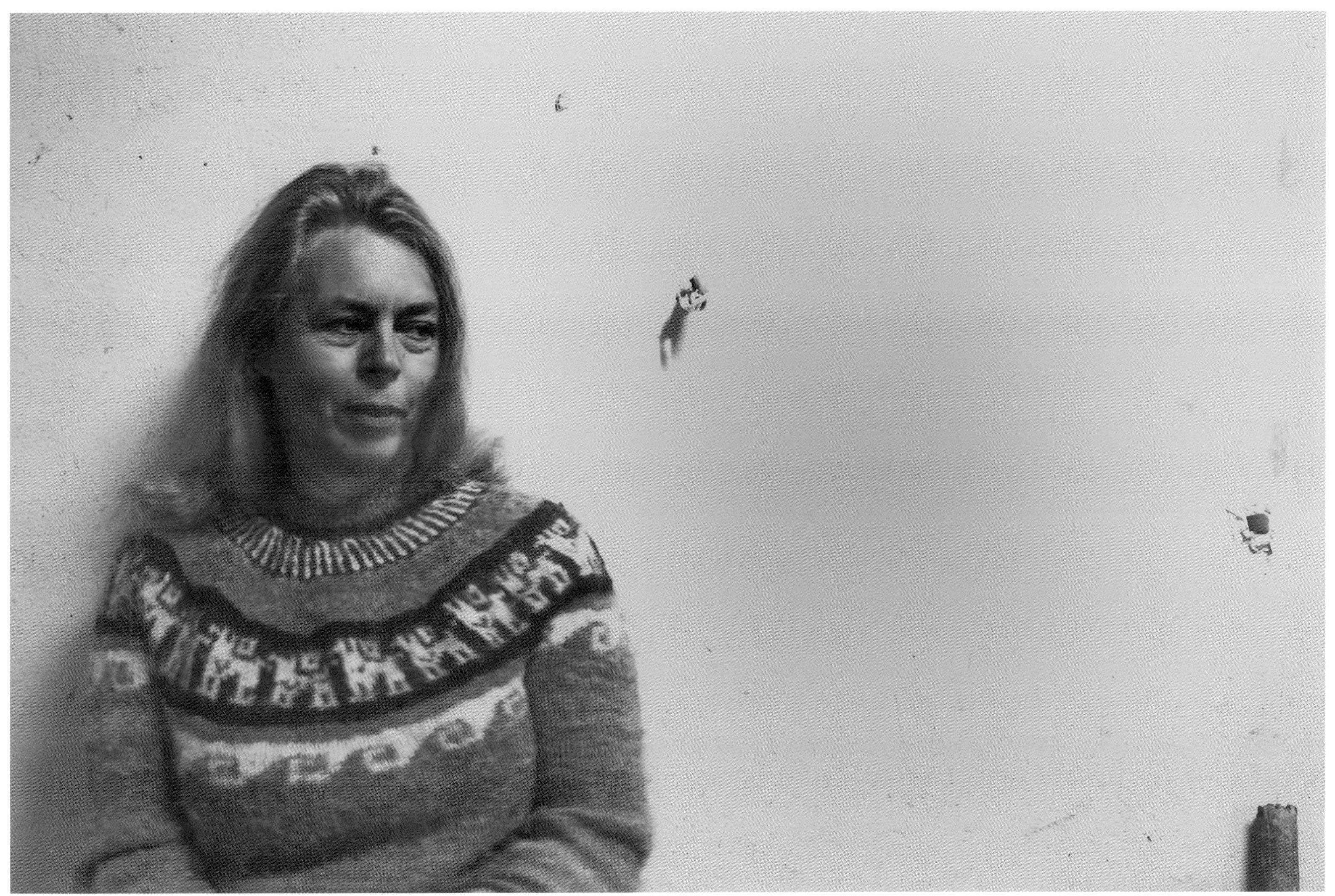

Sgrùdadh Chalanais / Study for Callanish, 1995

Calanais, obair ann an trì pàirtean –
trì sgrùdaidhean bho *Gluasad Talmhainn*

Callanish, a work in three parts, 1995 –
three studies from *Earth Moving*

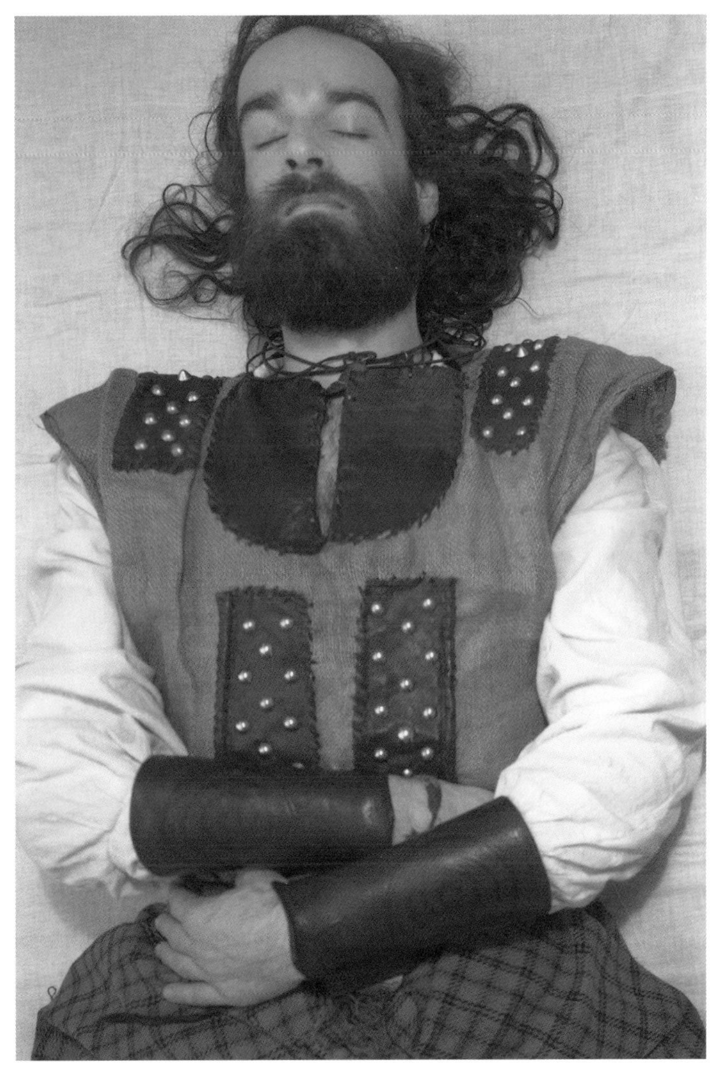

Gavin 'Magi'

Sgrùdadh Chalanais / *Study for Callanish, 1995*

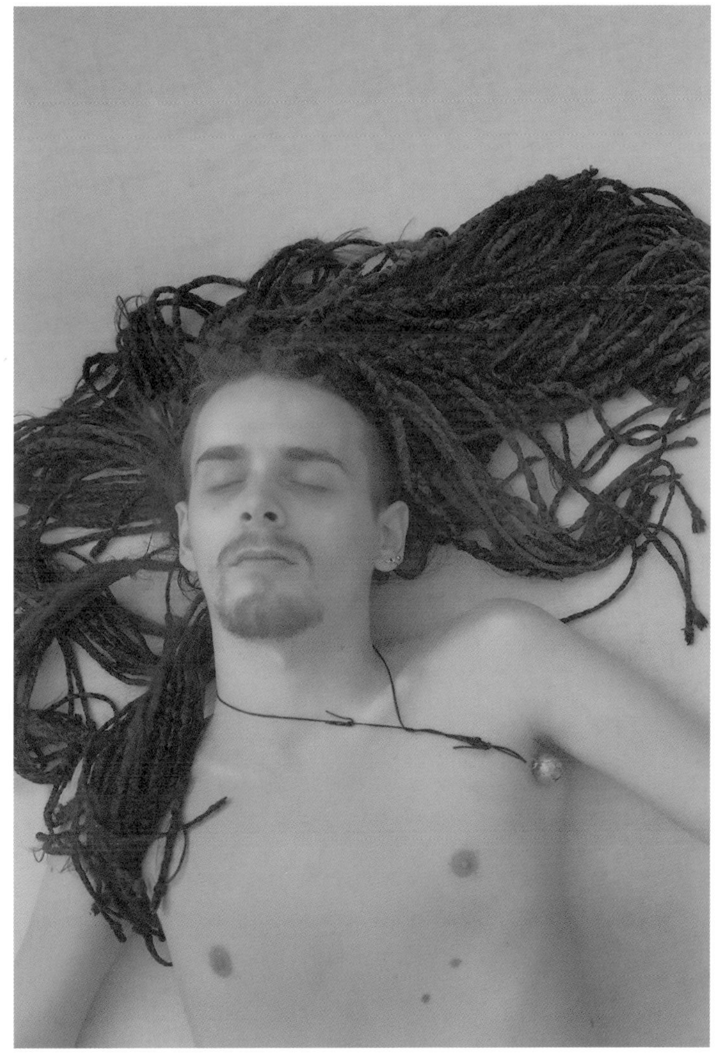

Dannsa - Annie K
Dance - Annie K.

Obair do Chalanais, Gluasad Talmhainn /
Study for Callanish, Earth Moving, 1995

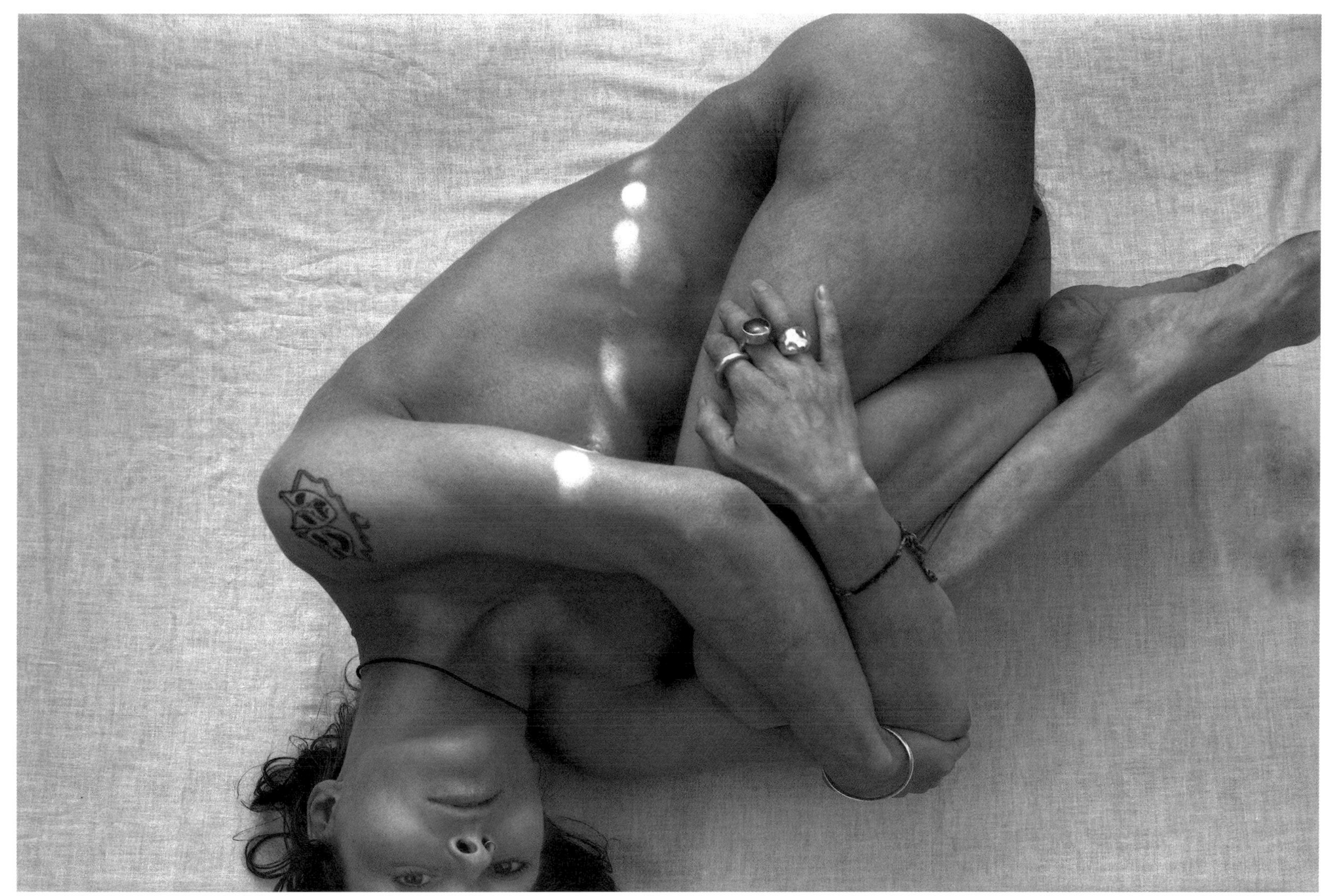

Caibideil 7
Na portraidean

Chapter 7
The portraits

Tha m' ìomhaighean a' sgaradh ann an dà phrìomh roinn – na pìosan cruthaichte agus dealbhan-dhaoine. Thàinig an dà dhòigh cruthachaidh gu bhith nam meadhan air mòran de na h-eileamaidean co-cheangailte ris a' bhaile san deach m' àrach, An Acha Mòr, agus na dealbhan a bha mi a' togail de na daoine mun cuairt orm. Bha am pròiseas a bhith a' cruthachadh sgeulachd an cois ìomhaighean dhaoine a' còrdadh rium a-riamh. Tha mi an-còmhnaidh an-comain àite agus stuthan bunaiteach a bhuineas do dh'àite.

Tha thu a' tòiseachadh 'aig an taigh' mar gum biodh; 's iomadh dealbh a thog mi dha mo mhàthair. Cearc a' laighe còrr is fichead latha air uighean – dha mo mhàthair, 's e tachartas mòr a bh' anns an latha a nochdadh an àl. An seo, tha i dìreach a' suidhe gu nàdarra ann an còrnair na bàthaich.

My photographic images fall into two main categories: the constructed / sculptural pieces and portraiture. Both methods became a means of bringing together many elements connected to the village I was brought up in, Achmore, and the photographic representation of those around me. I have always enjoyed the process of creating narratives on people's lives, alongside their image. I aways feel indebted to place, and the raw materials of place.

You start 'at home' as it were; I took many pictures of my mother. A hen sat for over twenty days on fertile eggs – the hatching day was a big day for my mother. Here, she sits quietly in the corner of the byre.

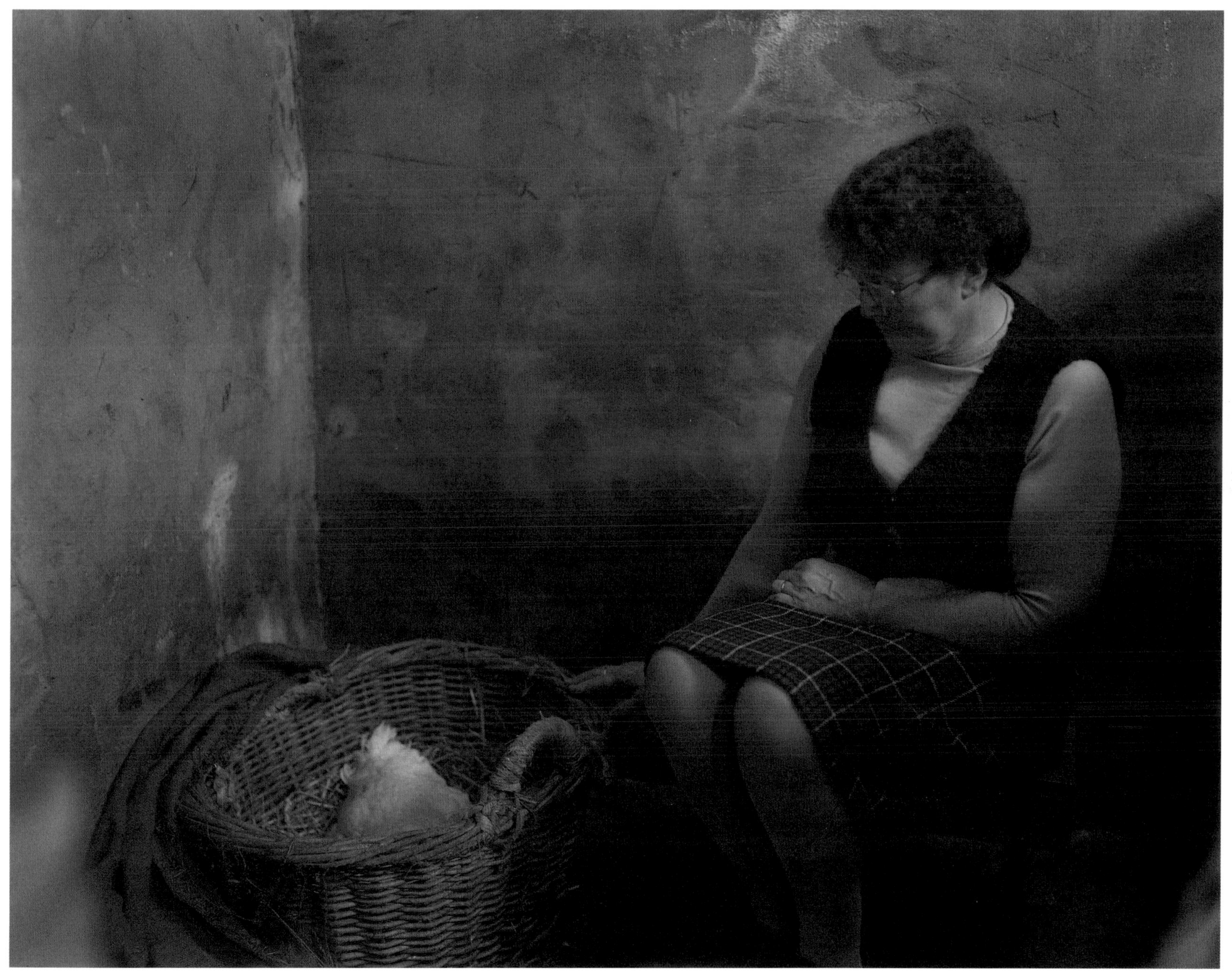

Antaidh Mòr, 'A' Bhleoghna'

Nar n-òige chan fhaca sinn a-riamh falt Antaidh Mòr, piuthar mo sheanair. Bha e aice ceangailte suas ann an seòrsa de lìon. Dh'iarr mise oirre a leigeil sìos. Le beagan iongnaidh, agus gàire, rinn i sin.

Bhiodh gu leòr a' gabhail iongnaidh mun mhiann a bh' agam an dealbh acasan a tharraing, gu h-àraid an broinn an dachaigh. Gu traidiseanta, bha a' mhòr-chuid de dhealbhan air an tarraing a-muigh ann an solas an latha. Bha mise air mo tharraing gu na còrnairean pearsanta, leth-dhorcha, a bha dlùth dhaibh.

Growing up we had never seen my grandfather's sister, Auntie Mor's hair. She always tied it up in a fine hair net. I asked her to let it fall naturally. Confused, and a little humoured, she obliged.

Many would question why I wished to photograph them, especially inside their homes. Traditionally, nearly all images were taken outside in daylight. I was drawn to dimly lit corners of their personal, intimate spaces.

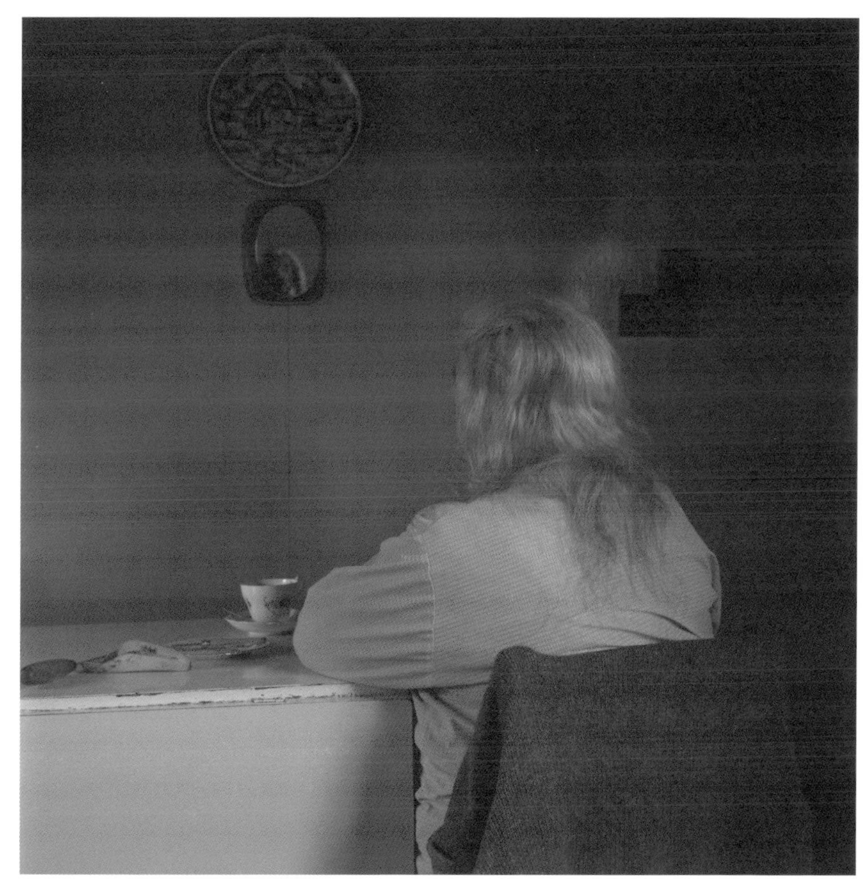

B' e peathraichean a bh' ann am Peigi agus Ciorstaidh. Bha Peigi air a bhith na searbhant dha Diùc Gloucester. Bha taigh a' ghlinne mar rud a-mach à linn Bhictoria fhèin. Cha robh iad fiù's a' creidsinn ann a bhith ag atharrachadh a' ghleoc – dhèanadh iadsan an t-àm samhraidh Bhreatannach aca fhèin. Anns na h-ochdadan b' e mo mhàthair an *home-help* a bh' aca.

Peggy and Chrissie were sisters. Peggy had been in service for the Duke of Gloucester. The glen house was like something out of the Victorian era. They didn't even believe in changing the time on their clock; they would have their own British Summertime. In the 80s my mother was their home help.

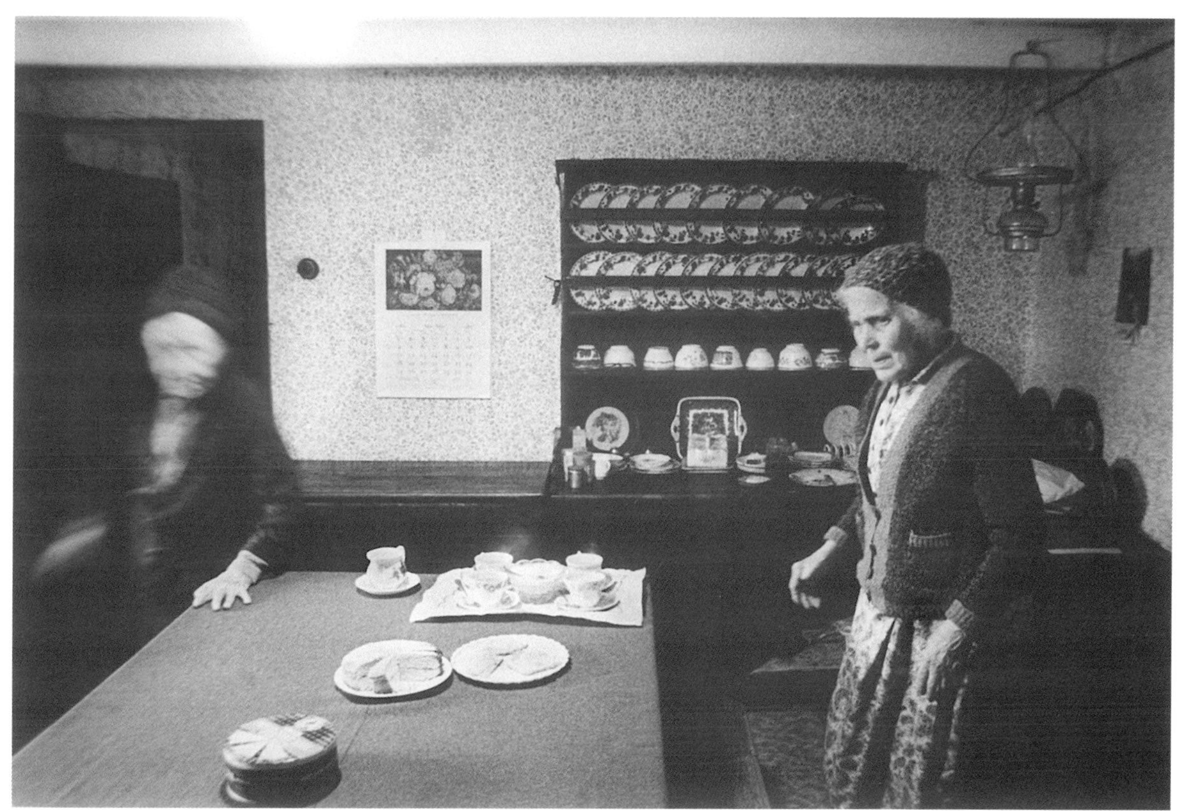

Bodach an Ìochdair, Uibhist a Deas

Nuair a leigeadh an tìde dhomh bhithinn a' toirt camara nam chois fhad 's a bha mi a' cruthachadh phrògraman rèidio agus telebhisean. Dòigh mhath air còmhradh agus ceangal a dhèanamh ri daoine.

When time allowed, I'd have a camera with me as I was recording programmes for radio and television. It was always a great way to make conversation and connections with people.

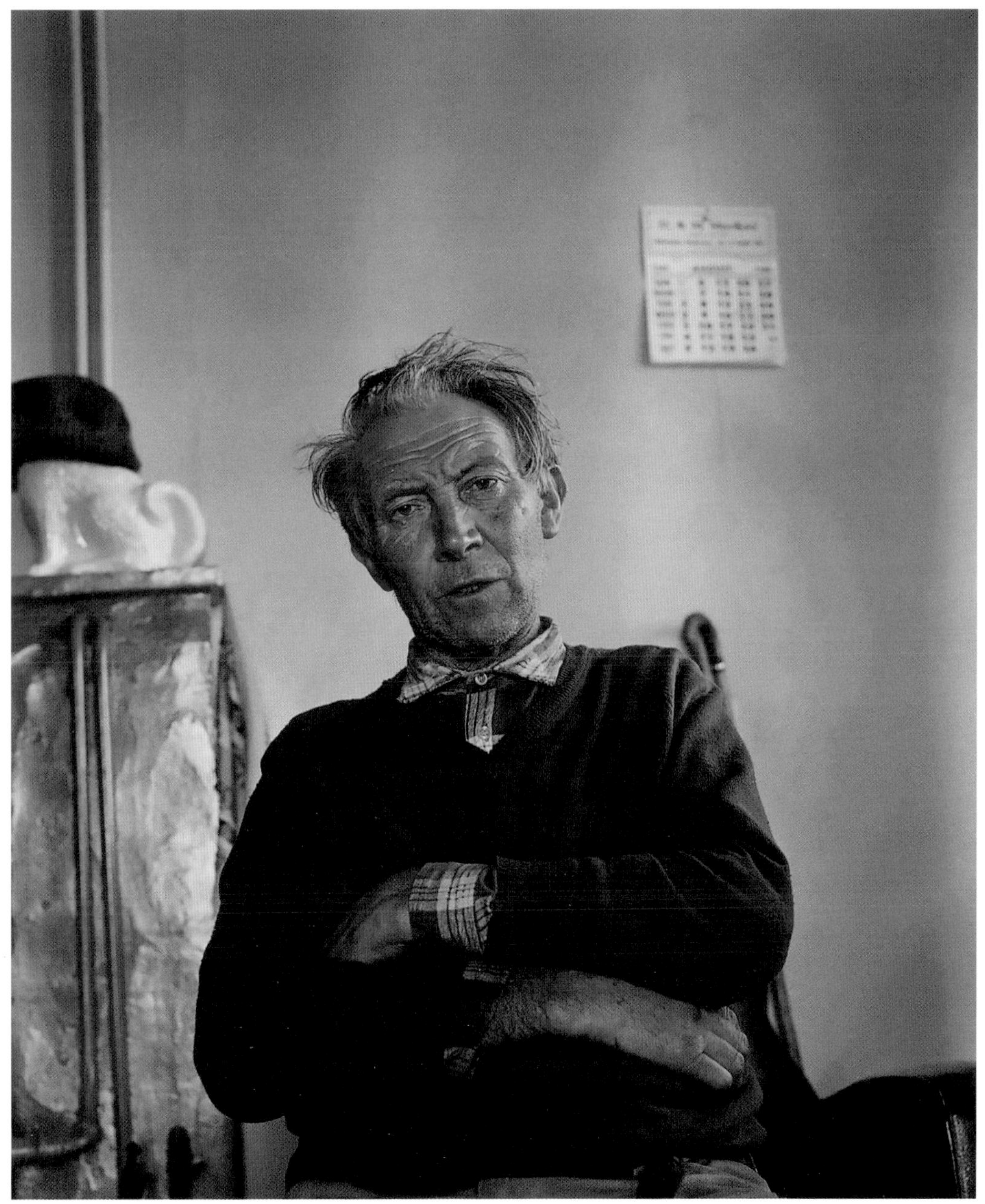

Sèithear Bhatarsaigh
Vatersay chair, 1991

Am measg an liuthad dealbhadair-camara a thadhail air na h-Eileanan an Iar, airson an t-àm cultarail a bha ag atharrachadh gu luath a ghlacadh, b' e Paul Strand, ann an 1954, a chruthaich obair a tha fhathast na shlat-tomhais dhan fheadhainn a leanas. Chun an latha an-diugh, tha *Tìr a' Mhurain* mar aon de na leabhraichean deilbh-camara is fheàrr a chaidh a-riamh ann an clò. Ann an 1989, ghabh mi turas a dh'Uibhist a Deas airson dealbh cuid de na daoine a thogail a-rithist, 's a thuilleadh air a sin cur ri tasglann Radio nan Gàidheal. Aon de na nithean is annasaiche mun dòigh obraich aig Strand, 's e gum biodh e ag obair cha mhòr gun smid, le fòcas gu tur air an ìomhaigh. Cha robh cus ùine, no neart, air a chaitheamh tro chòmhradh.

Amongst the many photographers who visited the Western Isles to capture the rapidly changing culture, it was Paul Strand, in 1954, who created a work which remains a benchmark to those who have followed in his footsteps. To this day, *Tìr a' Mhurain* remains one of the best photography books ever to be published. In 1989 I took a trip to South Uist to photograph some of the subjects again, and also to add to the Radio nan Gàidheal archive. One of the most unusual features of Strand's approach was that he worked almost in silence, focussing completely on the image. Little time or energy was wasted on conversation.

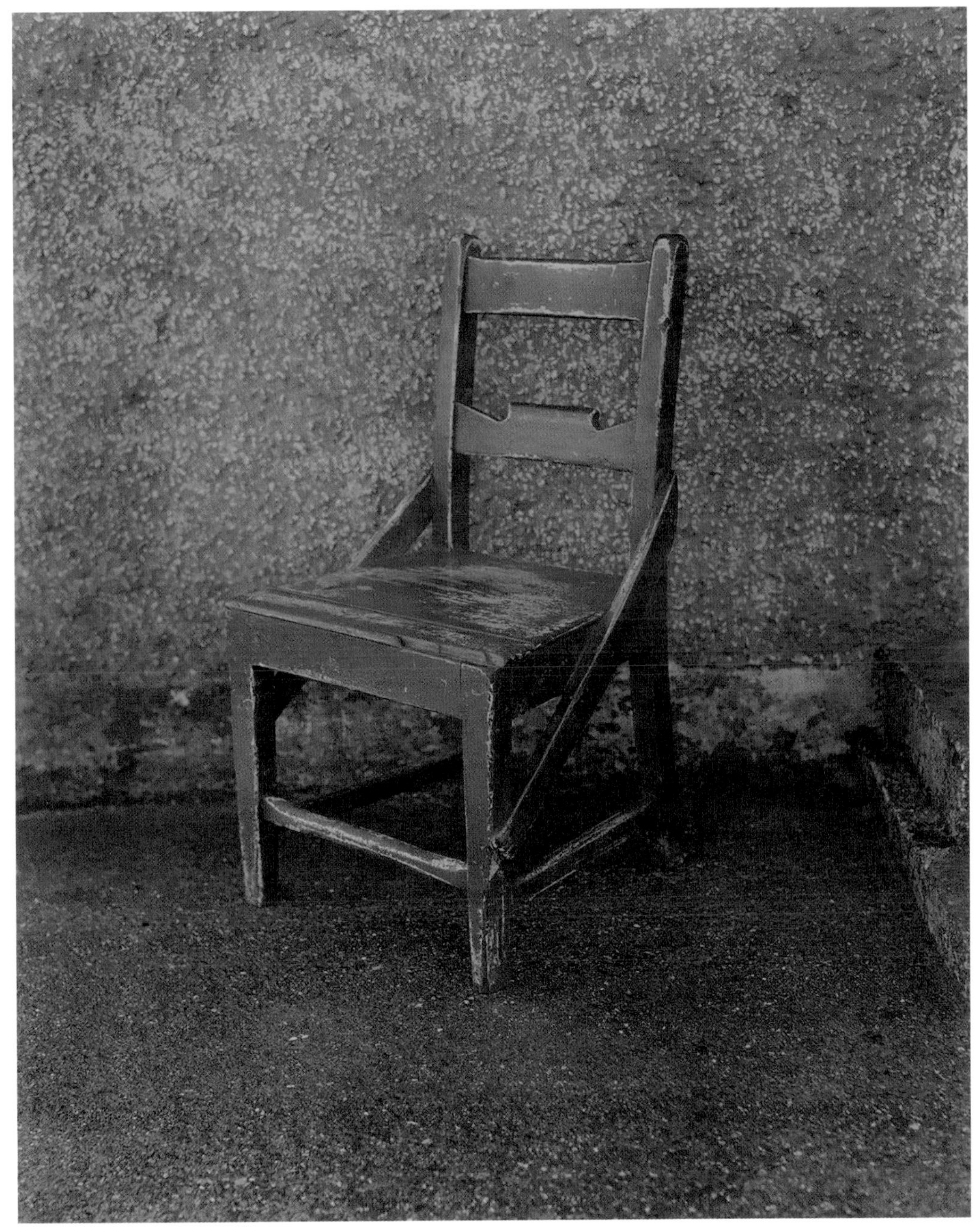

Le èideadh fireannach, nochd Mairead tro dhoras fosgailte an taigh-tughaidh. Bha na h-ìnean aice uile le dath diofraichte, le ribeanan dathte cuideachd a' ruith sìos a druim tro falt fada dubh. Cha robh i airson gun togainn a dealbh, ach ruith i dhan dorchadas agus thill i leis an dealbh seo. Seachad air an ìomhaigh chumhachdach, bha iomadh strì na beatha – bha mi airson seo a chleachdadh.

In men's work clothes, Margaret appeared through the open door of the thatched house. Her nails were each painted in different colours and coloured ribbons ran down her back through thick black hair. She didn't want me to take her picture, but she ran into the darkness and returned with this photograph. Beyond the powerful image, there were many struggles in her life – I wanted to use this.

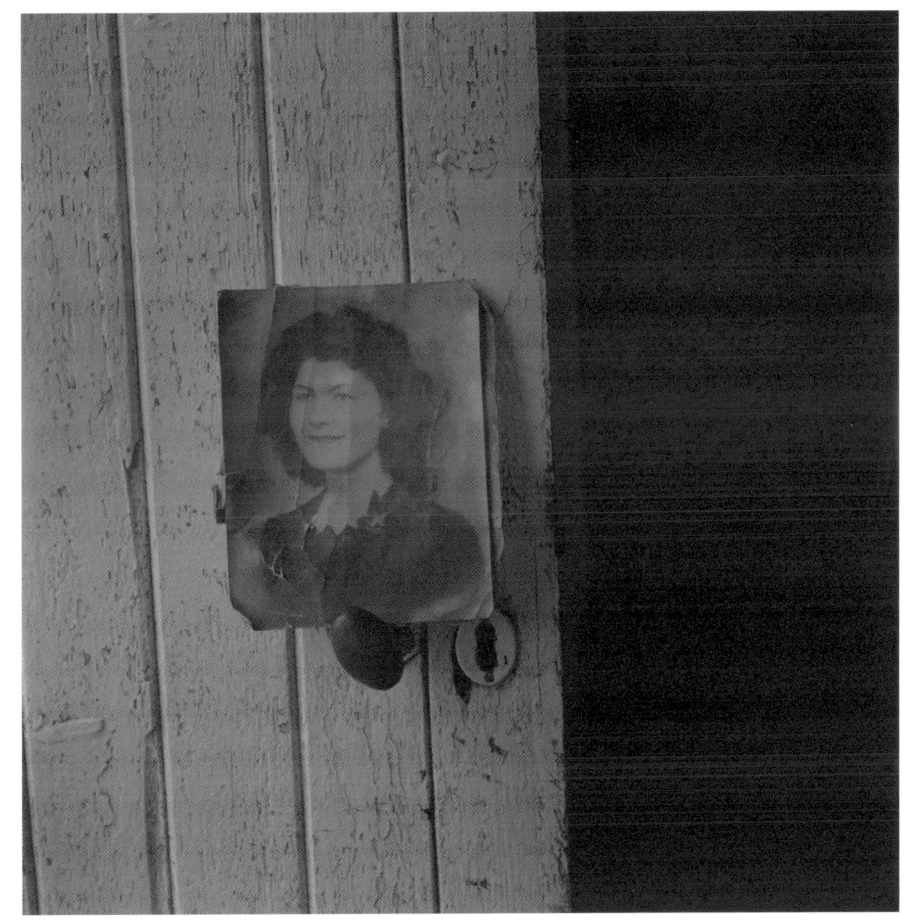

Ceitidh Mairead NicChoinnich
Katie Margaret Mackenzie, 1989

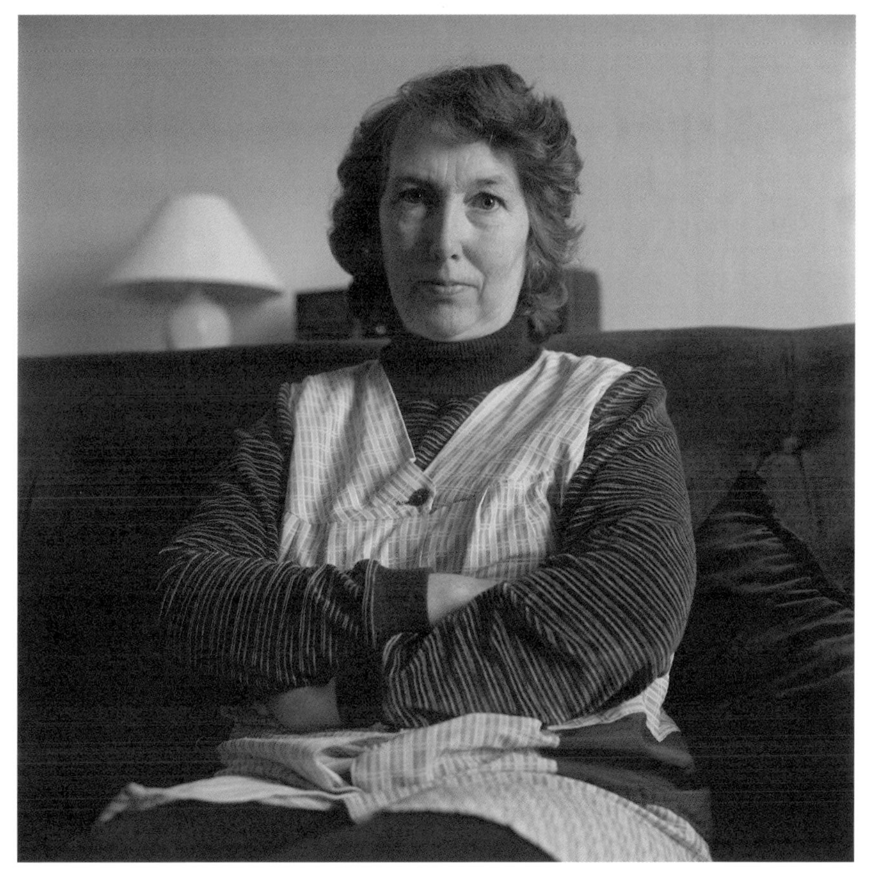

Maighstir Iain Aonghas Dòmhnallach
Father John Angus Macdonald, 1989

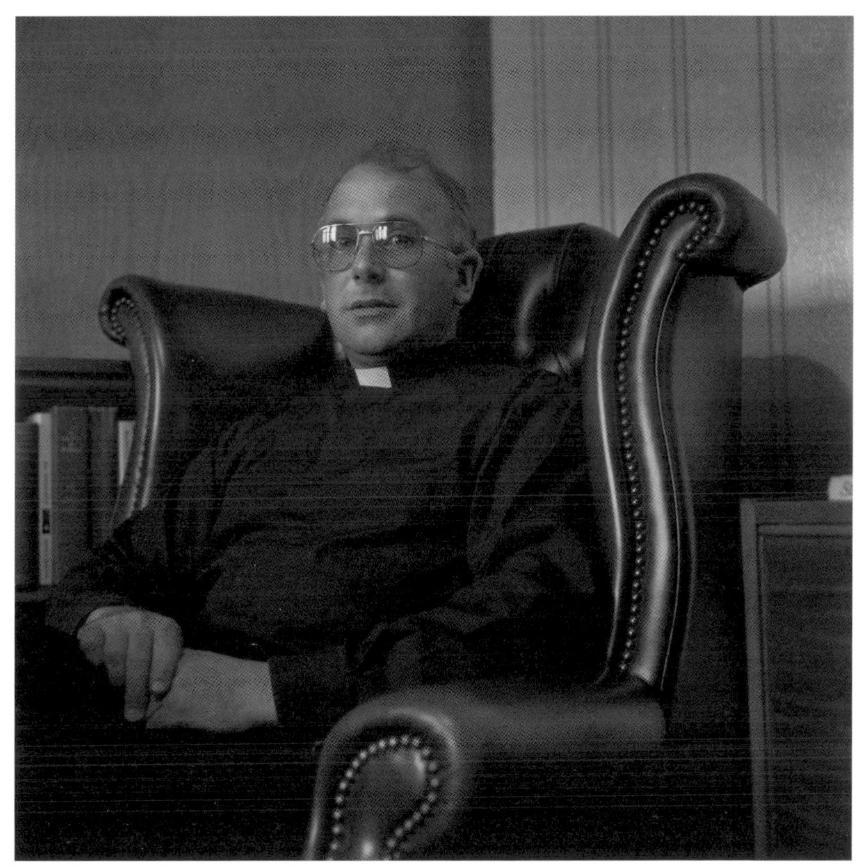

Màiri Anna, bean a' Phiollaich
Mary Anne MacKay

An Acha Mòr / Achmore, 2002

Nuair a thog mi an dealbh seo, cha robh Màiri Anna, bean a' Phiollaich, fada bho cheud. Co-dhiù pìos math anns na naochadan. Gach latha ann am Bun-sgoil an t-Acha Mhòir, 's i a bhiodh an urra ri coinneachadh bhan a bhiodh a' tighinn le biadh na sgoile agus ga riarachadh oirnn. Cha mhòr gun ghlèidh mi cuimhne air rud sam bith bho làithean na bun-sgoile. Beàrnan mòra, air neo fìor fhalamhachd. Ach tha cuimhne agam air gach caractar a bha mu thimcheall orm soilleir gu leòr.

Tha ceangal eadar gach cuspair a chaidh a thaghadh tro far an deach a thogail no cuin a thachair e. Sgeulachdan beaga bìodach bho na 1970an chun an latha an-diugh. Tha na sgeulachdan a th' air an cùl freumhaichte ann am baile beag. 'S e toradh pròiseas breithneachaidh fada a th' anns na dealbhan. Chan e dealbhan aithghearr no cothrom cruthachail a chaidh a ghabhail air thuairmeas a th' annta; tha ceangal pearsanta aca uile riumsa. 'S ann air sgàth sin a tha an samhla san tiotal 'Unnad'. Eadar thu a bhith air a shon no chaochladh, tha na ceanglaichean sin gar leantainn tro ar beatha.

When this picture was taken Mary Anne 'a' Phiollaich' was not that far off 100 years old, at least well into her 90s. Each day in Achmore Primary School she was responsible for meeting the mobile canteen and preparing our food. I remember virtually nothing from primary school days. There are massive gaps, and complete voids, but the character of those who were around me remains vivid enough.

Each chosen subject is connected through location and time. Micro-stories from the 1970s to the present day. Their background stories are rooted within a small community. The photographs are the result of a long process of discussion. They are not snaps, or incidental theatre; they all have a personal connection to me. Hence the metaphor of the title 'Unnad', 'within you'. Intended, or not, those ties stay with us through time.

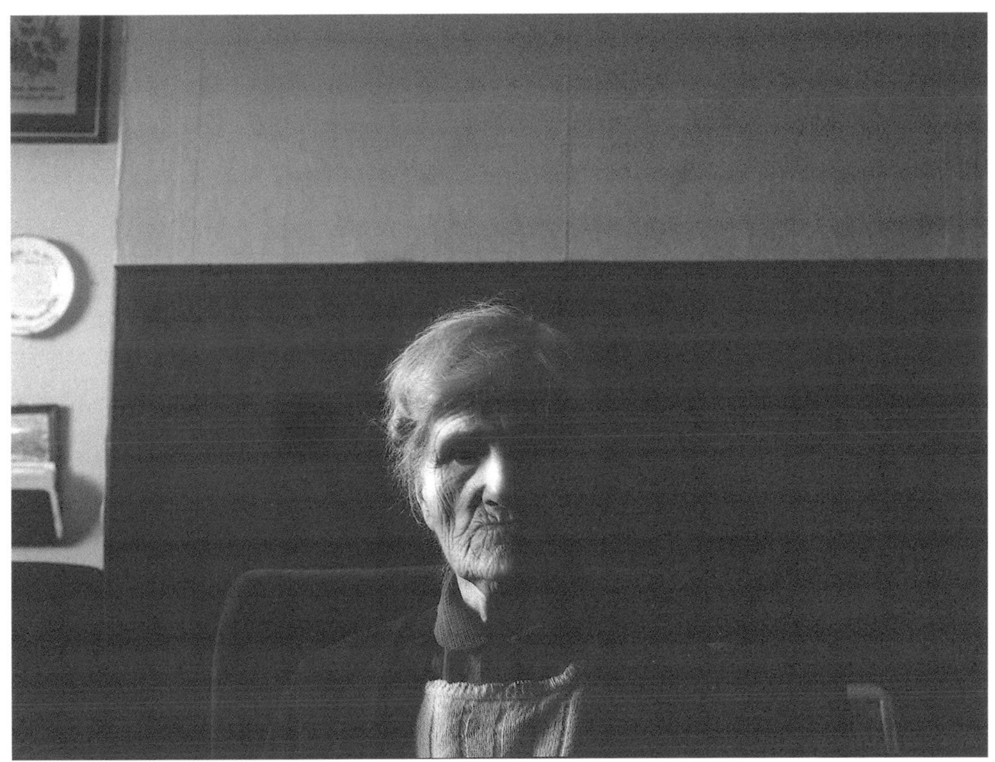

Fear na speala
Scythe man

Ùig, Eilean Leòdhais / *Uig, Isle of Lewis, 1990*

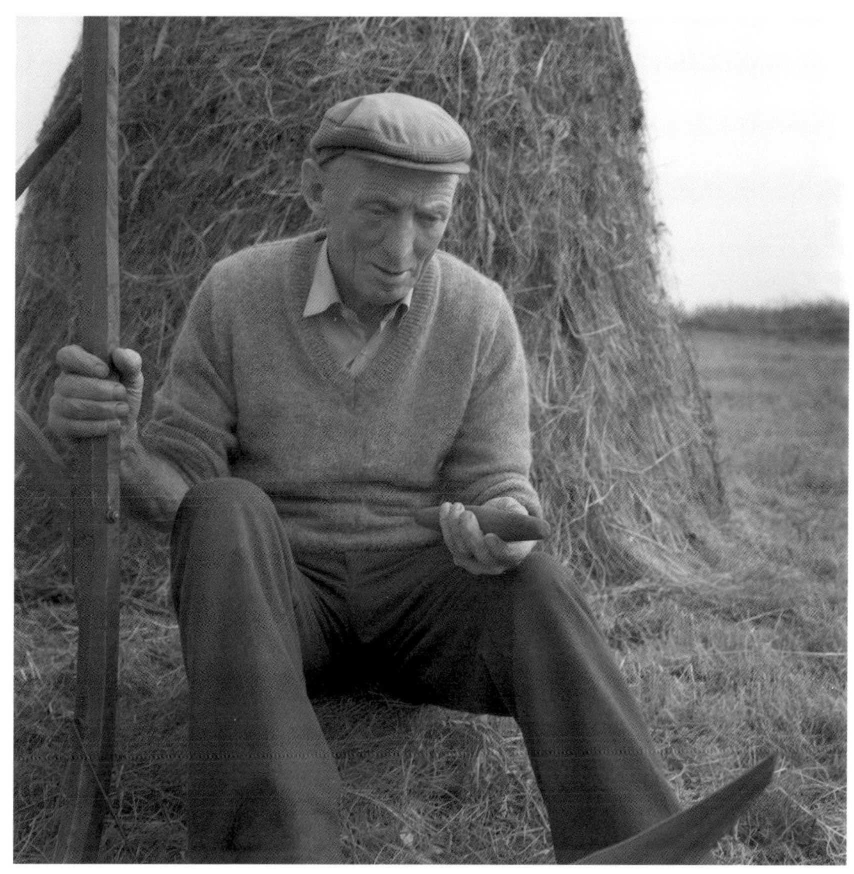

Joe Elliot, 1

Steòrnabhagh / *Stornoway, 2005*

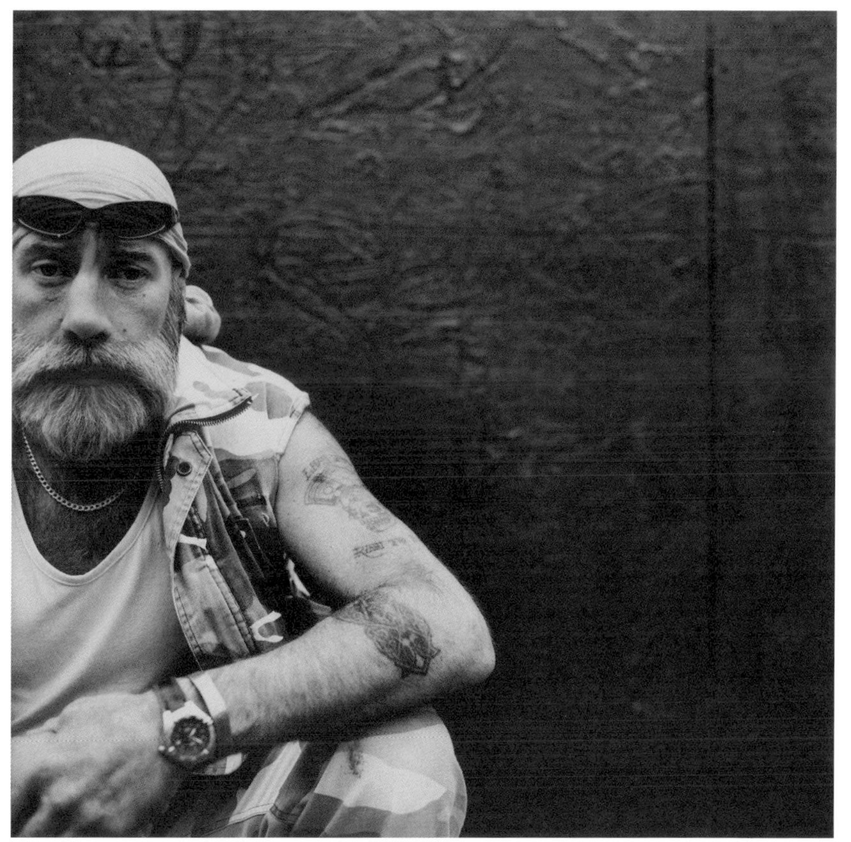

Joe Elliot, 2

Steòrnabhagh / *Stornoway, 2005*

Bha mise na mo *hybrid* 'eadar baile is tuath', a' dol gu Bun-sgoil Bheurla Steòrnabhaigh aig aon bliadhna deug. Thachair mi ri iomadh caraid ùr ri linn, 's gu cinnteach 's e seòrsa de *townie* a bh' annam bho thùs. Bha eagal aig cuid de dhaoine ro Joe. Cha robh mise buileach cinnteach às – bha e cruaidh, agus ro mheasail air motor-baidhsagalan luatha. Chuir e seachad beagan ùine anns an arm, mus do thill e dhachaigh. Dà thuras bha e an sàs ann am fìor dhroch thubaist – iomadh cnàmh briste, agus fortanach a bhith beò. Air Sràid Chrombail aon latha chaidh mi a bhruidhinn ris. Bha mi ag iarraidh a dhealbh a thogail, 's bha mi air an dearbh *backdrop* a lorg aig Caisteal Leòdhais. Bha an togalach a' tuiteam na bhroinn, agus bhiodh òigridh a' bhaile dha chleachdadh mar àite cluiche air an oidhche. Chaidh na bùird-fiodh làn teàrr a chuir suas airson an cumail a-mach.

I was a town and country hybrid, attending primary school in English in Stornoway aged eleven. I made many new friends as a result. I have certainly been a sort of 'townie' ever since. Some were afraid of Joe. I wasn't entirely sure; he was hard, and a bit too keen on fast motorbikes. He had a little spell in the army then returned home. Twice he was involved in serious accidents – many broken bones, and he was lucky to be alive. One day on Cromwell Street he stopped to yarn. I wanted to take his photograph and I had found the perfect backdrop at Lews Castle. The building was in a mess, with the town youths using it as a night-time playground. The tarred boards were meant to keep them out.

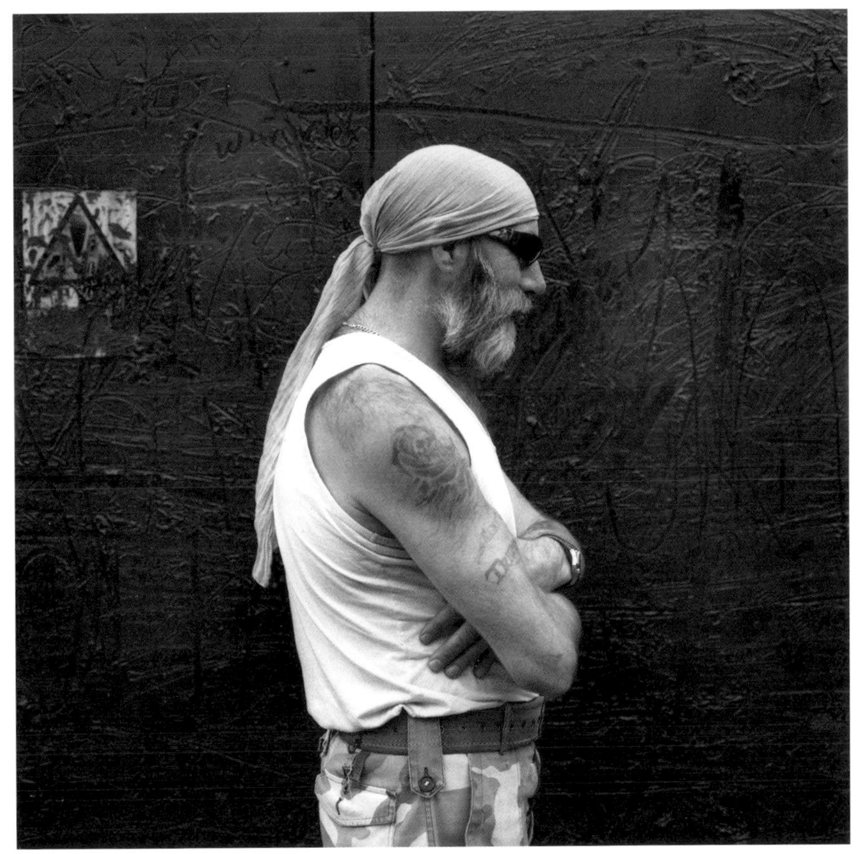

Fionnlagh MacIllinnean
Finlay Maclennan

Bragar, 1987

A' chiad obair samhraidh a bh' agam nam oileanach aig BBC Radio nan Gàidheal, b' e a' clàradh sgeulachdan bho na fir òga a chaidh a-nall a Georgia a Deas a' sireadh cosnaidh agus dànachd a' sealg na muice-mara.

My first summer student placement at BBC Radio nan Gàidheal involved recording stories from those who had been part of a gang of young men seeking work and adventure in the South Georgia whaling industry.

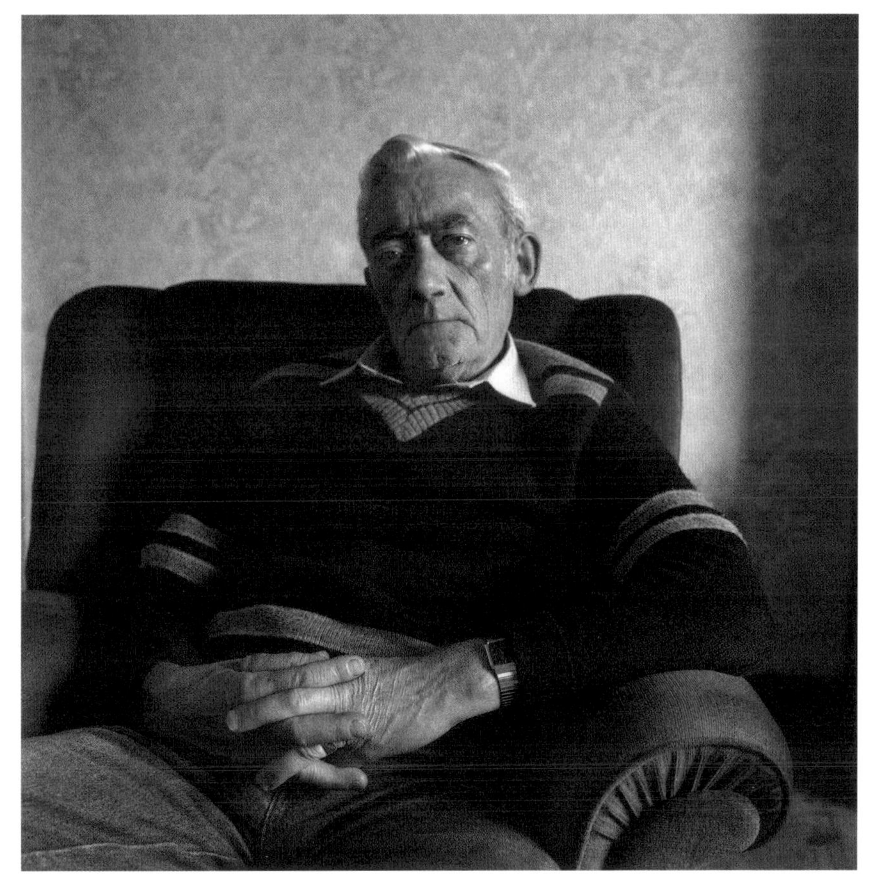

Tormod 'Norrachan' Caimbeul
Norman 'Norrachan' Campbell

Geàrraidh a' Bhàird, Na Lochan / *Garyvard, Lochs, 1987*

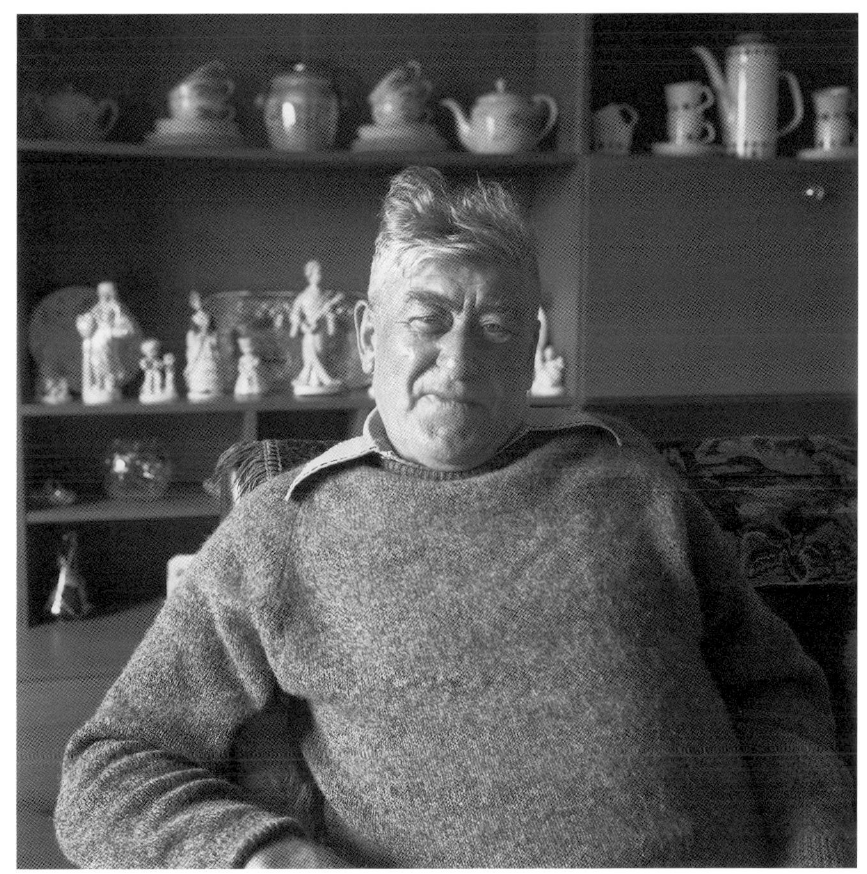

A' tilleadh gu dealbhan dhaoine

Bho chionn ghoirid, tha e air a bhith na thlachd mhòr dhomh a bhith a' cur fòcais air dealbhan dhaoine, a' dèanamh ceangal às ùr ri iomadh caractar a bha nam pàirt air choireigin dem bheatha nam òige. Coltach ri cùisean ann am bailtean eile, ann an iomadh dòigh. Sgeulachdan mu shinnsirean, cruadal dòigh beatha na croite, strì phearsanta is mar sin air adhart. Ciamar a tha sinn a' meas buaidh nan daoine sin aig àm sònraichte ann an tìm? Dè cho mothachail 's a tha sinn air mar a tha na daoine sònraichte sin a' toirt buaidh agus a' cur ri ar beatha? Tha *'Unnad' - Indigenous* a' tighinn gu bhith na DNA de bhaile, coimhearsnachd a tha ag atharrachadh. Thàinig e cuideachd gu bhith na nàdar de leabhar-latha neach ealain – tasglann pearsanta dealbhadair de dh'obair thairis air deich bliadhna fichead. Tha mise a' gabhail ri modh-obrach 'ealain-slaodach' nuair a thig e gu tarraing dhealbhan dhaoine, uaireannan a' toirt mìosan gus tighinn gu cuspair, no a' tighinn gu co-dhùnadh air àite agus àm ceart.

Bruidhinnidh a' mhòr-chuid de na daoine anns na dealbhan Gàidhlig, agus 's ann tric tro chòmhradh nàdarra a tha am pròiseas a' tòiseachadh, uaireannan mìosan ro làimh. Cuideachd, an ìre mhath leotha uile, tha eòlas pearsanta agam air an fheadhainn a tha a' nochdadh anns na dealbhan – chan e srainnsearan a th' annta.

Returning to portraiture

In recent times portraiture has again become a genuinely enjoyable focus, reconnecting with many characters who have in some way or other been part of my upbringing. In many ways, no different to any other village. Stories of ancestors, a hard existence on the land, personal struggles etc. How do we gauge the significance of those people at a specific period in time? How aware are we of how those individuals influence and inform our lives? *'Unnad' - Indigenous* becomes the DNA of a village, a changing community. It is also a form of artist's diary, a photographer's personal catalogue of some thirty years' practice. I prescribe to 'slow-art' when it comes to portraiture, sometimes taking months to approach a subject, and to allow them time to accept, or decline. Locations very often choose themselves.

The majority of subjects photographed in the book are Gaelic speakers, and very often the process begins as a casual conversation, sometimes even months beforehand. Also, almost exclusively, I have a personal connection to all those photographed; they are not strangers.

Pàdraig Caimbeul, bàthach

Peter Campbell, byre

An Acha Mòr / Achmore, 2020

A' fàs suas, bha Pàdraig a' suidhe san aon rùm-sgoile rium fhèin. Fìor eachdraidh baile – coimhearsnachd anns an robh iomadh sgil agus dreuchd air leth feumail. Tha deagh chuid cunnairt an lùib a bhith a' cnuasachadh air làithean a dh'fhalbh. Cò a tha airson a bhith a' cuimhneachadh air bochdainn, ainneart creideimh agus cleachdaidhean cruaidh-chosnaidh? Leis an fhìrinn, tha sinn uile; chan eil e gu diofar dè cho cruaidh sa dh'fheuchas sinn, chan eil càil ag ath-chruthachadh làithean buidhe coltach ri dealbh camara. Chaidh an tè seo a thogail nam shabhal fhèin, a' gabhail ceò de Golden Virginia an dèidh beathach a mharbhadh. Mar fhear a bhiodh a' dèanamh film, bha Pàdraig fhèin a' stiùireadh a' chamara: "Ma shèideas mi a' cheo taobh a' chamara, a bheil sin ag obair dhuit?"

Mar chroitear, tha urram mòr agam do fhir-spadaidh.

Growing up Peter sat in the same classroom as me. A real narrative of a village - a community where many differing roles were vital. Reflections on the past hold a fair amount of risk. Who wants to remember poverty, religious oppression, hard labour traditions? The truth is we all do; no matter how hard we might try, nothing creates the halcyon days quite like a photograph. This one was taken in my own barn, having a post-slaughter Golden Virginia roll-up. Like a seasoned filmmaker, Peter himself directed the camera: "If I blow the smoke towards the camera, does that work for you?"

As a crofter, I have a great deal of respect for slaughtermen.

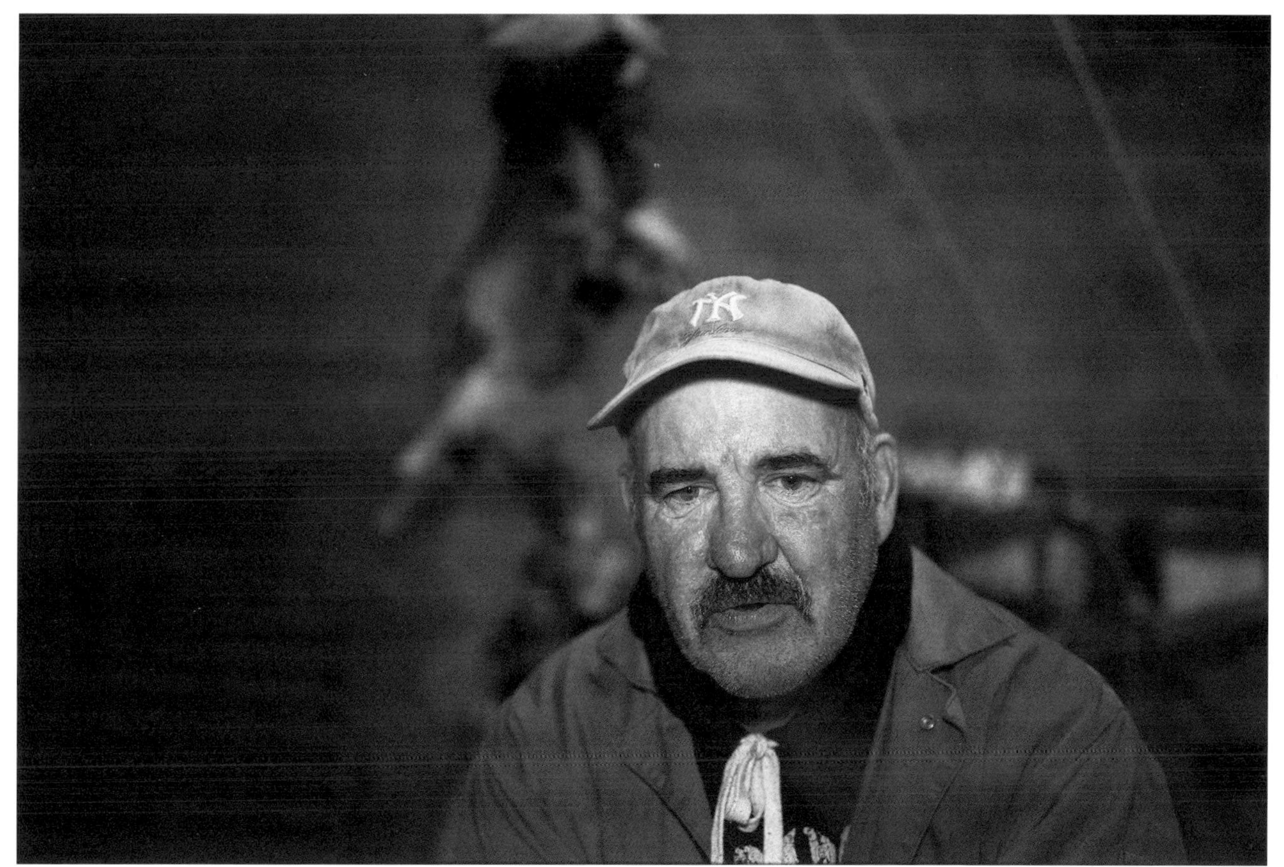

Tha cunnartan an lùib a bhith a' tilleadh gu amannan a th' air a dhol seachad tro dhealbhan dhaoine agus sgeulachdan. Do chuid, faodaidh cuimhneachain bhon òige draghan a dhùsgadh às ùr – cò a tha ag iarraidh gun gabhadh an linn a dh'fhalbh àite an latha an-diugh? Tha tìm a bhith a' gabhail seachad goirt do chuid aig amannan, 's chan eil e na bhuannachd a bhith a' beachdachadh air mar a tha adhartas air tighinn. Eadar an turas a bhith a cheart-dha-rìribh no tro shamhlaidhean, faodaidh sgrìob air ais tro sgìrean ar n-eachdraidh a bhith nam briseadh-cridhe, nan dòrainn no an dà chuid. Carson a chuireadh tu lìomh air àm prìseil nad eachdraidh le rudeigin eile? Tha a bhith a' tadhal air eachdraidh beatha duine eile caran annasach. Tha a bhith a' togail dhealbh le camara comasach air ar toirt air ais tro thìm ann an dòigh air leth èifeachdach a bheir buaidh ort.

The idea of visiting the past with portraits and stories can be a risky strategy. For some, childhood memories can be unsettling; who wants to replace the present with the past? Sometimes the passage of time is painful, and there is nothing to gain by seeing how things have progressed. Whether metaphorical allusion or reality, journeys back to the landscapes of our past can spell disaster, disappointment, or both. Why superimpose your memory of a treasured time with something else? Visiting someone else's past is a strange thing to do. Photography has the emotive ability to bring us right back.

Bha ùidh agam ann an *graffiti* agus dealbhan dhaoine còmhla. B' e bràithrean a bh' ann an athair Pheigi, agus m' athair-sa. Thogadh sinn anns an aon bhaile le na h-aon daoine timcheall oirnn.

Thug mi dhaibh canastair steallaidh le peant dubh. Bha mi airson gun cuireadh iad na *signatures* aca fhèin ris an dealbh. 'S e dà chat a chuir iad air a' chanabhas: *A Handra* agus *Bessag on the block*.

I was interested in the combination of portraiture and graffiti. Peggy's father, and my father were brothers. We were brought up in the same village, surrounded by the same people.

I gave Peggy and Sandra a can of black aerosol spray paint. I wanted them to put their own 'signatures' within the picture. They put two cats onto the canvas: *A Handra* and *Bessag on the block*.

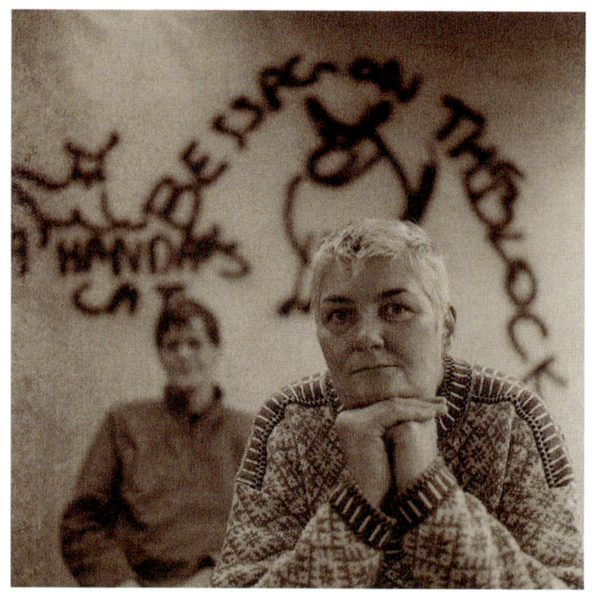

Peigi agus 'a Shandra'
Peggy and Sandra

An Acha Mòr / Achmore, 2014

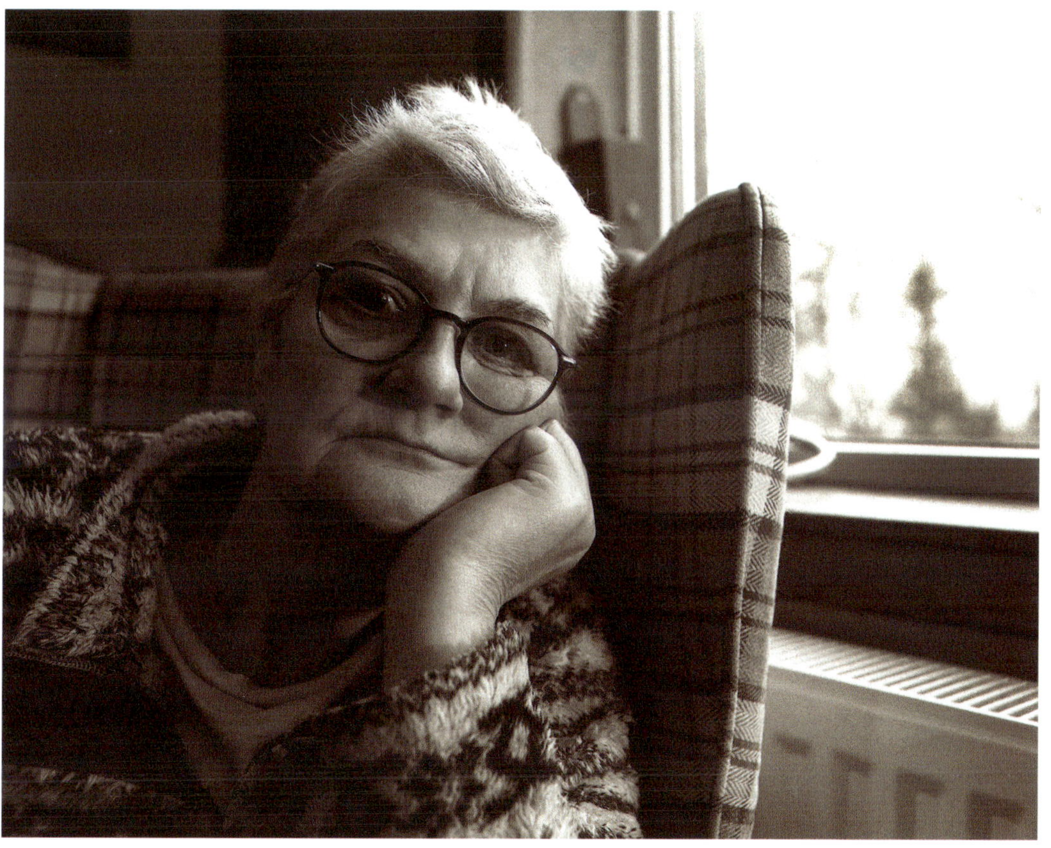

Peigi, a-nis leatha fhein
Peggy, now on her own

An Acha Mòr / Achmore, 2024

Cathy aig a' Chreag Bhàn
Cathy at the Creag Bhàn

An Acha Mòr / Achmore, 2022

A' Chreag Bhàn – creag mhòr gheal far am biodh òigridh a' bhaile a' cruinneachadh. Àite caran falaichte. Ann an sealladh nan taighean, ach aig àm far an robh do bheatha cha mhòr gu tur air a' bhlàr a-muigh, b' e dorchadas an aon ruaig dhachaigh. 'S e cuimhne Cathy a bhith a' toinneamh sràbhan luachair agus a' cruthachadh seòrsa de chrùn. A' fuireach ann an taigh sinc mu cheud slat air falbh. B' ann gu math fad air ais a bha cùisean: bùrn bho seann tanc, taigh-bheag a-muigh, dealan agus teas bho shiostam robach. Geamhraidhean fada, fuar ri taobh Eaglais Saor Chlèireach a bha a màthair, à Birmingham, pàighte airson a chumail glan.

Cha robh Cathy air tadhal air a' Chreag Bhàn o chionn còrr is dà fhichead bliadhna. Dhùisg e cuimhneachain air an tàladh a bh' aice na h-òige gu sgeulachdan shìthichean. Na deugaire chaidh Cathy an aghaidh an t-sruth, beò tro cheòl is dòigh-beatha *punk*.

Nuair a chaidh an dealbh seo a thogail bha Cathy a' feitheamh ri dubhag bhon nighean aice, Hazel.

A' Chreag Bhàn - a large white rockface where the youth of the village gathered. A slightly covert spot. Within sight of the houses, though at a time when nearly all your existence was out of doors; darkness was the only call home. Cathy's memories are of pleating lengths of bulrushes into a makeshift crown. She lived in a corrugated tin shed house some one hundred yards away. The memories are not of modernity. An old water tank, an outside toilet, dodgy mains, electric bar heaters. Long, cold winters next door to the Free Presbyterian church that her mother, originally from Birmingham, was paid to keep clean.

Cathy had not visited this place in over forty years. It reminded her of her childhood fascination with fairy stories. In her teens she rebelled with a lifestyle immersed in punk music.

At the time of taking this portrait, she awaited a kidney donation from her daughter, Hazel.

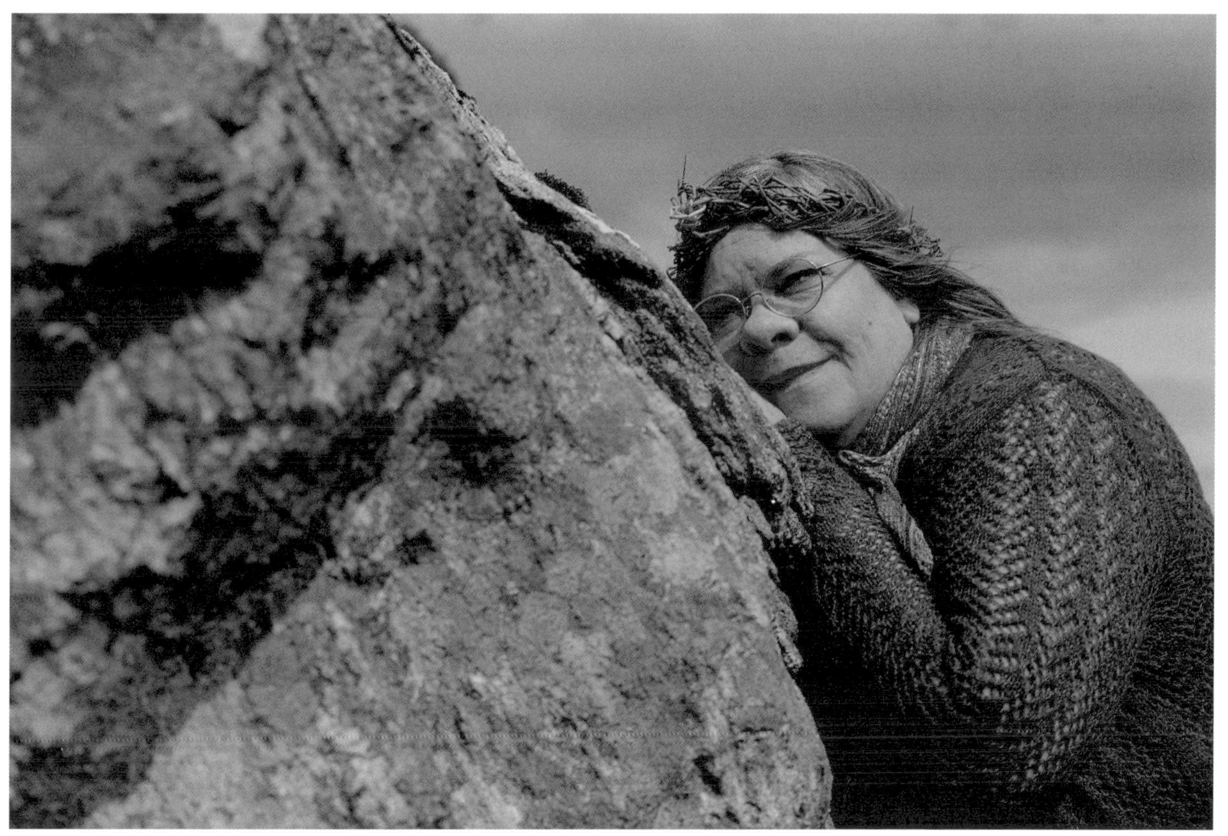

B' ann às na Hearadh a bha Iain Macleòid bho thùs 's ged a bha eagal aig daoine roimhe, bha urram aca dha. Bha e air ruighinn aois 92 nuair a chaidh an dealbh seo a thogail. Bha ginealach de chloinn ga fhaicinn mar fhear aig an robh làn chumhachd agus ùghdarras ann an cùisean a' bhaile. Mar as sine a dh'fhàsas tu, tha mar a tha 'cumhachd' air a dhleasadh ag atharrachadh. Nuair a bhathas a' togail na deilbh seo, 's e an camara a-mhàin inneal an ùghdarrais. Chan eil mallachd nèamhaidh, guidhe, riaghailtean mu bhith caitheamh na Sàbaid ann. Chan eil fuaim, feadaireachd, seinn, ceòl no togail do ghuth ann. Chan eil no fiù's geama neoichiontach chairtean. Dìreach am fear-dhealbh 's an cuspair a' seanchas anns a' Ghàidhlig. Sealladh a-steach do dh' àm 's do shaoghal eile. Tha urram agam do dhaoine aig a bheil creideamh làidir.

Bha mi air mo chuairteachadh le creideamh nam òige. Tomhas làidir, chràbhach dheth. Bho m' òige, bha mi a' gabhail aire dheth os ìosal, 's dòcha bho àite san robh e comasach do dhòighean smaoineachaidh mu chruthachadh lèirsinneach freumh a ghabhail. Cha do dh'fhàs mi fiadhaich no searbh mu dheidhinn oir bha e a' cuideachadh buill dhan teaghlach aig amannan air an robh iad a' cur feum air a leithid. Ged a bha mi mothachail air an fhìor chumhachd a bh' aig buidhnean-stèidhichte air an dòigh san deach ar togail, tha e na chùis eagail ga choimhead bho shealladh ginealach no dhà air adhart. Nam bheachd-sa, bha fada cus cumhachd aig, agus ro bheag air iarraidh air, an eaglais 's an sgoil.

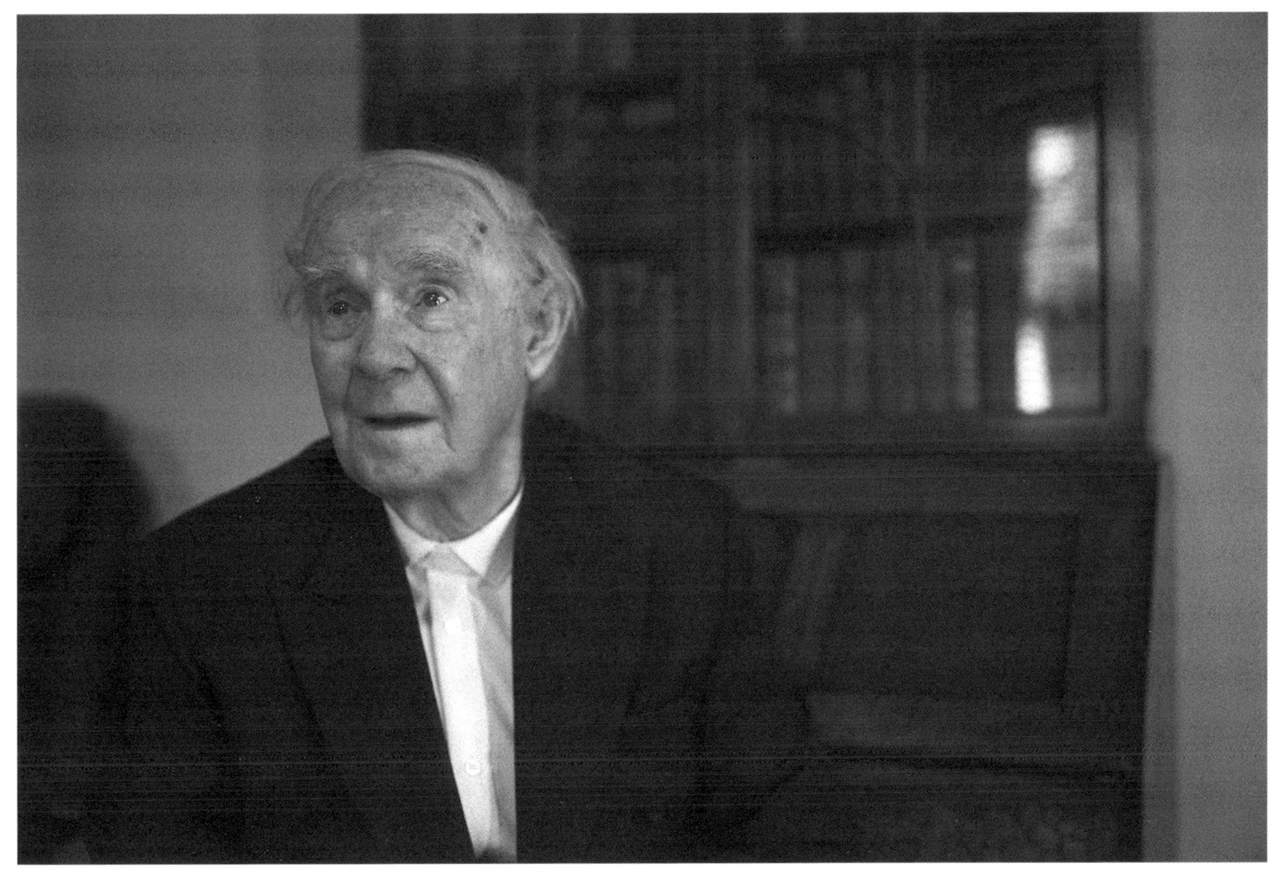

An t-Urramach Iain Macleòid
Reverend John Macleod

Obar Dheathain / *Aberdeen, 2022*

Rolo - mac Alasdair Dhòmhnaill a' Chaiptein/Alasdair bodhar
Rolo – son of Alasdair, the son of Donald the Captain/deaf Alasdair

Beinn a' Bhuna, 2023

Cha mhòr gu bheil latha anns a' bhliadhna far nach eil mi a' draibheadh air rathad Beinn a' Bhuna, no mar a bhiodh againn air, 'an rathad àrd'. Tha e fhathast na fhìor annas dhomh gun robh, nam òige, sluagh às an Rubha, agus corra dhuine à Steòrnabhagh, a' leantainn an aona rathad gach samhradh airson 's dòcha suas gu sia seachdainean a-muigh air mòinteach 'a' phrairie', a' toirt faochadh dhan talamh croit mu na bailtean.

Mar a thuirt Rolo fhèin: "Bha sinne air beinn Ghrìdeag, agus abhainn Ghrìde. Bha na ceudan de dhaoine a-muigh ann an sin: *Hut a' Chow, Àirigh Far Away, na Bòchain, Brugan, Ìasdaidh, Chicco's, Calum Cuagach, na Kings, an Fry Pan, Kenny Squeggy*, is mar sin air adhart. Chuir sinn pìos ris an àirigh airson bò air feiste, còmhdaichte le pocannan *hessian* agus teàrr.

Ri taobh *Hut a' Chow* bhiodh sinn a' cluiche le seann motor-baidhsagal, *Douglas Fly 350*. A h-uile teans gu bheil e ann fhathast. Aig 16 bliadhna a dh' aois bhithinn a' fàgail Rathad Shìophoirt air auto-baidhsagal a

There is hardly a day of the year that I do not drive on the Beinn a' Bhuna road, or as we called it, 'the high road'. It still intrigues me that, growing up, there was a large community from Point in Lewis, and a small number from Stornoway, who followed the same road to take up summer residency – up to six weeks on the moor 'prairie', giving the villages' croft land a rest.

In Rolo's own words: "We were on both Beinn Ghrideag, and the Creed River. Between adults and children, there were probably a hundred people out there: Hut a' Chow, Shieling Far Away, The Bochans, Brugan, Iasdaidh, Chicco's, Calum Cuagach, The Kings, the Fry Pan, Kenny Squeggy, and so on. We put an extension on our shieling for a tethered cow. It was coated in hessian sacks and bitumen.

We played with an old motorbike beside Hut a' Chow, a Douglas Fly 350. There is every chance it is still there. At 16 I would leave Seaforth Road in Stornoway on my

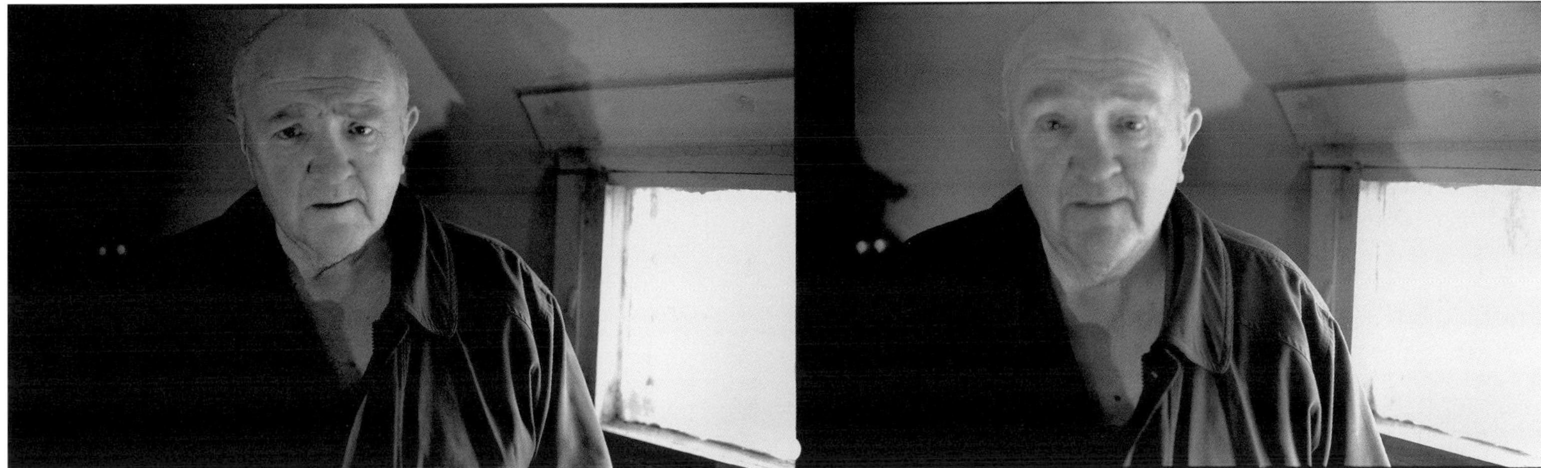

bh' aig m' athair, le bucas *cardboard* agam air an toiseach a' cumail einnsean air falach bho na poilis agus an *carry-out* bho mo phàrantan.

Bha ceithir rumannan againn. Am broinn na h-àirigh bha rùm agam dhomh fhèin, rùm dha Antaidh Peigi, agus rùm eile dha m' athair 's mo mhàthair, Alasdair agus Angusina. A thaobh decor, bha pìosan bolt a bha air chòrr bhon taigh ann an Steòrnabhagh, air a chur le glaodh de fhlùr is bùrn – chrochadh sin thu fhèin ris a' bhalla! Reic m' athair an àirigh againne ri Nora Nazir.

Bha sgaradh eaglaise fiù's air a' mhòintich, le reubalaich dìleas dha na Royals is na Congos. Nuair a thòisicheadh iad a' gabhail an leabhar bha mise a' feuchainn chun na h-uinneige."

father's auto-cycle. A cardboard box covered the front end, hiding an engine from the police, and a carry-out from my parents.

We had four rooms. Inside the shieling I had my own room, another for Aunty Peggy, and another for my mother and father, Alasdair and Angusina. As regards decor, there were lengths of wallpaper surplus from the Stornoway house, applied with flour and water paste that could attach yourself to the wall! My father sold our shieling to Nora Nazir.

There were even church divisions on the moor, with rebels loyal to both the Royals, and the Congos. As soon as the Bible reading began, I made a beeline for the window."

Anne 'Boink' NicLeòid

Anne 'Boink' Macleod

Bruach Màiri / Marybank, 2024

Tha an aon cheangal againn ri Ciorabhaig, Càrlabhagh, tro ar seann phàrantan. Chan eil sgeulachd Anne idir furasta. Turas meidigeach a thòisich air 28 an Dàmhair, 1978, anns an Ospadal Nàiseanta Cridheachan ann an Lunnainn. Chaidh i fo obair-lannsa le na lighichean cridhe as aithnichte san t-saoghal. Air an dearbh deit anns an Dàmhair 2011, dh'fhuiling i *acoustic nurom, 8th cranial nerve, trans labyrinth excursion*. Agus an dearbhadh mu dheireadh ann an 2018 le Parkinson's.

We share the same Kirivick, Carloway grandparents. Anne's story is not for the faint hearted. A medical journey that began on 28 October, 1978, in the National Heart Hospital, London, engaging the skills of the world's top surgeons for open heart surgery. And on the exact same date in October 2011 suffering an acoustic nurom, 8th cranial nerve, trans labyrinth excursion. Finally, in 2018 being diagnosed with Parkinson's.

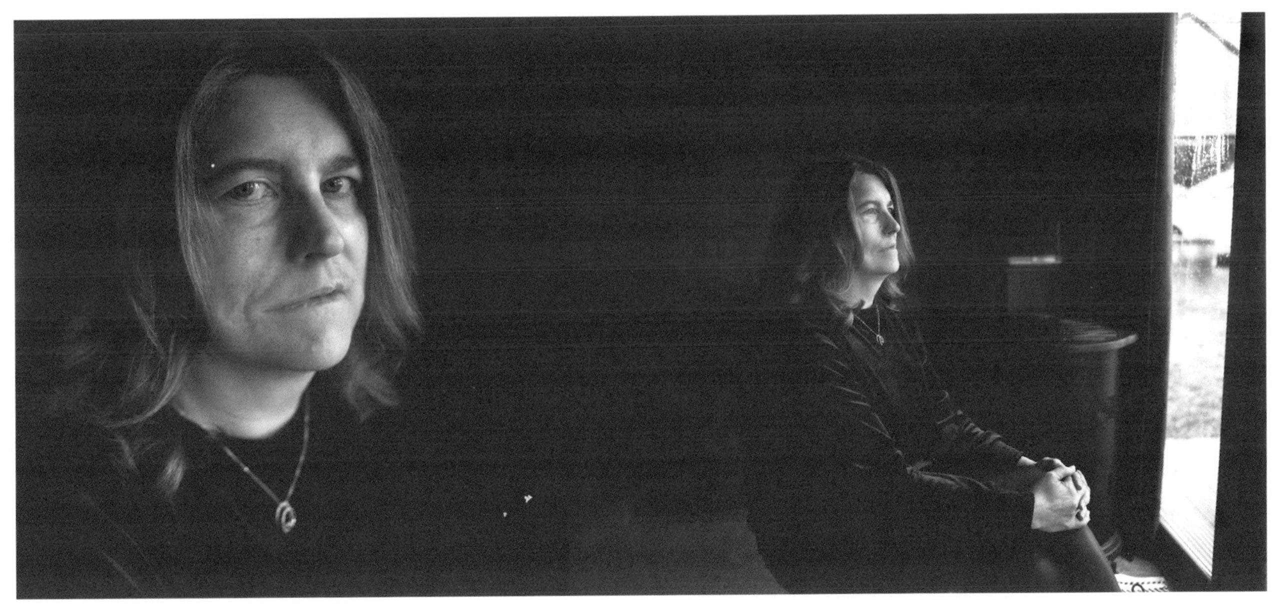

Cailean 'an Èisg'
Colin Fish

Steòrnabhagh / Stornoway, 2020

Le far-ainm mar Cailean 'an Èisg', chan fheum thu mòran ùine airson obrachadh a-mach dè an obair a bh' aige. Bhiodh e a' dol tro na bailtean againn le bhan an èisg. Mar iomadh duine ga leithid a' dol bho dhoras gu doras, cha robh mòran a' dol air nach robh fios aige. Às dèidh dhomh tilleadh airson ùine ghoirid à Sgoil Ealain Ghlaschu bhithinn a' tighinn dhachaigh a chruthachadh obair ùr dha gailearaidhean thall sa bhos. Bhithinn an-còmhnaidh a' cur ann an cuimhne Chailein a shùil a chumail a-mach airson rud sam bith annasach a thigeadh gu cala ann an lìon nam bàtaichean iasgaich. 'S iomadh prèasant a thug e dhomh. 'S iomadh poca sleamhainn a dh'fhàg e.

With a nickname like 'Colin Fish', you don't need much time to figure out what his job was. Many of our villages were on his mobile fish-van route. Like many others travelling door to door there wasn't much that he didn't know about. After returning home for a short period from Glasgow School of Art, I would be working on some new work for various galleries. I would always make contact with Colin, asking him to keep an eye out for anything out of the ordinary being landed at the quayside by the fishing boats. Many a slippery bag he delivered.

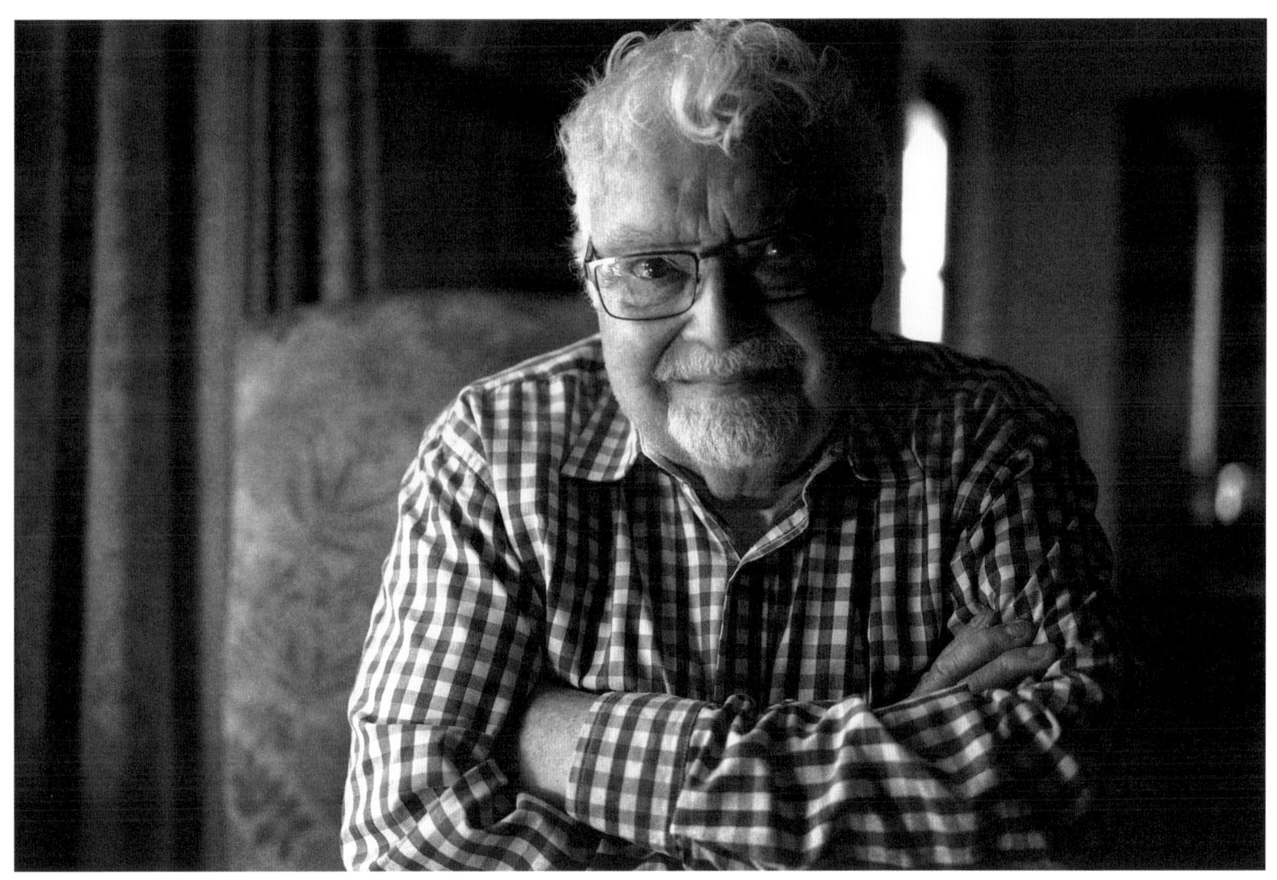

Nuair a bhios mi a' togail dhealbh, chan eil mi a' strì airson dealbh a bhith 'gun smal', no mar a bhios dealbhadairean-camara an latha an-diugh a' feuchainn ri dealbhan digiteach a dhèanamh nas fheàrr na tha an ìomhaigh fhèin. Tha mi dhan bheachd gur e a th' ann an creuchdan beaga ach fìor neart.

Tha mi fhathast ag obair le film *analogue*, meadhan a tha a' freagairt air na dealbhan dhaoine a tha mi a' cruthachadh. Chan e coigrich no daoine air nach eil eòlas agam a th' ann an duine de na thagh mi airson dealbhan a thogail. 'S mathaid gun tòisich na còmhraidhean bliadhnaichean mus tèid dealbh a tharraing. Chan eil càil air thuaiream mun dòigh obrach – 's aithne dhomh na daoine a tha mi airson an dealbh a thogail. Tha e fada, fada nas dlighe dealbh a thogail den fheadhainn ris a bheil ceanglaichean eachdraidheil no teaghlaich agad. Tha na dealbhan crìochnaichte a' dearbhadh gu bheil earbsa aig teis meadhan mo chuid obrach chruthachail.

In my photographic execution I am not hugely driven by image 'perfection', or a constant modern striving for the digital image to be even better than reality. I regard minor imperfection as an absolute strength.

I still work in analogue film, a medium that suits the portraits I wish to create. The initial conversation can sometimes be years in advance of a sitting. There is nothing random about my approach; I know the people whom I want to photograph. It is infinitely more challenging to photograph those with whom you have those historic personal, or family ties. The finished pictures illustrate trust being at the core of my creativity.

Màiri NicGillÌosa, neach-ealain
Mairi Gillies, artist

Ùig, 2022

Tha na tha air cùl dealbh Mhàiri gu math cudromach: cairt-bathar rèile, air eilean anns nach eil rèilichean-iarainn idir. Thar mòran bhliadhnaichean, bha mi air a bhith a' cumail sùil air a' chòmhdach-uachdrach iarainn agus fiodha a' breothadh – 's thug a bhith a' cuideachadh a' BhBC le bhith a' dèanamh prògram aithriseach mu thasglann dhealbh an Dotair Iain Hay cothrom sònraichte dhomh an co-theacsa dùthchail a chleachdadh. Seach gu bheil Màiri a-nise a' gabhail a' chothroim a bhith na tùsanach Ùigeach, bha mi den bheachd gun robh co-ionnanachd nan ìomhaighean agus an t-àm sònraichte freagarrach.

The backdrop to Mairi's portrait is of great significance: an industrial railway transportation carriage, in an island where there are no railways. I had spent many years observing the surface of iron and timber in various states of decay. Assisting the BBC with the making of a documentary on the story of Dr John Hay's photographic collection gave me the perfect opportunity to use the rustic backdrop. Mairi was now embracing being an indigenous Uig resident. I thought the symmetry and timing were perfect.

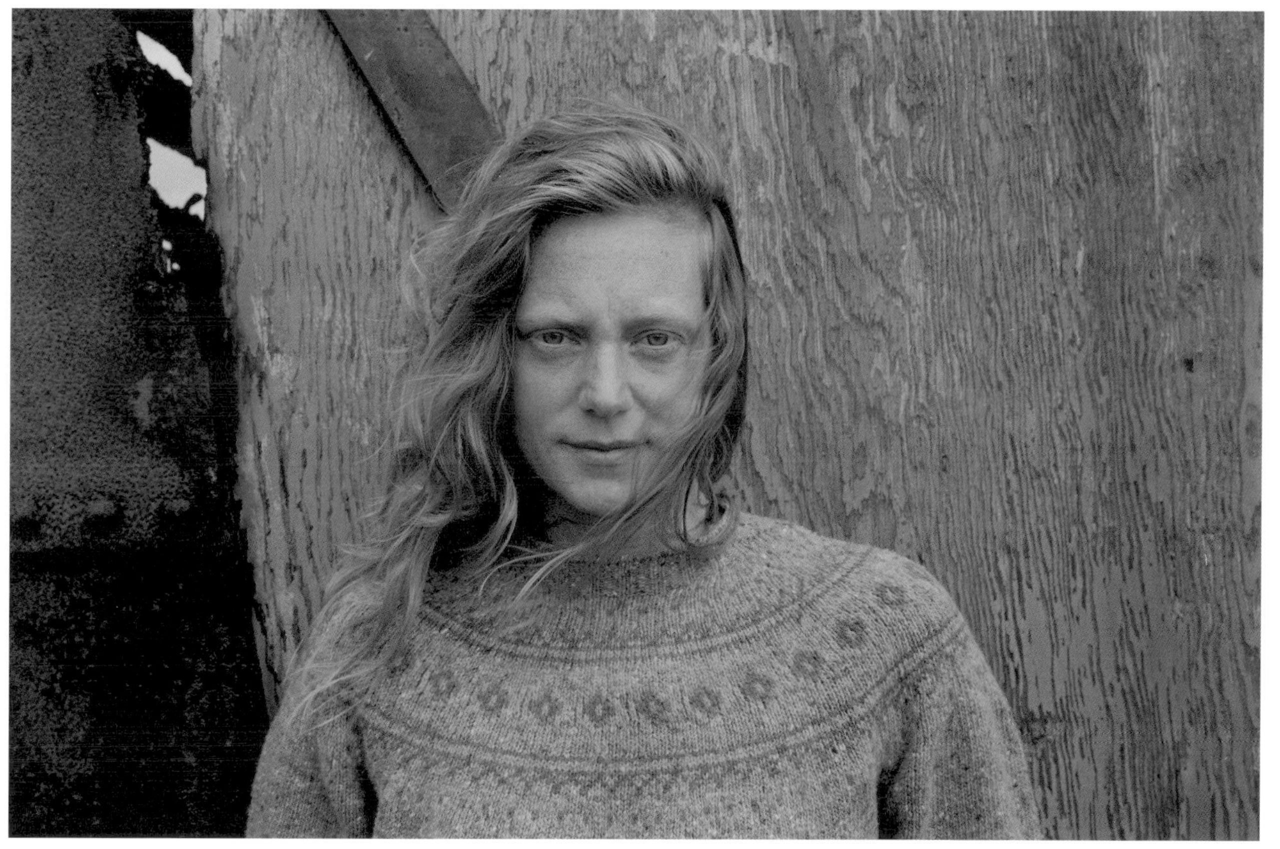

Iulia Chystiakova
Julia Chystiakova

Mangurstadh, Ùig / *Mangersta, Uig, 2022*

Bha Iulia agus a nighean Sonia air feadhainn de na chiad fhògarraich a thàinig às a' Ùcràin gu Eilean Leòdhais. Bha i a' teagaisg Beurla sa bhaile dham buin i, Odessa. Bha mise mothachail air far an robh bucas a' fòn 's bucas nan litrichean ann am Mangurstadh. Cha robh mi airson *cliché* a thaobh conaltraidh ri dachaigh mòran mhìltean mìle air falbh a sparradh oirre, ach bha i air a beò ghlacadh leis an ìomhaigh; gu sìmplidh, bha i a-riamh a' faicinn gun robh bucais litrichean dearga agus bucas fòn a' riochdachadh Bhreatainn. Bha e do-chreidsinneach agus èibhinn dhi gum biodh iad rin lorg ann am baile beag anns na h-Eileanan Siar.

Julia and her daughter Sonia were among the first refugees to come from Ukraine to the Isle of Lewis. In her home town of Odessa, she was an English teacher. I was aware of the location of both the post box, and phone box in Mangersta. I did not wish to push too hard the *cliché* of communicating with her home many thousands of miles away, but she loved the idea, simply because they always thought of the red post box and phone box as the most truly British of icons. She found it both unbelievable and funny that they could be located in a small Hebridean island village.

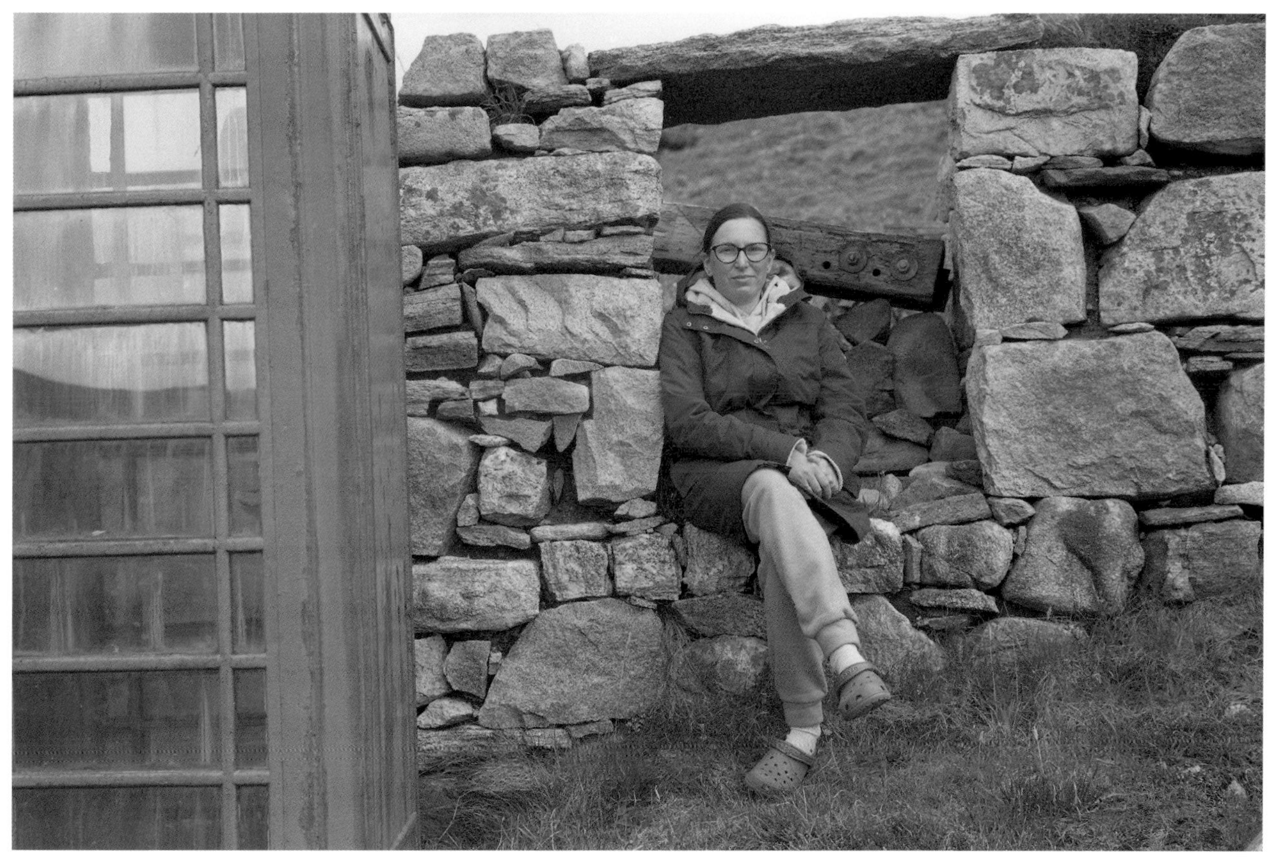

An Dotair Alasdair 'Sage' Macleòid, Ollamh na mòna
Dr Alasdair 'Sage' Macleod, Professor of peat

An Rubha / Point, 2024

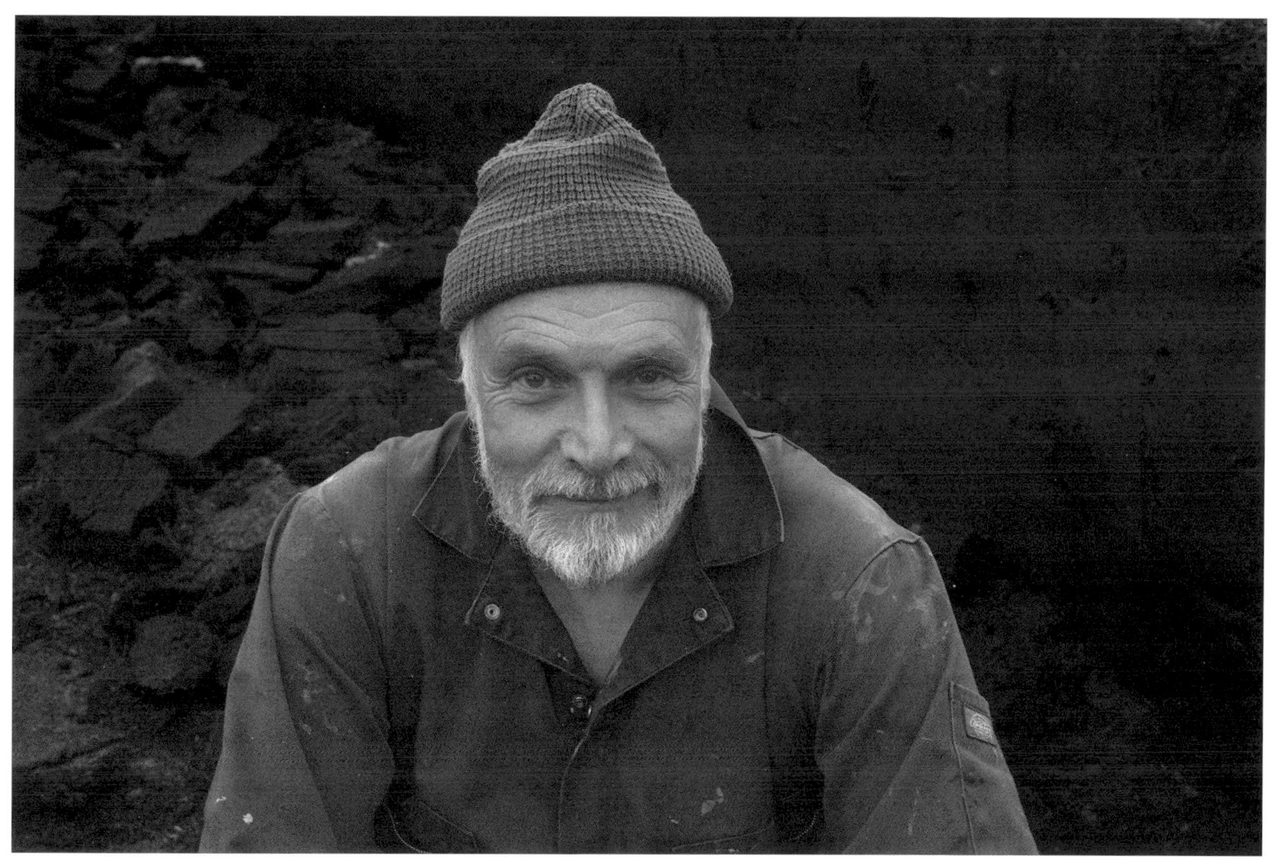

Na Cìobairean Mara

Le dealbhan dhaoine bha mi gam phutadh fhèin gu sreath dhealbhan, no cuspair fa-leth, dìreach air sgàth 's gu robh mi a' faighinn uimhir de thoileachais a-mach à camara le sreath dhealbhan a tha a' ceangal ri sgeulachdan na b' fhaide.

Cha mharaiche mi; 's e fìrinn na cùis nach eil tòrr eòlas agam air a' mhuir. Bidh tòrr fanaid san eilean mu mharaichean an Acha Mhòir. Ach bha sgeulachd nan cìobairean seo a' còrdadh rium gu mòr. Mar iomadh dualchas iomallach, bha mi air mo tharraing chun a' bhuidheann a bha a' cleachdadh eileanan beaga son biadhadh nan caorach aig diofar amannan den bhliadhna. Chaidh fiathachadh a thoirt dhomh a dhol air bòrd, an dà chuid nam chìobair, agus nam dhealbhadair camara. 'S ann air tìr as fheàrr leam a bhith, ach tha mi cuideachd a' lorg turas-dàna. Tha an dealbh le sgeulachd fhèin; ruma, sgadan saillte, radain Spàinnteach, muir garbh, coin a' sgiamhail tron oidhche. Cò a dh'iarradh na b' fheàrr?

The Sea Shepherds

Within portraits I pushed myself to work on series, or specific themes, primarily for the simple joy of photography in relation to longer group stories.

I am not a fan of the sea; I simply don't know it. There is the old local joke of the landlocked, Achmore seafarers. But I very much liked this shepherd's story. Like many rural traditions, the attraction of using small islands as seasonal sheep pasture drew my attention. I was invited on board as a healthy mix of shepherd and photographer. I am in all aspects of life a land-lover, but my search for adventure is also present. Rum, salt herring, Spanish rats, rough crossings and yelping dogs. It couldn't get any better.

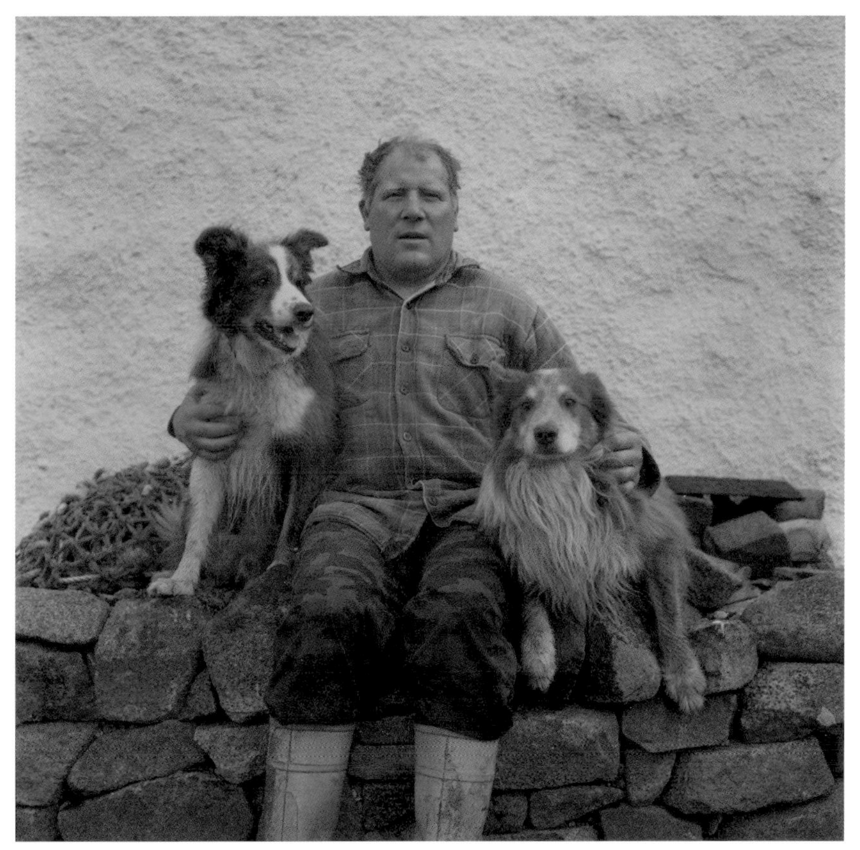

'Nona' Mac a' Ghobhainn
'Nona' Smith

Na h-Eileanan Mòra / The Shiant Islands, 2011

Fear eile bhon Acha Mhòr. Bha 'Nona' an ìre mhath làn-ùine na chìobair, ag èigheachd a' chuid stiùiridh, 's ag innse sgeulachdan aig faingean fad is farsaing tro Leòdhas agus na Hearadh.

Another resident of Achmore village, Nona was near enough a full-time shepherd, shouting instructions and telling good yarns at fanks the length and breadth of Lewis and Harris.

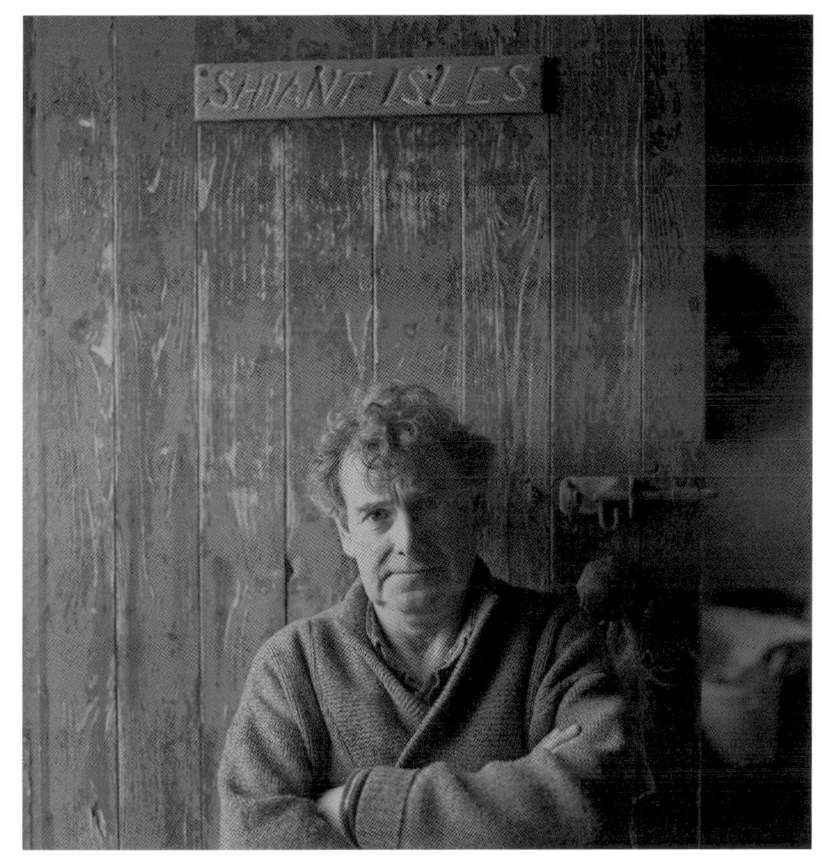
SHIANT ISLES

Aonghas agus Iain
Angus and Iain

Scaladal / *Scaladale, 2011*

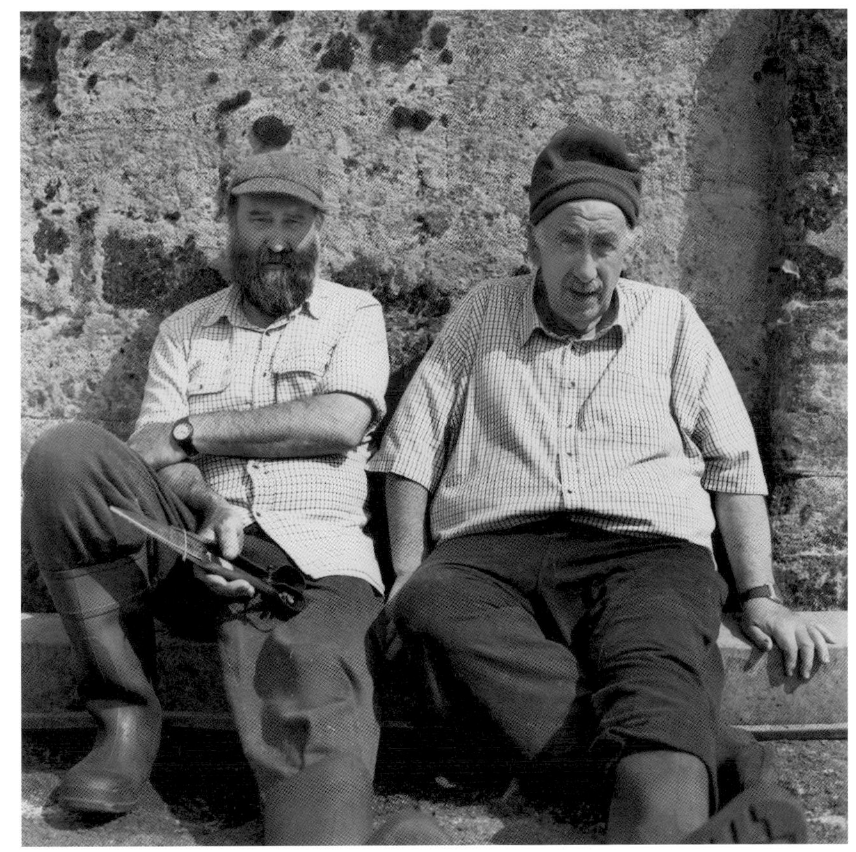

Coinneach 'Guy' Caimbeul
Kenny 'Guy' Campbell

Pabaidh / *Pabbay, 2011*

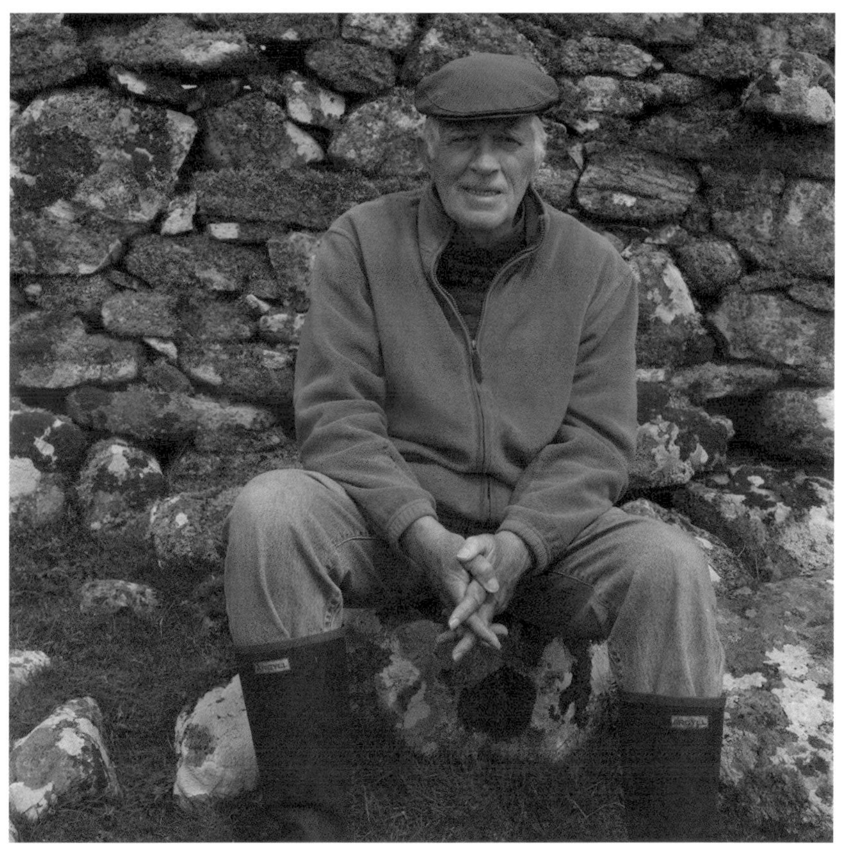

Sandy Granville, Tolastadh a' Chaolais

Bho Chìobairean Mara *- air a tharraing a-rithist, 2024*
From Sea Shepherds *– reshoot, 2024*

Leig Sandy dheth a dhreuchd tràth, às dèidh ùine ag obair na fhear-lagha ann an Lunnainn. B' ann à taobh siar an eilein a bha a mhàthair, ach thogadh esan ann an Sussex. Thàinig e a-steach do dh'obair chroitearachd cho nàdarra sa ghabhadh, agus ma bha beagan cunnart na lùib, bha sin na b' fheàrr buileach.

Sandy retired early following a career as a high court defence lawyer in London. His mother belonged to the west side of the island, though Sandy was brought up in Sussex. He became a natural for all crofting ventures, especially ones laced with jeopardy.

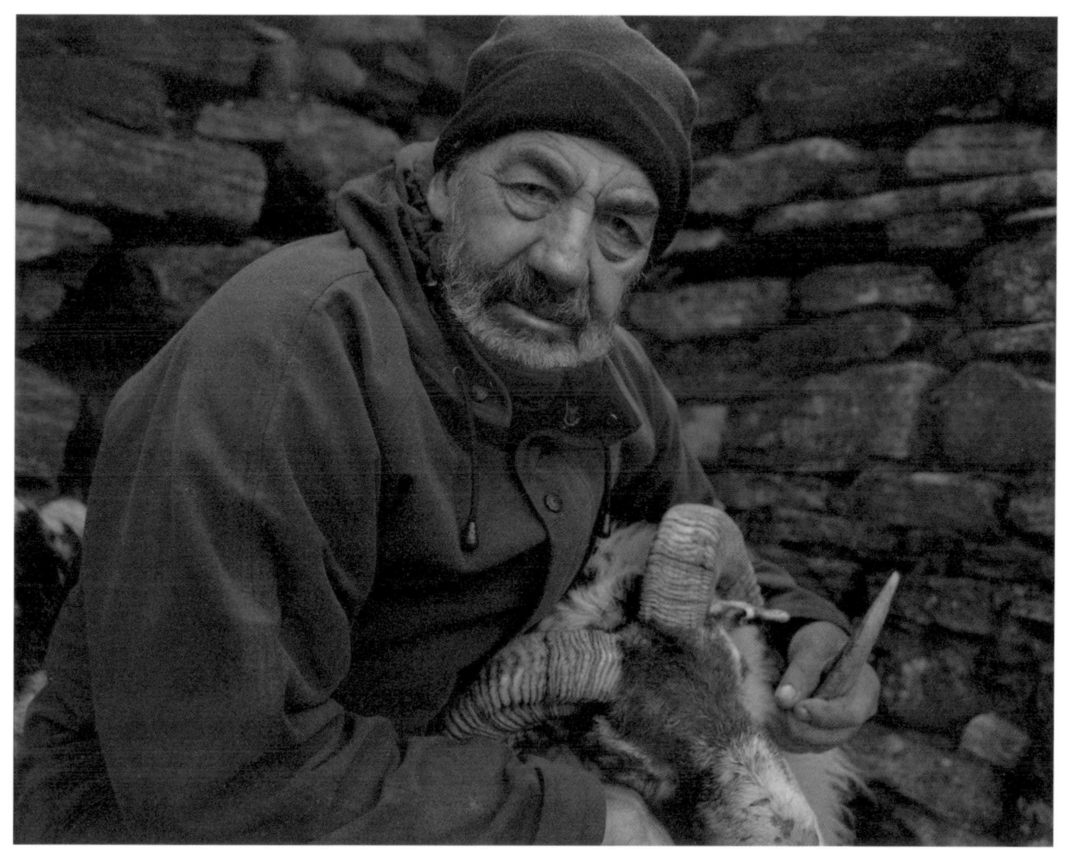

Seumas 'shearer'

An Acha Mòr / *Achmore, 2022*

A' chiad turas a thàinig Seumas bho Lochwinnoch a Leòdhas anns na h-ochdadan, b' ann air *moped* Honda C50. Trì latha air a shocair suas a' chost an iar. Bha càirdean aige ann an seo, agus miann aige Gàidhlig ionnsachadh. Beagan mhionaidean mus do thog mi an dealbh seo, thuit e gu chùl bho stòl beag corrach, 's cha mhòr nach deach e air chall am measg na clòimhe. Gu mì-fhortanach, cha robh càball *shutter* an t-seann chamara buileach deiseil.

Seumas' first trip to Lewis from Lochwinnoch took place in the late 1980s on a Honda C50 moped, ambling up the west coast for three days. He had relatives on the island and a desire to learn Gaelic. Minutes before taking this picture he rolled backwards off a shoogly stool and disappeared into a pile of fleeces. Sadly, my old-fashioned shutter release cable wasn't attached in time.

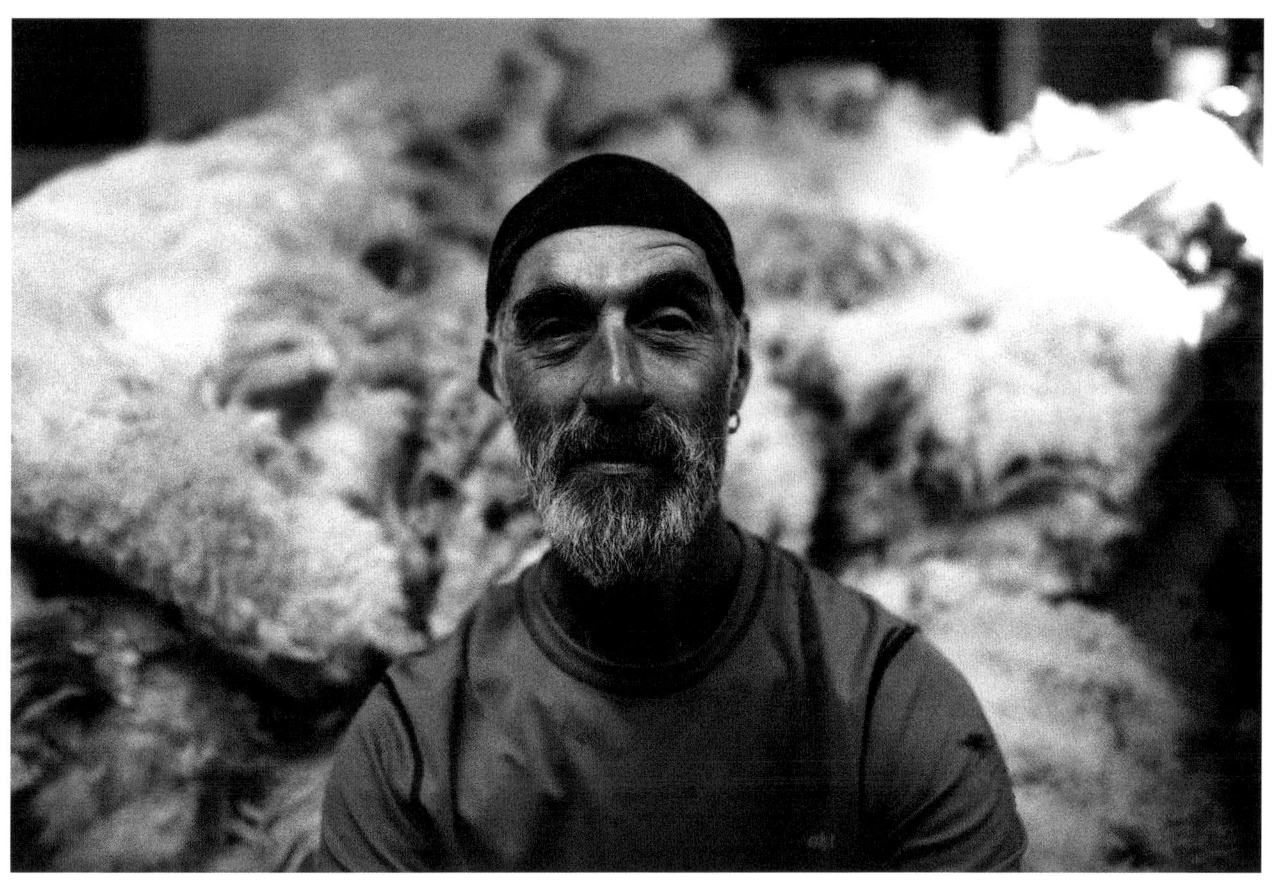

Dealbhan camara – diofar dhòighean agus diofar innealan

'S tric a bhios a' cheist air a cur orm, "Dè an seòrsa camara no lionsa a chleachd thu?" Chan eil am freagairt sìmplidh, no dìreach. 'S e fìrinn na cùise gu bheil mise a' dèanamh mo dhìcheall gun a dhol air chall anns an taghadh farsaing de chamarathan iongantach le teicneolas ùr sònraichte.

Thar nam bliadhnaichean tha mi air iomadh seòrsa, ainm, agus meud a chleachdadh, bho Polaroid mòr, gu camara le toll-prìne as aonais lionsa. Chun an latha an-diugh 's fheàrr leam fhathast a bhith ag obair le camara neo-digiteach, *analogue*. An-dràsta fhèin tha mi ag obair a-mhàin ann am meud-meadhanach, le film dubh is geal agus a' leantainn pròiseas obair-làimhe. Ach 's dòcha a-mhàin le film Polaroid, chan eil mi uair sam bith a' faicinn an dealbh nuair a thèid a thogail. Tha a' mhì-chinnt a' còrdadh rium; chan fheum fios a bhith agad anns a' bhad.

Photography practice and camera selection

I often get asked 'what camera or lens did you use?' It is never a straightforward or direct reply. Truth be told, I try not to get too lost in the vast selection of amazing cameras and fabulous modern technology.

Over the years I have used many different types, brands and formats, from large format Polaroid to specialist pinhole cameras that have no lens. My creative choice is still non-digital, analogue. Currently I work exclusively in medium format, hand processed black and white film. Other than with Polaroid, I never see results when I take them. I still love the uncertainty; you don't need to know instantly.

Tha cuimhne agam a' chiad camara ceart a cheannaich mi – Rolleiflex 6x6 2.8E, agus bho chionn 's dòcha deich bliadhna an Rolleiflex 6000. Cuideachd, Bronica ETRSi, Wista Field 5x4, Sinar 5x4, Linhof 5x4, Mamiya Press agus iomadh seòrsa eile.

'S iad na trì camarathan a th' agam anns a' bhaga aig an àm seo fhèin - Mamiya RZ 67, Fujica GW 690 rangefinder (Texas Leica), agus an Zero Image 69 deluxe *pinhole* camara fiodh. Fìor *time-capsule.*

I remember very clearly the first proper camera I bought, a Rolleiflex 6x6 2.8 E. And perhaps ten years ago a Rolleiflex 6000. Also, Bronica ETRSi, Wistafield 5x4, Sinar 5x4, Linhof 5x4, Mamiya press, and many others.

The three cameras I have in my bag at this current time are: Mamiya RZ 67, Fujica GW 690 rangefinder (Texas Leica), and a Zero Image 69 deluxe wooden pinhole camera. A real time-capsule.

Cardiff, 1993

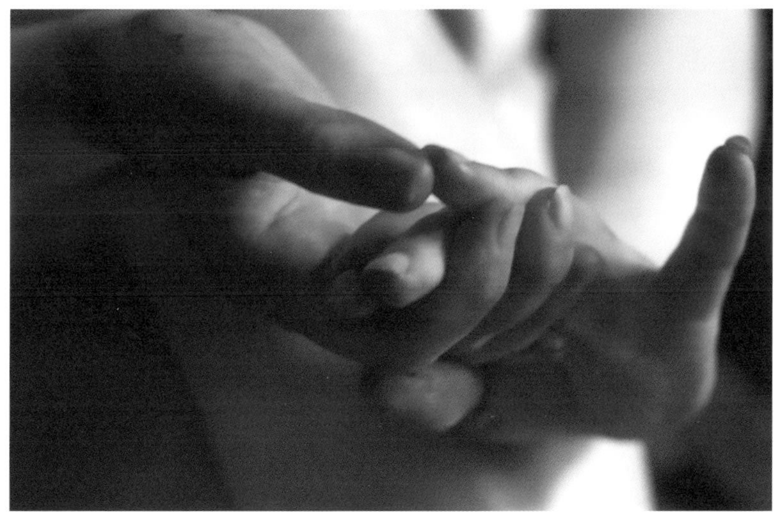 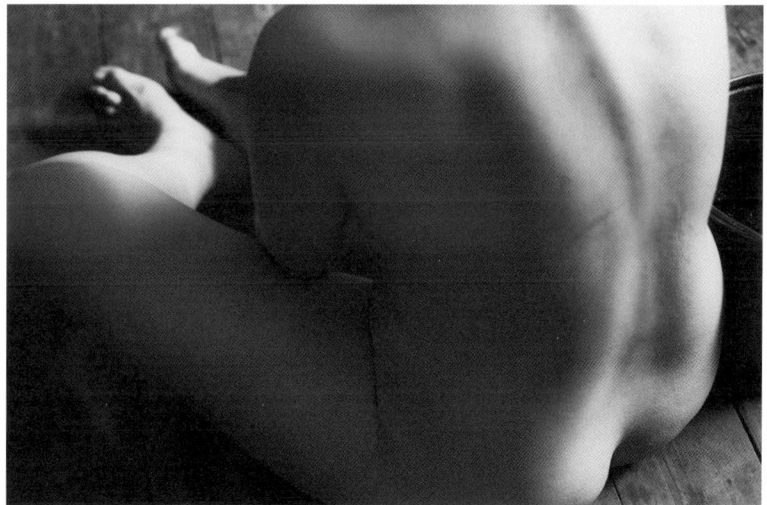

Mòine
Peat

Canabhas air a bhogadh mìos anns an riasg – le bitumen
Canvas soaked a month in the peat – with bitumen, 2016

2300 x 1350

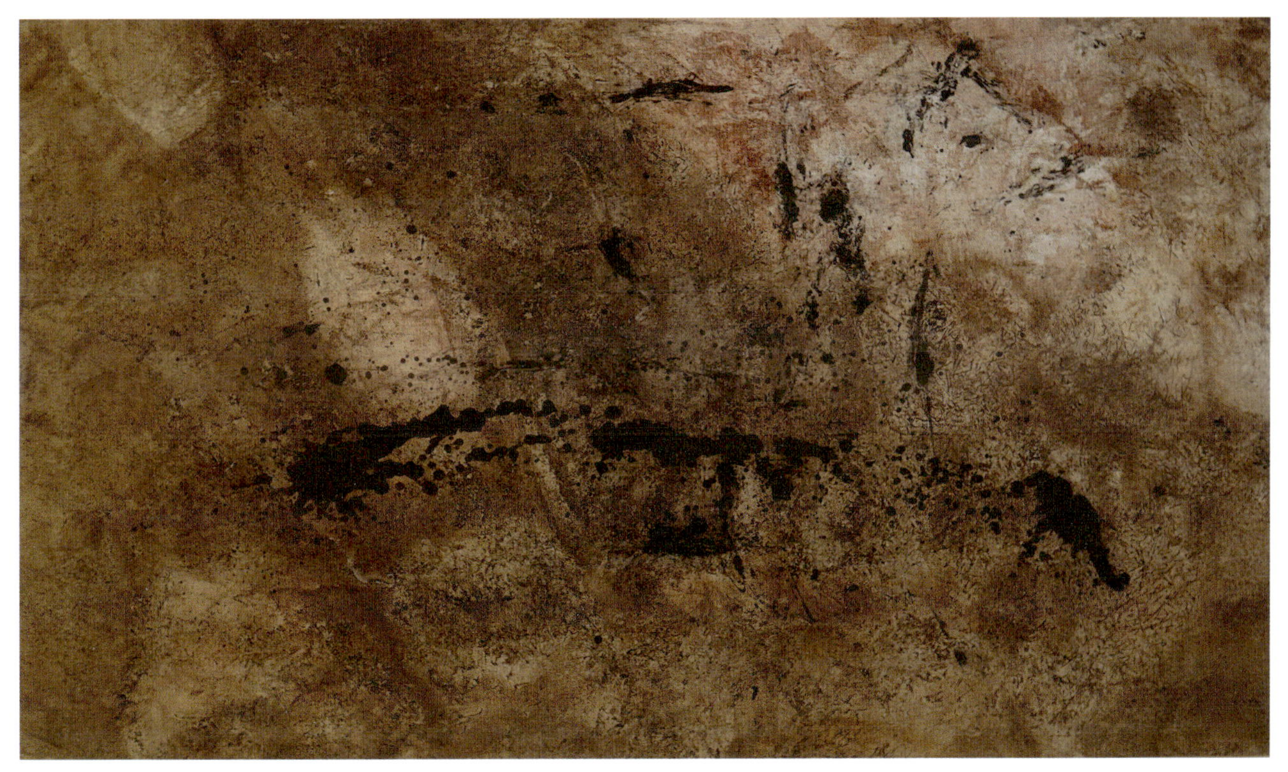

Caibideil 8
Cearcall a' chroit

Chapter 8
The croft cycle

Dhomhsa, nam fhear-ealain, tha mi a' faighinn am blas milis romansach air na seallaidhean Gàidhealach, aig amannan caran neònach. An loidse, daoine spaideil a' sealg fèidh, air neo postairean gleansach a' taisbeanadh bòidhchead agus mòralachd nam fiadh mòra ruadh. Chan e gu bheil mi a' cur teagamh nam bòidhchead, 's iadsan a tha sin, ach tha iad air an cothrom fhaighinn a bhith nam plàigh millteach nach fhacas riamh an leithid ann an Alba. 'S urrainn dha cruth-tìr a bhith làn fòirneart borb. Ag obrachadh na talmhainn, fiù's nas cruaidhe, ach ro thric, tha mi a' faireachdainn gu bheil sinn air ar comas lèirsinn a chall, fiù's a' cluiche le dealbh de na tha fìor. Gu ìre cha mhòr le eagal bhon an fhìrinn fhollaiseach.

Carson a tha Gàidhealtachd agus eileanan na h-Alba air an sgrios le ìomhaighean margaidheachd? A bheil còir againn idir coimhead rinn fhèin tro lionsa nach eil coimearsalta – brat le rudeigin ri reic? Àite àlainn do luchd-turais, uisge-beatha, am bradan, an clò agus an tartan. Gu dearbha, tha àite ann dha leithid na branndaichean *clichéd* seo, ach an ann aig prìs ar fèin-aithne? Tha branndadh Innse Gall air gluasad gu bhith na lèirsinn a tha àbhaisteach – gnè chultarail nach eil buileach fìor. Tha mise a' cruthachadh obair-ealain stèidhichte air fìrinn – le freumhan ann an gnothaichean a tha dha-rìribh a' gabhail àite.

For me, as an artist, I do find the sweetened romantic notions of the typical Highland scene, at times very bizarre. The stately lodge, the upper-class pastime of stalking the hills, or a glossy poster displaying the grandeur of this majestic red deer species. I never question their beauty but what they have been allowed to become is the most destructive beast Scotland has ever known. Landscape can be an extremely violent experience. Working the land is an even more brutal existence, yet often I feel we have somehow lost the ability to observe, depict, or even play with realism, to an extent almost being afraid of stark reality.

Why are the Highlands and islands of Scotland plagued by marketing images? Are we only allowed to view ourselves through a commercial lens, a backdrop of something to sell? The idyllic tourist retreat, the whisky, the salmon, the tweed or tartan. For sure, those branded *clichés* have their place, but should this be at the expense of our identity? Market branding of the Hebrides has been allowed to become the authentic visual norm, a cultural *pastiche* that is not entirely real. I create artistic statements based on reality – an abstract reality rooted within a lived experience.

Cha do smaoinich mise a-riamh gum bithinn a' cleachdadh *rifle* mar inneal glèidhteachais. 'S cha do shaoil mi a bharrachd gum bithinn a' losgadh air a' bheathach eireachdail seo, na fèidh ruaidh. Anns na seachdadan, ag èirigh suas air baile ann an oighreachd Shobhail, bha sealladh air fiadh cho annasach ris a' gheàrr. Bhiodh iad air fàire, a' ruith nam mìltean nan togadh iad fàileadh.

An-diugh, ann an 2024, tha am baile againn, mar iomadh baile eile, na dhachaigh airson na ficheadan de dh'fhèidh bhrùideil. Tha iad gun smachd agus a' dèanamh cron tha do-chreidsinneach. Tha *Monarch mo thòin* a' dèanamh beagan cluiche air an ìomhaigh mhìorbhaileach de ealain na h-Alba, *The Monarch of the Glen* le Edwin Landseer. Tha mi air faclan a thathar tric a' cleachdadh mu na fèidh a cheangal ri na cabair – guidheachan meadhanach ciùin, a tha a' toirt beagan faochadh do chuid.

I never, ever imagined myself wielding a rifle as a conservation tool. Neither did I ever envisage shooting the beautifully majestic red deer. In the 70s, growing up in the village on the Soval Estate, the hill deer were as rare a sighting as the hare; only ever on the far horizon, running miles if they picked up your scent.

Today, in 2024, our village, like too many others, is a permanent home for dozens of marauding deer. They are truly feral and unbelievably destructive. *Monarch my arse* is a play on the brilliant icon of Scottish art, Edwin Landseer's *The Monarch of the Glen*. I have attached the often-heard descriptions used in Gaelic to the antlers – tame swear words, which help vent some people's anger and frustration.

Ceann fèidh le deich guidheachan Gàidhlig, 1
Stag's head with ten Gaelic swear words, 1

An Acha Mòr / *Achmore, 2024*

Monarch mo thòin

Monarch my arse

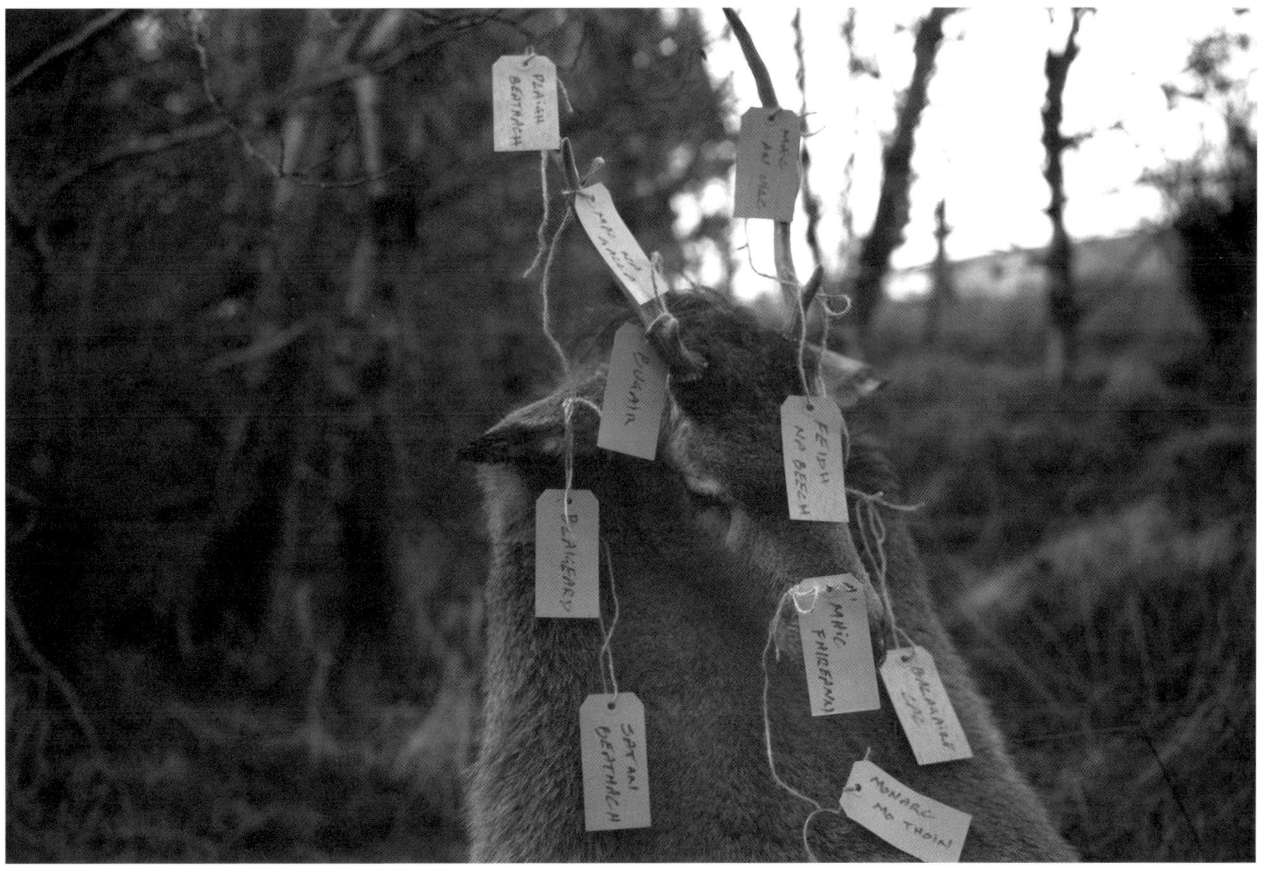

'S fhiach a ràdh, gur e mi fhèin a chuir an coille bheag san dealbh seo. Bha mi cho measail air craobhan òga a thoirt air adhart, dhan a h-uile seòrsa. Thairis air dà fhichead bliadhna tha mi air cur còrr math air dà mhìle craobh. Gu mì-fhortanach, tha a h-uile tè a chaidh dhan talamh thar na 6-8 bliadhna a dh'fhalbh air an sgrios gu tur le na fèidh. An e seo *rewilding*, a' leigeil le nàdar fàs gun smachd? Mas e, tha na h-eileanan againn a' tighinn faisg air galar-sgaoilte.

Tha e an-còmhnaidh iongantach mar a chuireas a' chuibhle car. Tha an sgeulachd tric a' tilleadh gu na nithean a bha ar pàrantan, agus ar sinnsearan, a' meas prìseil. Na bha iad a' creidsinn agus an ceangal a cheart cho làidir ris an talamh air an robh iad nan seasamh.

Aig ìre bunaiteach, bha an càradh ri chèile, na gnothaichean spioradail a bha a' cuairteachadh saoghal mo mhàthair, agus na bha a' gabhail àite mun fhearann chroit agam fhèin aig an dearbh àm seo a' faireachdainn ceart. Bha roghainn cruthachail ri dhèanamh air cùmhnadh, no sgrios. Feumaidh luchd-ealain leigeil le smuaintean cruthachail an gluasad ann an dòigh air choireigin – chan eil bunnachd sam bith tro eagal moralta, no chultarail. Tha comhghar an dà rud nan criomagan nàdarra do dh'àite, agus do dh'àm fa leth. Tha na *still lives* buailteach beagan mì-chofhurtachd a bhrosnachadh. 'S e seo a bha fa-near dhomh.

Incidentally, the trees in the wooded background were all planted by myself. I loved nurturing young trees, of many varieties. Over a 40-year period I estimate I have planted well over two thousand trees. Sadly, all species of trees planted in the last 6-8 years have been totally destroyed by the deer. Is this environmental 'rewilding'? Allowing nature to thrive without control? If so, we have a near epidemic on our islands.

It is always fascinating how the wheels turn, the narrative often returning to the things that our parents, and our grandparents, held precious. What they believed in and the equally strong connection to the land on which they stood.

On a very basic level, the fusing of what surrounded my mother's spiritual world and what physically nowadays surrounds my land at this specific period felt right. A creative choice to create or destroy. Artists should allow for ideas to become fluid – there is no gain in moral or cultural fear. The combined juxtaposition of reality is a by-product of a given place and time. The still-lives may cause an uncomfortable provocation. This is intended.

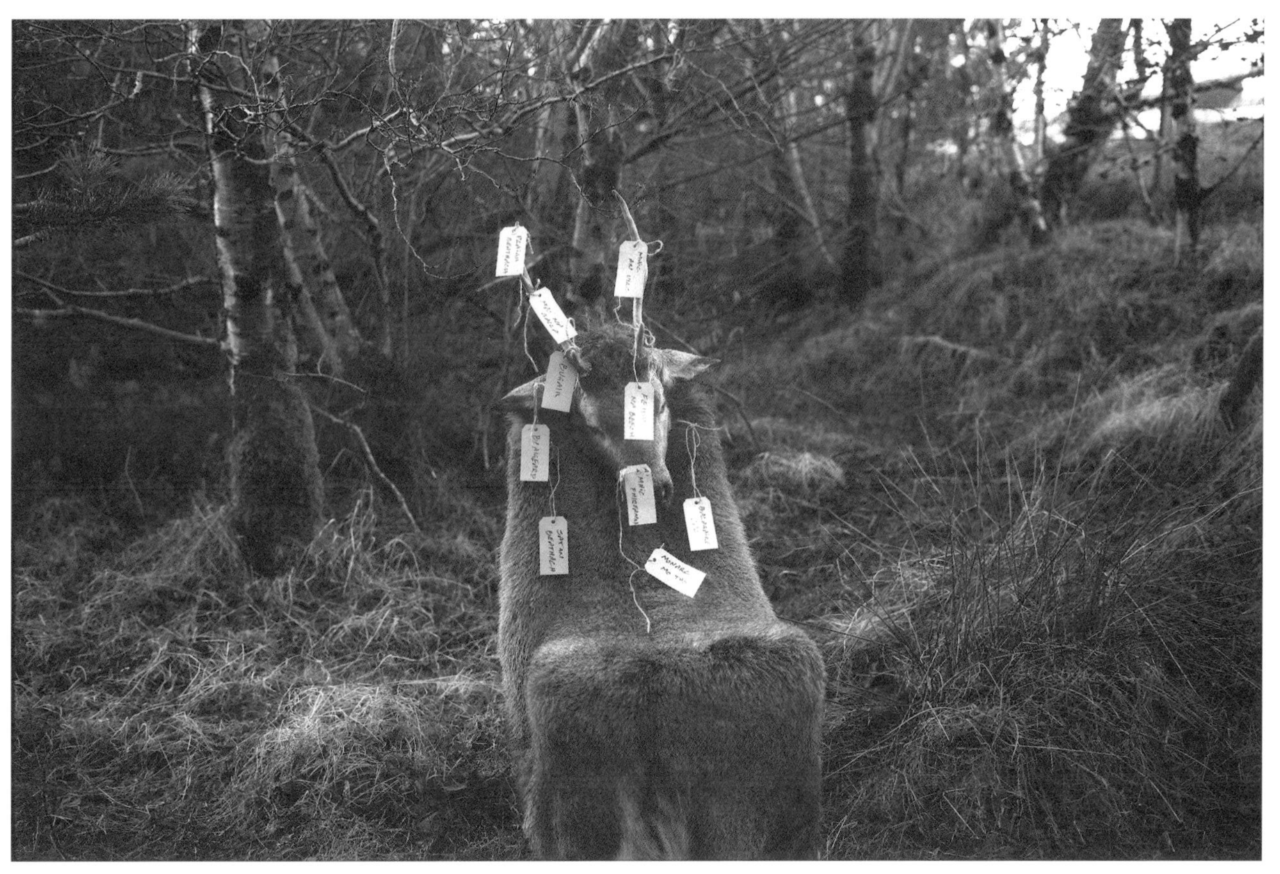

"An duine, mar fheur tha a làithean", 1
"As for man, his days are like grass", 1

2024

**Ceann daimh rìoghail dusan puing, a chraiceann,
agus trì caibideilean bho Thiomnadh Nuadh mo mhàthair**
Twelve-point Royal Stag's head, its hide,
and three chapters of my mother's Gaelic New Testament

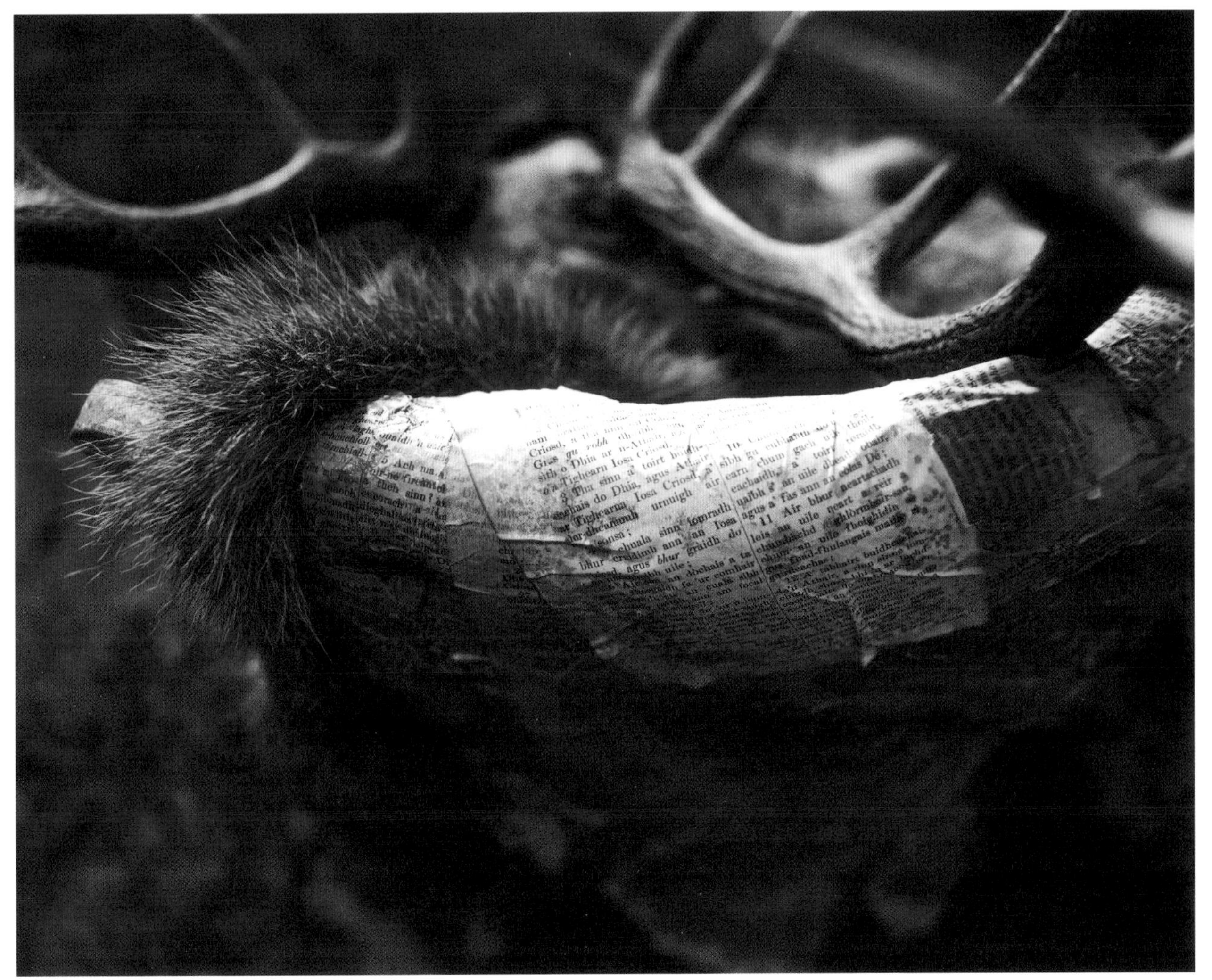

"An duine, mar fheur tha a làithean", 2
"As for man, his days are like grass", 2

2024

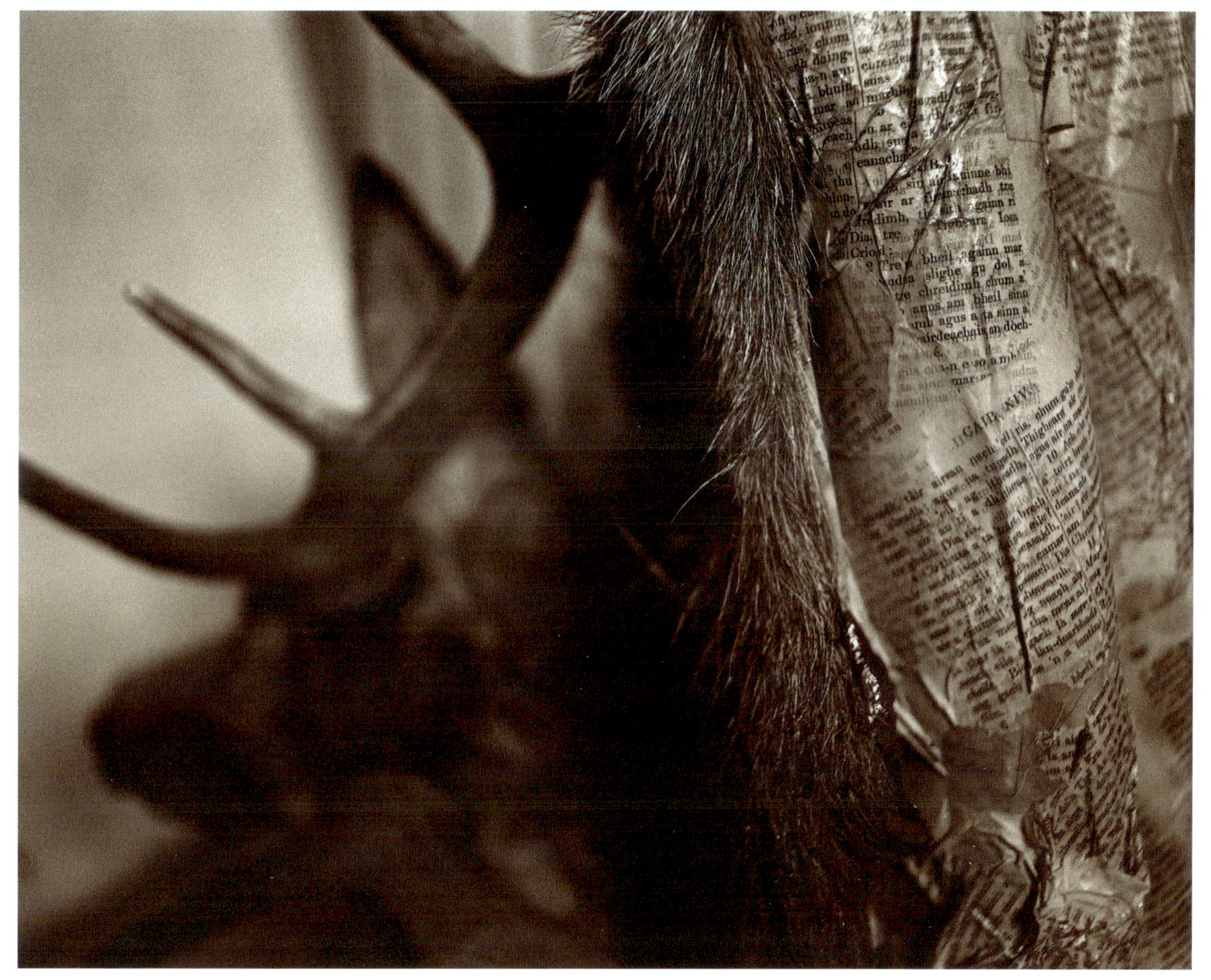

"An duine, mar fheur tha a làithean", 3
"As for man, his days are like grass", 3

2024

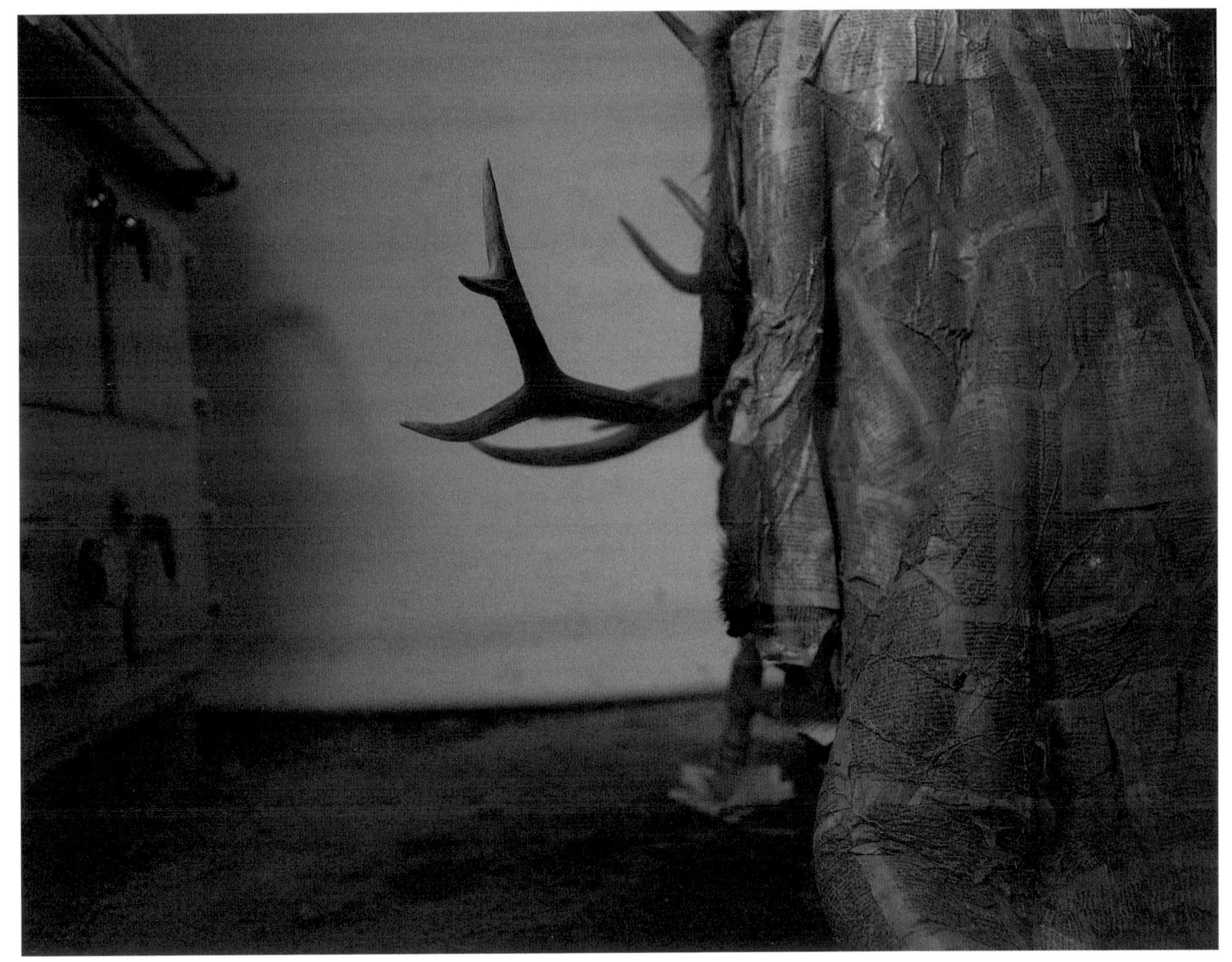

"An duine, mar fheur tha a làithean", 4
"As for man, his days are like grass", 4

2024

Adhaircean, leis a' chòrr dhan Tiomnadh Nuadh
Horns, with the remainder of the New Testament

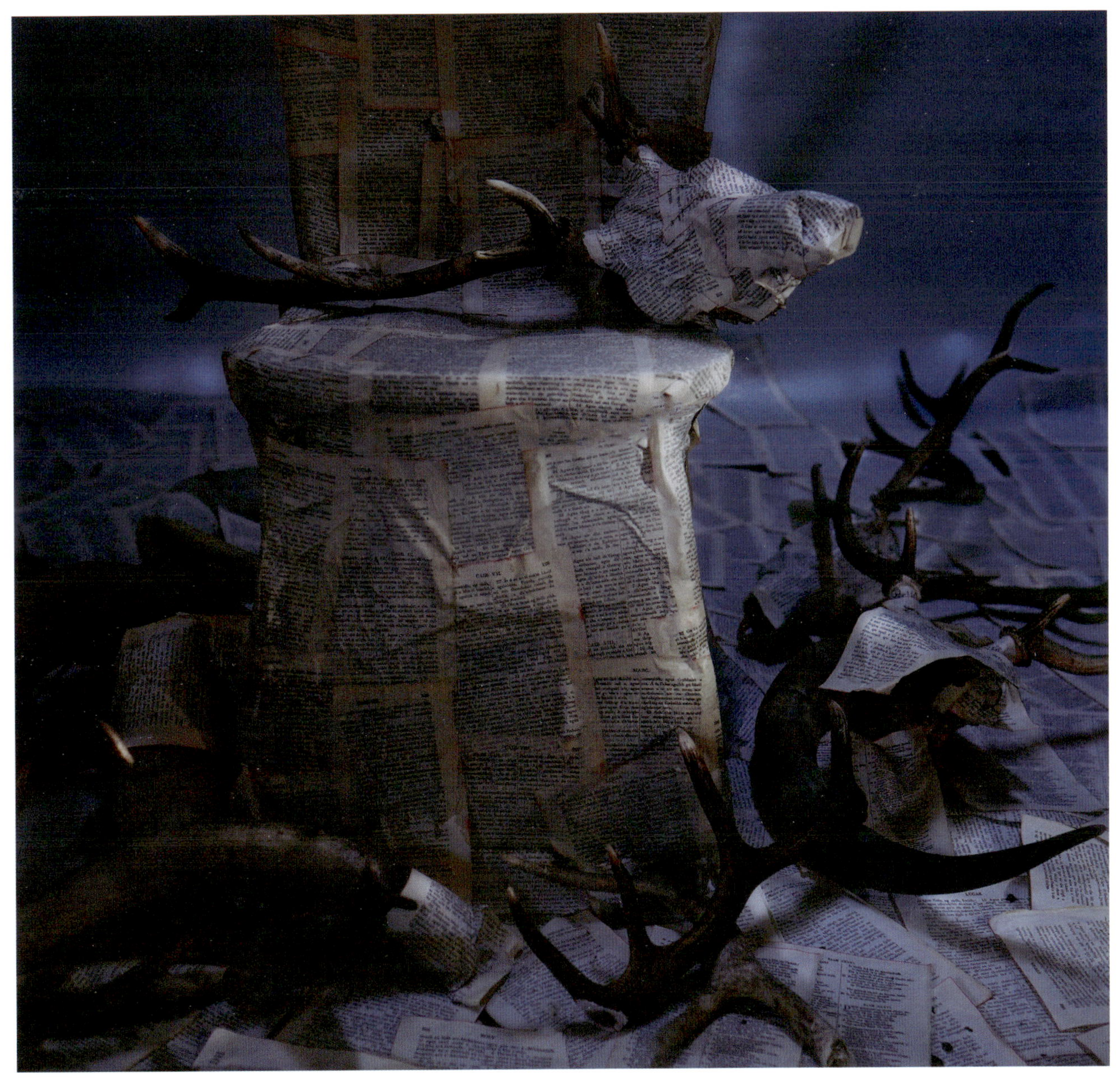

Druim Ucsabhat

Pigment and oils, 2024
1450 x 1000

Aon rud mu chroitearachd: tha e 'unnad', no chan eil. Tha mi daingeann mu ar mòintich, agus aig amannan caran seann-fhasanta ann a bhith a' trusadh agus a' cruinneachadh chaorach dubh-cheannach am measg nan cnoc, is nan loch. Dòigh beatha anns a bheil mi air leth moiteil. Bidh mi tric a' gabhail sgrìob lem chù-chaorach Donn, a' coiseachd gu ruige Druim Ucsabhat – ainm cho coimheach, is cho Lochlannach, is cho àlainn. Aig amannan mar gum biodh tu air do chuairteachadh le nàdar, agus aig amannan eile da-rìribh san fhàsach.

I think it is fair to say that crofting is 'in you' or is not. I am very passionate about our moorland, if at times a little old fashioned about gathering blackface sheep amongst the hills and lochs. It is a way of life of which I am very proud. I often take a long walk with my sheep dog, Donn, gathering at Druim Ucsabhat – such a foreign name, such a Viking name, and yet so beautiful. At times there is a sense of being surrounded by all of nature, yet at other times, by none.

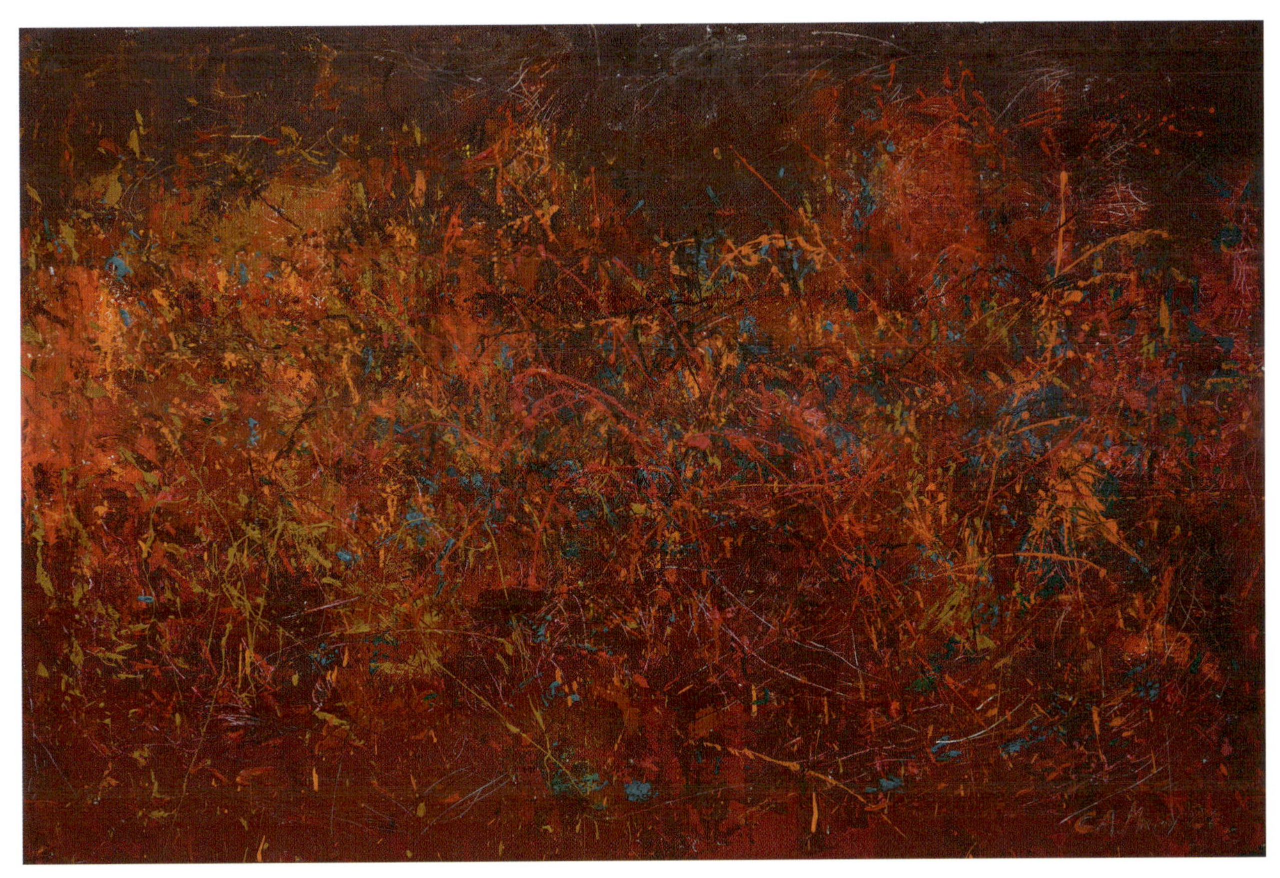

"Art, or talent, for an artist, is merely a means of applying his personal faculties to the ideas and the things of the period in which he lives".

Gustave Courbet

Taing / Acknowledgements

As a young artist I exhibited widely, with my work in public and private collections in many parts of the UK and beyond, including the Arts Council collections of England, The British Council, Wales and Ireland. Also, GoMA – Gallery of Modern Art, Glasgow. For the wider *Unnad - Indigenous* project, I wished for a bilingual publication and for the exhibition to be shown in my hometown of Stornoway. A sort of creative full circle, a homecoming, for the many photographs and paintings made over a 30-year period. I am indebted to all those who made it happen.

The first two chapters of this book are dedicated to the memory of our mother, Oighrig Dhòmhnaill Stuaman – Effie MacKay. Thanks to Maggie, Murdo and Mairi for support over many years. Thanks also to my children Calum, Rachel and Sian, and of course to my wife Christine for her patience and unwavering support in believing that this publication was even possible.

None of this would have been possible without the creative commitment of Acair, Stornoway. Thanks also to An Lanntair Gallery, Stornoway; Muriel Gray; Angus Maclennan; Louise Scullion and Matthew Dalziel.

A special thanks goes to all those individuals who listened, discussed, considered and agreed to have their portrait taken. A contribution of their time for which I remain extremely grateful.

Calum Angus MacKay

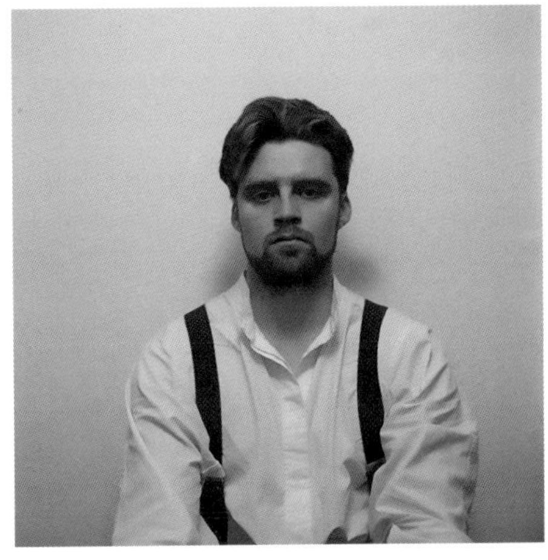

Self portrait

Late 80s

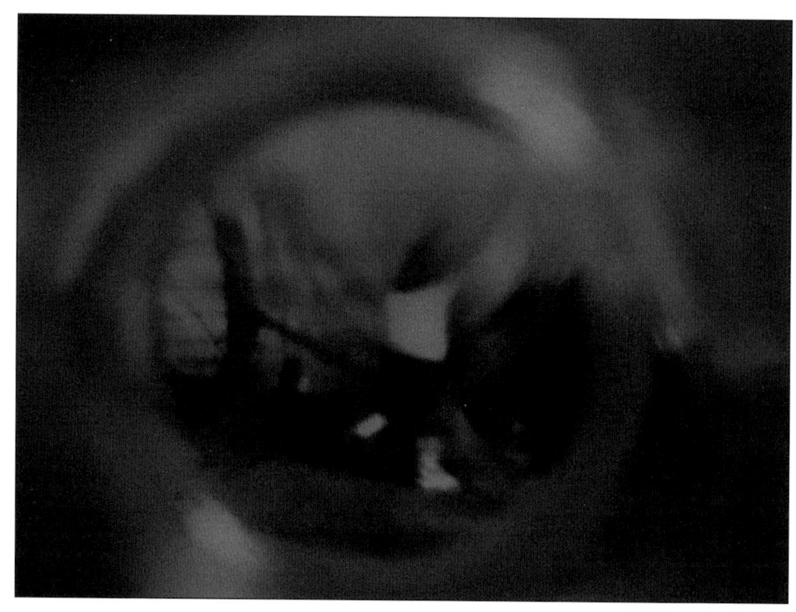

Taisbeanaidhean / Exhibitions

By fin by wing by hoof, Street level gallery, Glasgow, 1991

Frozen heads, Eden Court, Inverness, 1991

International photo-triennale, Esslingen, Germany, 1992

Irish gallery of photography, Dublin, 1992

Concrete skins, Orchard gallery, Derry / Londonderry, 1992

new work, Photographers gallery, London, 1992

mai de la photo, Reims, France, 1992

Scottish arts council photography collection, cca Glasgow, 1993

Fotofeis, An Lanntair, Stornoway, 1993

Revisions, Munich, Germany 1994

Selected artists, portfolio gallery Edinburgh, 1994

Isolate, Ffoto gallery, Cardiff, 1993

Isolate, portfolio gallery, Edinburgh, 1993

An Leabhar Mor, Pròiseact Nan Ealan, Scotland / Ireland, 2002

Callanish, An Lanntair Gallery, Stornoway, 2005

New paintings & photography, An Lanntair, Stornoway, 2007

Unnad, Indigenous, An Lanntair Gallery, Stornoway, 2024

@ Calum Angus MacKay
2024

First published in 2024 by Acair, An Tosgan, Seaforth Road,
Stornoway, Isle of Lewis, Scotland HS1 2SD

www.acairbooks.com
info@acairbooks.com

Cover and interior design by Margaret Ann MacLeod for Acair.

The Publisher is grateful for financial assistance from Maoin nan Ealan Gàidhlig towards publication of this book.

Chuidich Comhairle nan Leabhraichean am foillsichear le cosgaisean an leabhair seo.

Tha Acair a' faighinn taic bho Bhòrd na Gàidhlig.

A CIP catalogue record for this title is available from the British Library.

Printed by Hussar Books, Poland

ISBN: 978-1-78907-168-9

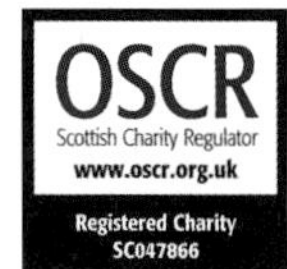

Riaghladair Carthannas na h-Alba
Carthannas Clàraichte / Registered Charity SC047866

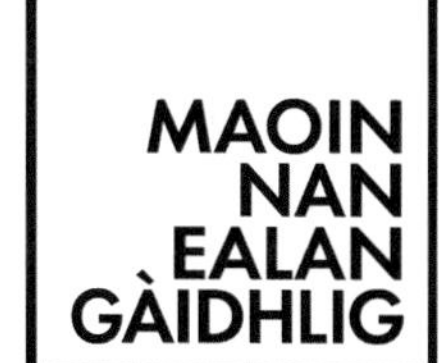
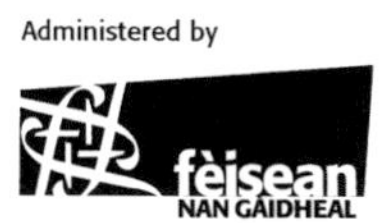
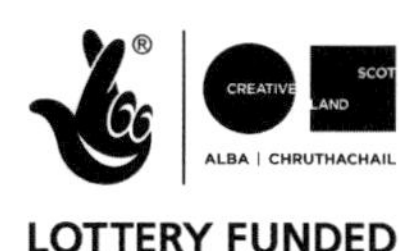
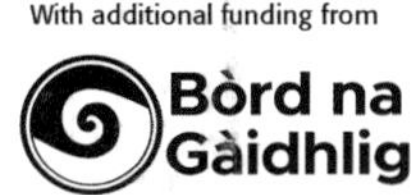